U0616114

切问而近思——

近距离聆听职业教育真声音

刘景忠　著

西安电子科技大学出版社

内 容 简 介

　　作者从事职业教育35年，对职业学校的管理运行及教书育人有许多独到的见解和体会。作为资深职教人，近年来，作者应邀在江苏、山东、河南、安徽等地的一些职业学校中作了多场讲座。本书即为作者讲座文稿的汇编。

　　本书内容涵盖了当前职业教育的诸多热点、难点、焦点问题。在每一场讲座中，作者以说实话、说真话、说心里话自律，直面问题，追根溯源，鞭辟入里，观点犀利，在坦言、直言的基础上，建言献策，提供路径，在职教同仁和职业学校教师中引起良好反响。

　　全书分为"教师教学篇"、"学生德育篇"、"学校管理篇"、"形势任务篇"，供职教工作者、学校管理人员和职校教师学习阅读。

图书在版编目(CIP)数据

切问而近思：近距离聆听职业教育真声音/刘景忠著.

—西安：西安电子科技大学出版社，2016.1

ISBN 978-7-5606-3938-3

Ⅰ. ① 切…　Ⅱ. ① 刘…　Ⅲ. ① 职业教育—教育研究—中国　Ⅳ. ① G719.2

中国版本图书馆 CIP 数据核字(2015)第 305526 号

策　　划　高 樱
责任编辑　马武装　高 樱
出版发行　西安电子科技大学出版社(西安市太白南路 2 号)
电　　话　(029)88242885　88201467　　　　邮　编　710071
网　　址　www.xduph.com　　　　电子邮箱　xdupfxb001@163.com
经　　销　新华书店
印刷单位　虎彩印艺股份有限公司
版　　次　2016 年 1 月第 1 版　　2016 年 1 月第 1 次印刷
开　　本　710 毫米×1000 毫米　1/16　印张 16.5
字　　数　281 千字
印　　数　1～3000 册
定　　价　36.00 元

ISBN 978 - 7 - 5606 - 3938 - 3/G

XDUP 4230001-1

如有印装问题可调换

自序：我的职教情思

1980 年 1 月的一个上午，我踏进了江苏省徐州财经高等职业技术学校的大门，开始了我的职业教育生涯。在这所学校里，我已经度过了 35 个春秋。

35 年在同一所职业学校工作，是不是很漫长呢？有人可能以为是，我却要说：不！35 年过去，弹指一挥间，才是我真实的感受。

觉得自己还精力充沛呢，2013 年 3 月就退二线了；觉得自己还没年轻够呢，忽然就有人叫我"刘老"了。

从"小刘"到"老刘"再到"刘老"，仿佛是一夜之间的事。人生的诸多变化由不得自己。许多朋友和同行问我是否适应退二线之后的生活，我不知道该如何回答这个问题。说我完全适应，似乎对原单位、原岗位如此决绝，感情不深；说我不能适应，似乎仍留恋所谓的"官位"不肯退下去。其实，就我个人而言，"小刘"、"老刘"和"刘老"之间，在位时和二线后，并没有觉得有什么不一样，我依然是个职教人，依然对职业教育充满了眷恋，所不同的是，由教育教学的实践层面转向了读书写作的精神层面。而这，恰恰是我在位时可望而不可即的。面对职业教育发展的浪潮，我依然觉得自己是个学生，需要不断地学习、学习、再学习。

退二线之前的 33 年，因忙于学校工作，我基本上没有"自留地"，读书写作的时间少得可怜。真正进入读书写作状态，是退二线之后的事。我统计了一下，迄今为止，在我公开发表的近百篇文章中，有一半是我退二线之后发表的。

近年来，我较为密集地发表了一些文章，出版了四本专著，于是，就有认识的和不认识的职业学校同行邀请我去讲座。讲座，本不是我的擅长。我既没有口若悬河的才华，也没有声情并茂的技巧；既没有现代职教理论的高度，也没有"术业有专攻"的深度。尽管如此，仍然有不少职业学校盛情相邀。然而自相矛盾的是，每当有职业学校邀请讲座，我一方面心怀忐忑，唯恐自己的水平有限对不住邀请方，另一方面我又欣然应允，从不爽约。这是为什么呢？答案只有一个：源于我对职业教育深深的热爱。

因为热爱，所以全身心投入；因为全身心投入，所以憧憬理想化的职业教育；因为有所憧憬，所以对职业教育的现实感到悲欣交集，喜忧参半，感慨万千；于是，我有话要说，有话想说。讲座，成为我吐露心声的契机和舞台。

我深深地知道，我的"一吐为快"是建立在广大职业教育同行的理解、包容、鼓励的基础之上的。我没有能力让自己的讲座做到"高大上"，所以我选择了说实话，说真话，说心里话。有的职教同仁说，这正是我讲座的特点。虽然明知是溢美之词，鞭策之语，内心里还是很受用的。

尽管讲座是一种口头表达形式，但每一次讲座我都认真准备了讲稿。在本书结集出版之际，我没有对讲稿进行刻意的加工，保持了讲稿的原貌，保留了口语表达的原汁原味。正因为此，错讹、偏颇、偏激、片面之处，恐在所难免，敬请广大职教同仁批评指正。

2015 年 10 月

目　录

教师教学篇

学生德育篇

学 校 管 理 篇

形 势 任 务 篇

教 师 教 学 篇

生命之光驱散"雾霾"，教师之魂拒绝倦怠

(2014 年 8 月 28 日于南京新港中专)

一、讲座主题的确定

第二次来新港中专，心情格外不同。第一次是今年的 5 月 30 日，验收省级品牌专业。俗话说，一回生二回熟，"前度刘郎今又来"。这次来，是以新港中专朋友的身份过来的。朋友之间自然会有很多的不同。比如，今天在我们新港中专的讲台上，我讲话就比较放得开。

想说的话太多，大到整个职业教育的发展态势和存在问题，小到一所学校如何办好，一堂课如何上好，教科研如何做好，等等，我都有着自己的思考和看法。学校领导没有给我限定范围和题目，这就让我这个天秤座的人很纠结。

我到过不少学校开讲座，虽然做不到陈寅恪所说的"几不讲"，但从来没有重复过自己。原因是，我一直处在学习者的状态，对一些问题一直在思考，看法也一直在变化。简单地重复自己，既是对听众的不尊重，也是对自己的不负责任。因此，自从接到学校的约请电话后，我就进入了备课状态。很多个夜晚，我都在思考同一个问题：讲些什么呢？

在思考的过程当中，我想到了我五月份来学校时的情形。学校给我留下的印象是良好的。学校在校区分散、需要整合、需要调整布局、办学条件相对艰苦的情况下，领导班子带领全校教职员工，振奋精神，凝心聚力，开拓进取，勇于争先，取得了一系列办学成果。学校多次被评为省市文明单位。学校是陶行知教育思想实验学校，江苏省课程改革实验学校。这些成绩的取得，对于老牌中专来说算不上什么，但对于我们新港中专来说，的确是不容易的。

事业成败，关键在人。学校的发展离不开全体新港中专人的共同努力。我接触到的同志虽然不多，但给我的感觉是有思想、有干劲，一心一意谋发展。所以我在反馈的时候，特别强调了"精神状态好，发展氛围好"。强调了三少三多：谈过去少，谈构想多；谈困难少，谈思路多；谈阻力少，谈办法多。

在肯定成绩的同时，我们必须正视存在的问题。这些问题既是发展的阻力，也是发展的动力。没有问题了，我们也就停滞不前了。在我看来，我们学校最

大的问题就是师资队伍问题。师资队伍存在什么问题？我觉得有两大问题需要引起我们的高度重视：第一，师资队伍数量严重不足，结构不尽合理，不能适应学校的发展需要。现有专任专业教师中，所学专业几乎没有本专业的，职称几乎没有职校系列的。第二，课堂生态环境不佳。随意看了一些教室和课堂，有几个班级都有教师，但都没在讲课，学生人数也不多，有睡觉的，有聊天的，也有发呆的，教师似乎无事可做。这种现象尽管在职业学校是司空见惯的，但毕竟是不理想的。课堂生态环境让我想到了另外一个问题：教师的生存状态。我可以断言，在那样的课堂生态环境中，教师是不会有幸福感的，有的恐怕只能是倦怠感。想到这里，我决定，把教师的职业倦怠作为讲座的主题，谈谈我的一些看法。

职业学校教师的职业倦怠是一个普遍性的问题，也可以说是老生常谈的问题。职业倦怠虽然给学校工作带来了障碍，但直接受害、承担其严重后果的不是学校，而是教师。有的教师感到焦虑，有的教师感到痛苦，更多的教师感觉很麻木。我说受害最严重的是教师，这是因为：学校这个概念可以很实在，也可以很虚幻，它是政治的产物、是权力的产物。一个文件下来，学校就可以从无到有、从小到大，也可以从有到无、从大到小。但教师群体是由一个个鲜活的、有价值的生命所组成的。在职业倦怠中，我们宝贵的生命时光在毫无意义地消逝。如果把人生比作一次没有返程票的旅程，那么，我们的职业生涯这一大段旅程，没有风景、没有欢乐、没有阳光、没有鲜花，有的只是痛苦、纠结和苍白。难道我们就愿意让自己宝贵的生命时光以这样的方式消耗掉吗？

也许有的教师会说，正因为我们不愿意这样耗费自己的生命，所以我们才产生职业倦怠的。既然如此，破解职业倦怠、远离职业倦怠、走上幸福的人生道路，就成为摆在我们面前的、非常紧迫的需要解决的问题。

造成职校教师职业倦怠的主要原因都与教师无关，是时代使然，是大环境使然，是我们的体制使然，这是一篇大文章，需要专门探讨。但是破解、远离职业倦怠，却需要我们自身做出努力。正如《国际歌》所唱的：世界上从来就没有什么救世主，也不靠神仙皇帝。要远离职业倦怠，全靠我们自己。

我今天的讲座，最多也就是和大家一起，出出主意，想想办法，寻找出路。我想，多一个人思考、关注这个问题，总是好的。

二、对当前职业教育面临形势的几点思考

当前职业教育正处在历史上最好的发展时期，这是毫无疑问的。但是，从精神层面看，从师生生存的生态环境看，从教育的本质看，却又是最糟糕的。

绝大部分改革举措、重大措施都是行政化的、权力化的、长官意志化的，对人(包括师生)自身的完善、发展很少涉及。

著名学者资中筠批评清华大学"聚天下之英才而摧毁之"。大家知道，引号内的这句话是借用了孟子的话。孟子说："君子有三乐，而王天下不与存焉。父母俱存，兄弟无故：一乐也。仰不愧于天，俯不怍于人：二乐也。得天下英才而教育之：三乐也。"清华大学能够聚天下英才教育之，本来是件值得快乐的事情，资中筠却为什么这样说呢？她解释说："我说摧毁在什么地方呢，主要是弄得人非常势利眼，因为当下清华最以出大官自豪，一天到晚讲出了什么大官……如果一个学校，不管多高智商的学生，他的注意力都是往这个方向走，那就完蛋了，这属于精神上的摧毁。酝酿的是一种趋炎附势、嫌贫爱富的精神，这是我们教育最大的失败。"

资中筠还说，"教育是百年树人，如果中国的教育再不改变，人种都会退化，这就像土豆要退化一样，一代一代下去，教育就是在不断摧毁人。""中国现在的教育，从幼儿园开始，传授的就是完全扼杀人的创造性和想象力的极端功利主义，教育没有别的目的，就只是奔着'向上爬'。1949 年后，中国内地的大学被课题制摧毁了，教育最本质的东西完全被破坏，这个制度逼着你配合。譬如评什么 211、985 工程，你要进不去，对学校的经费、地位影响太大。你说怎么办呢？我觉得唯一打破僵局的办法，就是要开放思路，允许私人办学。"

职业教育的发展历程不也是一路"向上爬"的过程吗？不也是破坏掉了教育最本质的东西了吗？譬如什么"国示范"、"课改实验学校"、"示范专业"、"品牌特色专业"、"技能大赛"、"两课评比"、"信息化大赛"、"实训基地建设"，等等。你不争，学校就没有地位，发展就受影响；你若去争这些，只好把学校最要紧的教书育人工作用行政命令来推动——尽管大家都知道，用行政命令是解决不了教育教学问题的。

职业教育领域有很多问题值得质疑。远的不说，以免中职生学费为例，免学费后，既没有带来生源的显著增加，又没有激发起职校生的学习热情，这是大家都看到的事实。再比如，实训基地越建越多，越来越现代化，但学生距离实践的距离却越来越远。国家花费巨资，换来这样的效果，难道不值得评估吗？

资中筠还有一个观点，我觉得很独特。她说："我认为国民党之所以垮台，一是因为腐败，二是因为腐败还不彻底，就是说官场是腐败，而整个社会没有腐败，教育、文化、新闻界没有腐败，知识分子没有腐败。所以他们还追求正义，觉得受不了这个腐败的政府，所以要想办法反对它。还认为有另外一个希望，就都跑到解放区去了，但如果这个社会所有人都腐败了，连教育界、文化界、新闻界都腐败了，没有人受不了，那也就大家见怪不怪，也不会有人拍案而起，要改变这个社会。"

接着资中筠的话题，我也有同样的感触。在我读到的书籍中，我发现，近代中国虽然社会动荡，国家处在风雨飘摇中，但那时的教育比现在更像教育。国民党政府不是不管教育，而是管得很粗，只要你不宣传共产主义就 OK。那时候也有考试，进大学更要考试，但没有统一的高考，由学校说了算。聘任教师也有基本条件，但校长说了算。学校对教师也有基本要求，但主要看教师的水平，而不是像现在这样，把教师的一切工作都予以量化。黄延复的《陈寅恪事略》里面有一则关于梁启超向清华校长曹云祥举荐陈寅恪的故事。曹问："陈寅恪是哪国博士？"梁答："他不是博士，也不是硕士。"曹又问："他有没有著作？"梁答："也没有。"曹说："既不是博士，又没有著作，这就难了！"梁大怒："我梁某也没有博士学位，著作算是等身了，但总共还不如陈先生寥寥数百字有价值！"

于是，我在琢磨一个问题：政府该怎么管教育？怎样干预，才能使教育发展得更健康？

从北大退休的钱理群教授批评北大的一些功利的做法，他说我们的高等教育在培养"精致的利己主义者"。所谓精致，是现在的大学生、硕士博士生特别善于顺应体制，在体制中谋取自己需要的一切。

大家都知道的"钱学森之问"，恐怕也是出于对教育现状的忧虑。

教育的功利、庸俗和沦落已经到了历史上最严重的时期，最近又曝出"绿领巾"、"红校服"、"三色作业本"、"测智商"等典型事例[1]，教育的现状让人痛心。

从这个意义上看，英国学者汤因比提出"与灾难赛跑的教育"这一理念的确是非常深刻的。二十一世纪，人类面临空前的机遇，也将面临空前的挑战和危机。人与自然之间的危机——环境污染；人与人之间的危机——诚信缺失，信仰坍塌，道德沦丧，丧失底线；人与社会的危机——社会缺乏秩序，人就缺乏安全感，整个社会运行的成本太高；国与国之间的危机——战争的威胁。

谈职业教育，谈教师的职业倦怠，为什么要谈到这些？因为教育不是存在于真空中的，以上所谈都构成了教育的背景。在人类患上了"分裂症"、"狂躁症"、"健忘症"的背景下，教育应该怎么办？职业教育应该怎么办？

在这样的背景下，我们来谈职业学校教师的职业倦怠，我的心情是非常复杂的。如果让我站在卫道士的立场上，对教师的职业倦怠提出批评，我做不到。

但为什么还要谈这个问题呢？这涉及我的愿望(现在最流行的说法是梦想)。我的愿望是：让每一位教师都能走出职业倦怠的困境，都能做一名幸福的职教人。

或许会有教师想问我：你有没有职业倦怠？我可以肯定地说：我没有，从1975年参加工作，1980年开始从事职业教育，一直到今天，我从来没有过职业倦怠，一天也没有。说句心里话，我有过职业困惑(甚至到现在也没有完全解决)，但从没有过职业倦怠。

都说幸福是一种感觉，这种感觉我找到了。因此，从总体上说，我的生活是充实的，也可以说是幸福的。也正是由于自己有这样的体验，所以，我特别想把我的一些想法、感悟传递给每一位职教同仁，让大家都能充实起来，幸福起来。果真有这样一天，那么，我敢说，职业教育的一切问题都将迎刃而解。职业教育必将迎来光辉灿烂的明天！

三、生命之光驱散"雾霾"，教师之魂拒绝倦怠

关于如何破解职业倦怠，我讲三个问题。

(一) 怎样看待职业倦怠

说起职业倦怠，无论是校长还是教师，往往把它看成是负面的东西。这种看法是片面的。职业倦怠具有两面性，我们要辩证分析。

一方面，职业倦怠导致教师缺乏前进的动力，缺乏工作的热情，这对学校工作和教师个人发展来说当然都是不利的。但我们要看到问题的另一个方面，即要看到职业倦怠中的积极因素。我认为，凡是有职业倦怠感的，都是有理想、有抱负、有责任感和事业心的教师。因为只有这样的教师，才有可能产生职业倦怠。

什么是职业倦怠？职业倦怠是指个体在工作重压下产生的身心疲劳与耗竭的状态。通俗地说，就是个体在工作中感觉自己的能量被耗尽了，而且还没有成就感。一个人为了工作而耗尽了能量，这其中没有积极因素吗？

在教育教学工作中没有投入(更不要说耗尽精力了)的教师，当然不会身心疲劳，也肯定不会产生职业倦怠。道理就这么简单。类似的事例还有很多，比如：

人们常说"爱之深，恨之切"，没有爱，哪来的恨？

艾青的诗句："为什么我的眼里饱含泪水，因为我对这片土地爱得深沉"。

大学教授在讲台上对国家的政策和做法骂得最凶，而且越是有名的教授骂得越凶，为什么？我觉得，还是源于他们对民主政治进程和社会变革的热

切情怀。

所以，要从职业倦怠中看到在教师心中蕴藏的积极性、事业心以及潜在的创造性。

(二) 产生职业倦怠的原因是什么

通常情况下，对于这个问题，校长与一般教师的回答是不一样的。

教师的回答倾向于三个方面：一是归因于学生。学生厌学，没有学习动力。二是归因于学校的评价机制。学校的评价机制不能够调动教师教书育人的积极性，自己的工作付出不被理解，工作价值没有体现。三是归因于学校的管理模式。学校对教师要求太多，条条框框太多，非教育教学占用教师的精力过多，比如教师要交很多资料，教师要参加很多活动，教师要参加技能大赛，等等，导致教师不能把主要精力用于教育教学。从江苏的情况看，许多教师都感觉非常疲劳，都对双休日、寒暑假有着热切的期盼，都对周一以及节假日后的开学心怀恐惧和焦虑。

校长们的回答一般倾向归因于教师的事业心不强、责任感不够。也就是我们常说的敬业爱岗不够。

教师和校长的看法孰是孰非？如何评判？我觉得都有道理，但都不够全面。下面我逐一分析：

(1) 归因于学生。是学生的厌学导致了教师职业倦怠吗？我认为，这个观点是站不住脚的。道理很简单：职校生学习动力不足，这是客观事实。在我们现有的教育体制下，好学的、学习成绩优秀的都上高中、考大学去了，剩下来的才到我们职业学校来。当然这并不等于职校生就一定没有前途，就一定无可救药。职校生有职校生的特点，有很强的可塑性。这是另外一个话题，今天不能展开。我想说的是，如果因为学生厌学就产生职业倦怠，那么你就不适合做职业学校教师。打个未必恰当的比方，没有病的人谁愿意到医院去？如果医生因为病人身体不好而产生职业倦怠，我们不觉得可笑、滑稽吗？

说得极端一点，如果我们的学生都是热爱学习的，都是求知欲很强的，我们还有存在的必要吗？从这一点来讲，不仅职业教育是这样，基础教育、大学教育都是如此。学生总归是在成长中的人，或者说都是不完善、不完整的人，正因为如此，才需要教育，才需要学校，才需要教师。

(2) 归因于学校的评价机制。必须承认，评价机制对教师产生的影响是很大的。这种影响可能是正向的，也可能是负向的。每个人都有被承认、被肯定的需要。当这种需要没有得到满足的时候，产生一些负面、消极情绪是可以理解的。事实上，在一些学校中，由于评价机制的不完善的确影响了很多教师的积极性。我想说的是，如果因为评价机制的不完善而产生职业倦怠，同样是站不住脚的。这里涉及两个问题：第一，你是为谁而工作？这就涉及人生观和价值观的问题了。如果你觉得自己是为校长、为学校而工作，那么，你把自己摆到哪里去了？你不需要一份工作吗？你不需要自我认可、自我认同吗？我可以肯定地说，凡是觉得自己是为他人而工作的，都不可能有幸福感。即使有，也是偶尔的、阶段性的、暂时的，而不是长期的、稳定的、终生的。第二，如果因为评价机制的不完善产生职业倦怠，实际上是对学校的一种抵触和对抗，通过抵触和对抗找到心理平衡。我想问的是，通过抵触和对抗，你的心理平衡了吗？你感觉自己心里舒坦了吗？最后的结果只能是，学校依然存在，你个人的专业发展甚至整个人生毁掉了。退一步说，假如学校的评价机制真的不完善，那么，职业倦怠的做法实际上是拿学校的错误来惩罚自己。对教师来说，这显然不是最好的选择。

(3) 归因于学校的管理模式。从江苏的情况看，由于管理模式的原因，教师负担的确过重。网上曾经流传过一个动漫视频，把教师的工作、生活状态表现得淋漓尽致，很多教师看了以后产生了共鸣。据我观察，职业学校中的管理部门和教师的关系不是服务与被服务的关系，而是管理与被管理，约束与被约束，考核与被考核，出台政策与执行政策的关系。不仅如此，学校内部的每个职能部门都可以对教师提要求，下指示。这样的模式导致教师很难专心致志地教书育人。因而，学校的管理模式必须变革。但作为教师本人，如果是因为这个原因就产生职业倦怠也是经不起推敲的。我的理由是：

第一，在当前的管理模式下，客观地说，需要教师做的事情有很多是管理的需要，是工作的需要，同时也是教师应该做的。比如需要教师提供一些教学资料，这既是管理规范的需要，也是保证教学质量的需要。不少教师对此颇有怨言，我很能理解。就我个人而言，我也对此感到不胜其烦，因此，有的时候就是因为这个原因而不愿意上课。作为学校领导，我可以不上课，但教师不行。因此，一方面学校要尽量减少教师的负担，另一方面，教师也要理解学校。任何一所职业学校都不能把教学质量建立在教师的自觉性上。学生考试为什么要有教师监考？因为没有人监考，学生就极有可能作弊。反过来说，即使没有监考，一部分学生也不会作弊，但我们不能因为一部分学生有自觉性就取消监考。

第二，我还想表达一点，作为教师要有所为有所不为。在需要教师做的很多事情中，大家可以有所选择地去做，不能什么都想要。既要当优秀教师，又要当优秀班主任；既要当科研先进，也要参加技能大赛，结果把自己搞得很疲怠。当然，教师要做到有所为有所不为，还需要学校从制度层面予以保障。这是另外一个话题，不再展开。

第三，无论学校管理模式有多少弊端，作为校长，无不希望自己学校的教师都能够全身心地投入到教书育人的工作中去。换句话说，一个教师如果能够全身心地投入到工作中去，可能对学校的管理模式就会是另外一个态度了。

(4) 归因于教师的事业心不强、责任感不够。这个话题比较敏感，而且校长也在座。但我还是想说真话、说实话。

我有一个基本观点：校长的任务不是完成某一项或某几项具体的工作任务，校长的任务是激发全体教职工的积极性，让教职工去完成学校的各项具体任务。说得直白一点，如何让教师静下心来教书，潜下心来育人，是校长的主要任务。

同时我还要强调一点，教师们常说，教育不是万能的。言外之意就是，无论我们用什么方法，采取什么手段，总是有少数学生我行我素，不求上进。这个道理对校长工作来说同样适用，即无论校长多么优秀，总有少数教师不符合学校的要求，跟不上学校发展的节奏。但是，这样的学生和教师肯定是极少数，也可能没有。也正因为此，无论对学生还是对教师，都应该有退出机制。

(三) 如何破解教师的职业倦怠

破解职业学校教师的职业倦怠不能说是一个世界性难题，但最起码是个全国性难题。破解职业学校教师的职业倦怠是个系统工程。在这个系统工程中，既有形而下的方法的、技术的处理方法，也有形而上的、精神的、灵魂的解决办法。我个人认为，前者可以缓解症状，但要根治，必须是后者。但在实际工作中，这两个方面常常无法截然分开。下面，我就把这两个方面的因素揉在一起，谈谈我的看法。

我认为，要破解职业倦怠这个难题，走出职业倦怠的困境，应该采取以下措施。在这些措施中，有些是需要学校做的，有些是需要教师做的，有些是需要学校和教师合力做好的。我想到的措施主要有五个：

措施之一：教师的劳动需要补偿。

补偿既包括物质的补偿，也包括精神的补偿。物质的补偿是指学校要建立科学、合理的收入分配制度。在教职工中，这个制度应该向教师倾斜，在教师队伍中，这个制度应该向优秀的骨干教师倾斜。这个道理大家都懂，我不再赘述。

与物质补偿相比，精神的补偿具有同样的重要性。在很多情况下，教师其至更看重精神补偿。然而精神补偿恰恰是难以把握的。所以，人们常说，凡是知识分子集中的地方不好管理，这是实情。为什么不好管理？我想主要有两个原因：

第一是因为知识分子的劳动具有特殊性，有很多是隐性的。具体到教育教学工作来说，我认为隐性的工作更为重要，显性的劳动倒相对简单。比如教师的上课、教案、讲稿等是显性的，比较容易计算，但同样上一节课，教师花在备课上的时间和精力是大不同的。有的教师是基本不备课的，用我们过去的话来说，纸张发黄的讲稿一用就是若干年。现在纸质讲稿少了，准备一个 U 盘，就可以对付好几个学期。然而有的教师每讲一遍都要重新备课。优秀的教师是用一辈子来备课的。同样上一节课，有的教师照本宣科，只顾自己完成任务，不管学生是否在听，用我的话说就是"教师很流畅，学生很惆怅"。而有的教师在课堂上充满了激情，播撒着智慧，大脑始终处在高度集中和兴奋的状态。这两种情况的教师在 45 分钟内所耗费的精力、体力是大不一样的。再比如做学生的思想工作，关注每一名学生的个性发展，虽然是十分紧要的工作，但这类工作看不见摸不着，无法量化。而现行的收入分配制度，恰恰是对显性的劳动有具体的补偿办法，而对隐性的劳动反而补偿较少或根本没有补偿。

这个问题是全国性的，甚至是全球性的。正如我们经常说的"教育是个良心活"。相对来说，欧美一些发达国家比我们解决得要好一些。比如，他们非常重视家长和学生对教师的评价，而且他们的评价不是模糊的、统一的、功利的，他们非常看重的是，学生在这个学校里，在这个班级里，有没有得到适合他的教育和发展。以英国为例，一所学校要得到政府的支持和认可，是要经过家长投票的。家长参与学校的管理事务非常多。这些做法是我们应该借鉴的。

第二是知识分子是有思想的群体，其诉求是多方面的、复杂的，不是单一的、简单的。我从事职业教育 34 年，可以说参与了学校历次收入分配制度改革的设计。至今为止，也没有设计出人人满意的分配制度。但我有一个指导思想：对教师的补偿既要有统一的要求和通用的标准，也要有针对不同特点的教师而制定的不同的补偿办法。也就是说，要尽可能地让每一位教师都有施展才华的机会，都能得到一定的补偿。与此同时，要通过多种渠道，采取多种措施，尽可能地让每一位教师感到"我很重要"。

针对教师上述两个方面的特点，我在担任教学校长期间主要采取了两个做法：

(1) 以"扬长"为主。学校对待教师和教师对待学生有很多地方是相通的。比如，"扬长"比"避短"更重要，这个原则既适用于教师培养学生，也适用于学校激励教师。每个人的精力是有限的，把有限的精力用来"扬长"远远胜过用来"避短"。"扬长"是在教师所擅长的方面再推一把，再鼓励一把，教师既愿意接受，也可以促进教师成长更快。而"避短"则要艰难得多。说实话，有的"短"即使教师付出努力，也是很难改变的。具体做法是，除了按照规定每学期评选先进教师外，我校还设计了名目繁多的单项奖，比如，"新教师进步奖"、"青年教师教学优胜奖"、"最受学生欢迎教学风采奖"、"优秀教学设计奖"、"优质课堂奖"、"教科研先进奖"、"教学专题活动奖"、"特殊贡献奖"等等。每学期开学初，我们都召开全体教师会议，对上一学期的教学工作情况进行总结，部署新学期的工作。同时进行隆重的表彰奖励。每次表彰奖励，有超过一半的教师都会得到不同的奖项。

(2) 以表扬为主。表扬其实也是一种"扬长"。我们常说"好孩子是夸出来的"，也有"赏识教育"这个说法。对待教师也是这个道理。好教师不是批评出来的，而是鼓励、激励、培养出来的。比如听课，无论哪一位教师上课，总有值得肯定的优点，当然也有应该改进的地方。如果总是抓住"不足"和"问题"不放，很容易打击教师的积极性和自信心。当然，适当的批评、中肯的建议也会督促教师改进教学，但如果我们抓住教师教学的"亮点"、"独到之处"予以鼓励，我想效果会更好，更有利于教师进步提高。因此，我从不吝啬对教师的表扬和鼓励。相反，对教师的批评倒是非常谨慎。

我认为，对教师的表扬、激励，也是对教师劳动的一种有效补偿。教师的劳动希望得到承认，希望得到认可，甚至比希望得到物质奖励更为迫切。

措施之二：教师的生活需要调节。

这个话题很大，也非常值得探讨。时间关系，我只能拣主要的说。

先说现状。在现实生活中，我总感到教师的生活过于单一、单调，除了备课上课、参加学校集体活动以外，就是忙家务、忙孩子，基本上没有自己的业余生活。教师的这种生活状态，也是导致职业倦怠的一个主要原因。有学者研究，最容易产生职业倦怠的是教师和医务人员。因为这两类人员都是知识分子，每天都重复着同样的工作，既缺乏新意，又不敢怠慢。久而久之，职业倦怠自然产生。

因此，教师必须学会调节自己的生活。我反对工作生活化，即在工作时间内松松垮垮，不务正业，心有旁骛，心不在焉，同时我也不赞成生活工作化，即把业余时间也用在了工作上。我的观点是，工作和生活必须分开，而且只有分开，才能相互促进。特别是对于教师这个职业而言，当教师面对学生时，学生希望看到的不仅仅是一个只会传授知识的人，而是希望看到一个健康鲜活的形象，一个风趣幽默的人，一个兴趣广泛的人，一个富有生活情趣的人，一个洋溢着快乐幸福笑容的人。有什么样的教师，就会培养出什么样的学生。英国麦肯锡曾作出论断："教育质量是由教师质量决定的"。对这些观点我深信不疑。我引申一下英国麦肯锡的观点：学生的生活质量是由教师的生活质量决定的。在一天之内，一位教师上课一般是2节到4节，在某一个具体班级课一般不会超过两节，但学生就不同了，如果把早自习和晚自习都算上，学生一天要上十多节课。他们的生活质量难道不与教师的生活质量密切相关吗？

有一个现象值得我们注意：学校评选出来的优秀教师和学生喜欢的教师常常有较大的误差。显而易见的是，学校与学生对教师的评价标准不同。学生喜欢的教师是富有个性、富有个人魅力的教师。我当然不是说学校要按照学生的评价标准来评选优秀教师，但作为教师本人，要清楚地知道，什么样的教师才是受学生欢迎、爱戴的。

因此，我建议，职业学校教师既要有扎实的专业功底，又要有自己的生活情趣，要有点业余爱好。明末清初的张岱说过："人无癖，不可与交，以其无深情也；人无疵，不可与交，以其无真气也。"什么是癖？癖不是一般的爱好，而是爱好变成嗜好，爱好到痴迷，爱好到成性。没有爱好，没有癖好，不是绝对不能成就事业，但有爱好，有癖好的人更可亲、更可爱，这是一个普遍的真理。而且我还可以说，大凡取得成就的人大多数都是有着自己癖好的。这方面的例子太多了，不胜枚举。

要改善教师的生活状态，既需要教师本人做出努力，也需要学校为教师创造条件。我观察，看一个职业学校教师的生活状态，从中可以看到校长的好恶。反过来说，校长的好恶常常直接影响到教师的生活状态。这样说，不是要求校长要全能，什么都喜欢，什么都感兴趣，而是指校长要非常清楚自己的生活态度对教师的重要影响。"楚王好细腰，宫中多饿死。"这句话用在校长身上有些过了，但的确要警惕这样的现象。

措施之三：教师的能量需要补充。

职业倦怠既然是一种"身心疲劳与耗竭"状态，耗竭，就是消耗完了，枯竭了，这就需要补充。补充的重点就是教师的身心。"身"的补充、补偿前面已经讲到，这里重点说说"心"的能量的补充。让每一位教师始终充满激情，充满能量，这本身也是校长的核心任务之一。

这个话题很大，我说几个关键词：参与，帮助，等待，环境。

（1）参与。参与是指要让教师参与到学校管理工作中来。说到教师参与学校管理，最通常的做法无非是两个，一个是教代会，一个是不定期地根据需要开一些教师座谈会。我个人认为，这两种做法都没有做到让教师真正"参与"。

既没有数量——都是部分教师代表参加，也没有质量——大多是走走形式。

我认为真正的"参与"是把学校愿景和教师个人的目标有机结合起来。当学校的愿景同时也是教师的奋斗目标的时候，教师就会把学校的事情当作自己的事情。正如前苏联教育家马卡连柯说的那样："假如一个学校里有这样的教师群体，在这个集体中的每个教师看来，全校的成功占第一位，而他班上的成功占第二位，至于教师个人的成功只放在第三位，那么在这样的集体里，才会有真正的教育工作。"

我国新时期的教育专家朱永新在《过一种幸福完整的教育生活》一书中说："我们应该牢记一个事实：没有共同意志的民族只是一群乌合之众，他们随时会被其他人征服，或者被一些新鲜的词语和肤浅的偶像所迷惑；没有共同英雄与准则的社会只是一个生物智商的角斗场，它不可能为人类带来真正的幸福；没有共同语言与密码的学校、教室或家庭，只是一个冷冰冰的地方，生活的丰富性在这里丧失殆尽；没有共同体背景的学习只是一个机械的训练过程，它不可能真正实现生命的无限可能性。"

试问，我们学校有没有"共同语言与密码"？如果校长所思所想和教师所思所想，教师所思所想和学生的所思所想完全不是一回事的话，就应该引起我们的警惕了。

(2) 帮助。每个教师在成长的过程中都会出现怀疑自己、缺乏信心、自我否定等状态，人之所以为人，出现这些状态是非常正常的。因此，学校要帮助教师明确专业发展方向，鼓励教师树立信心。

这里，我想特别强调一点，即教师的个性发展问题。正如每个学生都是独一无二的一样，每个教师也都是独一无二的。著名的语文教师史金霞说得好："每个人的个性课堂，都是不可复制的，可以借鉴学习，但是根本不可复制。自我认同的才是有个性的，有个性的课堂才是最活的课堂，活的课堂才是好的课堂。"(史金霞《不拘一格教语文》)我在《中国教育报》上发表的一篇文章题目就是《魅力课堂不拒绝任何一位教师》。写这篇文章的动因是我在学校开展了为期两年的"打造魅力课堂"活动。我鼓励尽可能多的教师参加到这个活动中来。英国作家柯南道尔有一句名言："女人个个都美，但有一些比其他女人更美"。套用柯南道尔的话，我的看法是：教师个个都有魅力，但有一些比其他教师更有魅力。

中年作家熊培云写过《思想国》、《重新发现社会》、《自由在高处》等很有影响的书，在《自由在高处》一书中，他说过一段对我很有启发的话：当教育体系成为一套精细矫正仪，当教育设计"像捕鼠器一样"完全针对人的弱点，而不是发现和激励一个人的优点与特长时，置身其中的人也就成了一头被教育机器不断矫正的猎物。最不幸的是，许多人并不自觉，在此漫长的"纠错"过程中渐渐失去了自我抉择的意志，渐渐磨灭了原本属于自己的才情，荒芜了斗志，辜负了创造。由熊培云的观点我联想到：学校对教师的管理也不能成为"矫正仪"，一旦成为"矫正仪"，便会扼杀了一般教师成为优秀教师、优秀教师成为教学名师的可能。

"条条道路通罗马"。通往优秀教师、教学名师的路也不是一条。我写过《"匠""家"之间天地宽》一文，我认为，在教书匠到教育家之间是一片广阔的天地，教师们完全可以"八仙过海，各显其能"。

然而在实际工作中，我们常常是把教学任务安排下去就万事大吉了，很少或者根本没有考虑到教师的专业发展。在这种情况下，有心的教师可能会为自己设计成长路线图，但多数教师缺乏这个意识。三五年、十几年下来，变成了熟练的教书匠，在专业上却没有形成自己的优势和特点，实在是非常令人遗憾的。

所以，我们要把教学任务的安排和教师的专业发展结合起来，有的时候即使牺牲一些眼前利益也是值得的。力争让每一个教师都有明确的发展方向，并通过不断努力，形成自己的教学风格，打造自己的课堂魅力。

(3) 等待。教育和等待一词关系十分密切。有人说，教育就是一个相互寻找的过程。所谓相互寻找，就是教师面对几十个学生，要寻找每一个学生的天性、特点、心理状态，学生也同时寻找从教师那里可以得到什么。即使相互寻找到了，也不会是立竿见影的。因为成长是一个缓慢的过程，需要等待。就像我们给植物通风、采光、施肥、打药以后，剩下的就只有等待植物自己的生长了。

教师之于学生是如此，学校之于教师也是如此。当我们为教师提供了良好的环境与条件，教师们也都非常努力的时候，剩下的就是等待了。因为教师的成长同样需要时间，甚至需要更长的时间。清华附小的窦桂梅校长的观点我很赞同。她说"不要急躁，给予充分的发展时间；期待个人的发展"，"让每一个人都觉得你对他充满期待。"(窦桂梅《我的教育视界》)

没有宽松的政策，就没有教师的自由发展，没有教师的自由发展，就没有优秀教师群体的诞生，没有一个优秀的教师群体，学校的发展也就无从谈起。因此，校长对教师要有宽容的心态、期待的心理、激励的措施，有了这些就不是一般的关爱教师了，而是一种大爱。

美国的派克中学在招聘校长时发布了一条招聘广告，广告中对校长这一职位提出了七条要求：

① 对学校发展的美好前景有清醒的认识，并且有能力实现它；

② 建立一种可靠的教学机制，使每个人都能达到完美；

③ 表现出超凡的人际交往能力和专业技能，并以此来领导、发展、创造一个忠实而有才干的团体；

④ 在学校里培养一种宽容、博爱的风气；

⑤ 在学校、学生、家长、员工、上级官员甚至更广泛的范围内建立一种普遍的良好的关系；

⑥ 热情、幽默；

⑦ 真正理解和尊重年轻人。

这样的招聘广告与我们招聘校长的广告是不是很不一样？

(4) 环境。著名的赫兹伯格双因素激励理论告诉我们：使职工感到满意的都是属于工作本身或工作内容方面的；使职工感到不满的，都是属于工作环境或工作关系方面的，即工作之外的因素。他把前者叫做激励因素，后者叫做保健因素。保健因素包括单位的政策、管理措施、监督、人际关系等。看起来保健因素不能直接激励职工的积极性，但做不好就会打击职工的积极性。因此，学校领导注意营造良好的工作氛围和环境，让教师在人际关系和谐、工作关系融洽的环境中愉快工作。

说到环境，我要强调一个问题，即凡是学校都应该有教育的味道。我到过不少职业学校，感到普遍缺乏教育的味道。什么是教育的味道？我也许说不清楚，但我觉得教育的味道离不开对人的尊重和关爱，离不开人性化的设施，离不开人文氛围的营造。说得直白一些，我以为教育的味道可以简单到只有两条：把课堂还给教师，把校园还给学生。

在这方面有一个好的典型——北京育英学校。这所学校的愿景就是：办一所学生放学后不想回家的学校。为了这个愿景，该校采取了很多措施：比如，移走冬青树围，把校园还给学生；把校园变成学生学习交往、寻找伙伴的地方；校园里的石头连廊全部换成了木质的，让学生在冬天坐上去不再冰冷……总之，校园里的一切不再像过去那样简单地从便于管理的角度去设计，而是尽量按照学生年龄特点和成长需要来设置。把校园还给学生，使原本平淡无奇的校园，顿时变得充满了生机。学生们在这里探索、游戏，乐此不疲，流连忘返。

对比北京育英中学我们不难发现，许多职业学校的校园设施一般从三个方面考虑得比较多，一是便于管理，便于保证安全；二是为了漂亮、美观；三是为了营造"文化"氛围。这三个方面的考虑都不为错，但唯独缺少了一个核心的要素：学生的需要。我在一个规模很大的职业学校视导时发现，这所学校的漂亮、大气程度可以和大学相媲美，但却没有找到一处学生可以坐下来的地方。我认为，这样的学校就是缺乏教育味道的学校。

措施之四：教师的工作需要研究。

教师研究教育教学工作与教师职业倦怠看起来是风马牛不相及的，实际上有着密切关联。

苏霍姆林斯基有一句很多教师都耳熟能详的名言："如果你想让教师的劳动能够给教师一些乐趣，使天天上课不致变成一种单调乏味的义务，那你就应当引导每一位教师走上从事一些研究的这条幸福的道路上来。"苏霍姆林斯基的这一名言实际上揭示了一个我们司空见惯的现象：研究能给人带来快乐。这个现象在生活中可以看得更清楚，比如打牌、下棋、唱歌、跳舞等娱乐放松活动，只要愿意参与的人都能够从中感受到快乐，但如果我们仔细观察就可以发现，只有愿意动脑筋去"研究"的人才能从中得到真正的快乐，或者说更大的快乐。比如现在流行的"打掼蛋"，对"掼蛋"缺乏研究的人，只是浅层次的娱乐。而真正的"掼友"则痴迷于其中的技巧和奥秘，每打一局牌，都有许多值得总结、回味的环节。用好了一手牌，成功地跟对家做了配合，其快乐是无法用金钱来衡量的。这就是一般参与与研究者的区别，这也是"研究使人快乐"的秘诀。

在每一所职业学校里几乎都有这样一些教师：他们虽然也和同事一样说苦说累说倦怠，实际上他们并不觉得苦和累，也没有职业倦怠；他们总是处在一种琢磨、研讨、思考的状态中；他们对教科研的热情是发自内心的，也是源于工作需要的；他们的教科研计划总是排得满满的；因为教科研，他们想读的书也总是很多很多……

就我个人的体会而言也是如此，我热爱职业教育，因此为之付出多少精力也在所不惜。我见到每一个学生都会不自觉地露出微笑；我尊重每一位教师的劳动，对他们抱有感激之心；我觉得自己读的书太少太少，想探究的问题太多太多。因此，我的每一天都过得非常充实。我的生活状态恰如我的 QQ 个性签名：闭门即是深山，读书随处净土(出自明代文学家、书画家陈继儒的《小窗幽记》)。

教师的教科研是一个专门的话题，不能展开说了。这里我只是想强调，投入到教科研中去，的确可以很好地帮助教师脱离职业倦怠。

措施之五：教师的人生需要修炼。

教师这个职业的特殊性不用我多说，大家都很清楚。我觉得现在的问题是，许多人原来并没有打算做教师，而是因为就业难、因为企业不稳定、因为公务员不容易考等原因做了教师。所以，对教师这一职业的理想性、崇高性、复杂性、艰巨性都缺乏清醒的认识。当然，一些名校是例外的，他们不愁找不到好教师，而众多的一般学校却很难做到这一点。这是"马太效应"在职业教育领域的具体体现。

发达国家在这个方面解决得比较好。他们深刻地知道教师这个职业的特殊性，因此，对教师的职业门槛定得较高。能够进入教师队伍的都是自愿来的，都是经过严格选拔和挑选来的，都是经过专门的训练后来的。即使这样，也不是没有问题，但问题相对较少。

2005 年我曾去德国考察职业教育，我们在跟对方的职业学校交流时，有的团员总喜欢问对方这样一个问题：如果有的教师不敬业，工作马虎不认真，学校将会怎么处理？德国的校长们总是耸耸肩，表示他们没有遇到过这类问题。

回到我们的话题上来。一个严峻的现实是：无论你原来是怎么想的，一旦从事了教师职业，就必须按照教师职业的要求出现在学校中和课堂上。也就是说，社会赋予了教师职业特定的标准。就像演话剧、电影一样，不同的角色有着不同的要求。一旦上场，就得按角色的需要说话行事。

毫无教师职业的训练和准备与教师职业的特定要求之间出现了深深的矛盾。

这个矛盾不解决，学校不满意，学生和家长有意见，教师本人也不快乐。

我认为，这是当前职业学校教师队伍问题的根源所在，也是教师出现职业倦怠的主要原因之一。如何解决这个问题？我觉得，别无他法，还是要从教师职业的认识入口，从有关生命的常识入口。

新东方提出了三个感动："只有让自己感动的生命才能感动别人；只有让自己感动的课堂才能感动学生；只有让员工感动的企业，才能感动世界。怎样让自己的生命感动？你只有做了崇高的事情，才会让你自己生命感动。你吸毒能让自己生命感动吗？你偷懒能让自己生命感动吗？你投机取巧能让自己感动吗？你斤斤计较能让自己感动吗？不可能。所以，要让自己感动，你就要做好事，做崇高的事情。努力、奋斗、挣扎，想方设法让自己的生命更加光辉。运动员拿到金牌的那一刻，在领奖台上热泪盈眶的时候，你就会发现什么叫令自己感动的生命。怎样能够拥有让学生感动的课堂？你对孩子的爱，孩子能够看得见，能够感觉得到，如果你不喜欢学生，你就不应该当老师。当老师不是一种职业，而是一种事业。你自己愿意跟学生打成一片，你自己看到学生的每一个进步都从心里感觉到非常愉快和欢喜，你才能让自己感动，也才能感动学生。学生都是明察秋毫的人，你是否真的是一位好老师，不需要你自己表白，学生心里自然会有评判。"我非常同意这三个感动的观点。一个教师在课堂上感动了，那不是幼稚，那是生命在场的自然流露，那是对教师职业的最高礼赞。遗憾的是，在我们职业学校课堂中，很少看到这种感动的场面。公务员、法律工作者因为工作性质的原因的确要秉公办事、依法办事，不宜动情，不宜感情用事。然而我坚持认为，教师这个职业是需要经常处在感动中的。用赞科夫的话来说就是，教师要用情感为传授的知识"加温"。他的原话是这样说的："课本知识如果没有经过教师情感的加温，那么这种知识传授越多，你的学生将变得越冷漠。"每一位教师可以扪心自问：你在向学生传授知识的时候，那些知识经过你"加温"了吗？

除了感动以外，我认为，作为教师，还应该让自己一直处在修行的状态中。我这里说的修行不是出世、出家，我指的是一种心灵状态。修行和功利是相对的。功利要的是眼前利益，眼前的好处，修行关注的是精神的升华和心灵的纯净，修行也是指对心中那个终极目标的坚定的信念。教师这个职业注定是一个需要修行的职业。因为教育是明天的事业，不是着眼于当下的。钱理群在一篇文章中写道："教育只能是一个充满理想的事业，也由此注定了教育者只能是一个理想主义者。盖因为教育的播种当在每时每刻，然而教育之成才与收获，却于遥远的未来。" 教师的职业正是这样：播种在现在，收获在遥远的未来。正因为如此，教育又被称为"明天的事业"。就是说，我们所做的工作是既是为了学生的今天，更是为了学生的明天。鲁洁教授说得好："教育本来是面向可能生活，它的功能是，要为人揭示更加好的、更值得过的可能生活。"人是始终处在进化中的动物，教育的功能就在于促进人进化得更好。这也正是教育的崇高和伟大之处。从事这么崇高而伟大的事业，如果我们不是一直处在修行状态能行吗？

《清华附小办学行动纲领》中提出，选择做教师就是选择修炼的进程，选择做清华附小教师就是选择更高的修炼进程。

教育无止境，教师的修炼当然也是无止境的。当我们的生命和我们从事的事业紧紧联系在一起的时候，我们的生命就会散发出光芒，这光芒足以驱散眼前的"雾霾"，照亮我们前行的道路！

2014 年 4 月 5 日完稿，4 月 6 日修改。

注释：

[1] 陕西西安市未央区第一实验小学给部分小学生佩戴"绿领巾"一事引发社会关注。据了解，这所学校给学习不好、不听老师话的孩子佩戴"绿领巾"，

以此来激励孩子上进。

包头24中向初二、初三年级前50名学生发放背后印有"包24中优秀生，翔锐房地产"字样的红色校服。该校服由包头翔锐房地产公司赞助。"红校服"一出立即引来众网友围观，有网友称"红校服的性质比绿领巾更为恶劣，集媚权、媚钱、奴性、斯文扫地为一身！"

在枣庄三十九中八年级(7)班，正在教室的学生小李介绍说，他们班是在两周前发的三色作业本，班级前30名的学生发绿色和黄色作业本，后30名的学生发黄色和红色作业本。笔记本封面上还分别标有字母，绿色标有A，黄色标有B，红色标有C。有家长认为，学校这样做，容易伤害成绩差的学生的自尊心。校方称这是分层次作业，是为帮助学生缩小差距……

扬子晚报爆料：近段时间，无锡市儿童医院儿保科变得格外忙碌，来测智商的学生明显增多。原来是一些老师由于孩子成绩差拖了班级的后腿，要求班级里的差生来做"智商测试"。

为有源头活水来

——江苏省戏剧学校师德报告

(2014 年 5 月 23 日)

学校领导让我讲讲师德建设问题。我的第一反应就是：这个活不好干！因为我确切地知道，"听报告，就睡觉"的现象在我们周围是非常普遍的。更何况师德报告讲不好，就容易流于说教、脱离实际、失之于空泛。如果是技能大赛、信息化大赛的辅导，如果是教科研方面的指导，估计情况会好得多。

明知这个活不好干我还要来，为什么呢？我觉得，做人要讲究，要对得起良心。据说我们学校工会组织的读书活动，各个工会小组都选了拙著《从明天起，做一个幸福的职教人》，在这种情况下如果我不来，那就有点对不起大家了。说到这儿，也就切入我们今天讲座的主题了。做人要讲究，要有起码的良心——这就是师德的起点。

所以，在讲正题之前，我先发表一下自己对师德的基本看法。

说起师德，人们总是联想到很严肃、很高尚的一面，敬业爱岗、带病工作、诲人不倦、辛勤耕耘、大爱无疆等等。我们总是喜欢把一些东西概念化、程式化，而不是人性化、生活化。我们当然不能说这些不是师德，但我觉得这些不是师德的常态。不是常态的东西，我们往往会觉得虚假、夸张、有表演的成分、与我们有距离。夸张、表演、与实际生活有距离，恰恰是戏曲的特点。戏剧的一招一式，唱念做打，被艺术赋予了很多东西。几个人就可以代表千军万马，布景一换，时空随之转换。师德不是戏剧，不需要道具，不需要夸张。师德就蕴含在我们生活的分分秒秒中，角角落落里。

比如，这次我来讲座，可以不用刻意准备。类似的讲稿很多，随便拿过来一个，修修改改就可以了。但我的习惯是，每次讲座肯定要重新准备，我不愿意重复自己。我想，负责任地做好一件事，这就是师德。

我常琢磨一个问题：听报告的人和讲报告的人心态是很不一样的。如果讲得好，听报告的人就觉得有收获，时间过得也挺快的，反之，如果讲得不好，就觉得是在浪费时间。作为教师，我以为应该把这种心态的双方变化一下，即讲报告的人是自己，听报告的人是学生。想想我们的学生，一天都要坐在教室里。如果每个"报告人"讲得都不好，学生的生活质量会高吗？生命状态会好吗？什么是师德？我想，由己推人，这就是师德。

下面切入正题。时间关系，今天我只能讲三个问题：

一、"零落成泥碾作尘，只有香如故"——时代背景下的师德现状

我引用的古诗词当然都是一种比喻。所谓"零落成泥碾作尘"，我想比喻的是，在当前的时代大背景下，文化传统，中华文明，遭到全面破坏，这个比喻虽说有些夸张，但基本是事实。"只有香如故"，我比喻的是在这样的时代大背景下，教师这一职业群体从整体上来说，依然延续了职业操守，依然恪守着职业道德。

平心而论，教师的职业操守更多地是来自于教师个体的自觉行为，来自于教师职业角色的薪火相传。外在的约束或强制，至多只能影响到教师的行为，对教师的思想基本不起作用。我们经常讲"统一思想"，实际上怎么可能做到呢？所以开头我说，师德报告这个活不好干，类似这样的报告人们不愿意听。有人说，世界上最难的事有两件：一是把别人的钱放进自己的口袋，二是把自己的思想装进别人的脑袋。

讲师德问题，为什么我要提到时代大背景呢？因为时代大背景对人的言行、生活方式起到了重要影响乃至决定性的作用。

我们目前所处的时代是一个什么样的时代呢？人们的看法不尽相同。我概括了几句话，与大家一起探讨。我的看法是：

这是一个表达的时代，不是一个倾听的时代：网络时代，信息海量，使绝大部分人成了"看客"，做了信息的奴隶。我们每个人当然也在表达，但仔细想想，我们表达的有多少是自己内心的感受？百度、复制、刷微博、转发成了我们表达的主要方式。无论是工作总结，还是情感的表达，都不需要经过我们的大脑和心脏。这样的表达反过来又造成了只有转发者，没有倾听者。

这是一个浮躁功利的时代，不是一个从容淡定的时代：浮躁最典型的表现就是不能等，只要结果不要过程。功利最典型的表现就是只要当下，不考虑过去和未来，或者说为了当下，可以抛弃历史和未来。这样的时代背景对教育的影响很大。在这样的时代背景下，教育不可能是从容淡定的。

这是一个脚步匆匆的年代，也是一个灵魂严重滞后的年代：我们脚步匆匆，没有时间反思、反省，甚至没有时间感受四季、感受生活。我们脚步匆匆，感到疲惫，对生活不满，对工作不满，人人都在抱怨，同时人人又都表现为顺从、

服从，而不是质问、质疑。不愿意多问几个为什么。

这是一个人类可以和月球对话的时代，也是一个人心与人心之间越来越远的时代。

这是一个科技高度发达，也是一个文化严重滞后的时代。

这是一个物质越来越丰富的时代，也是一个精神越来越贫瘠的时代。

在这样的时代背景下，如果对人们当前要做的事情没有现实的好处，对实现自己的目标没有任何帮助，人们就不会有任何积极性。只有越来越便捷、越来越方便、越来越管用的东西才能引起人们的兴趣。从这个意义上说，我的讲座和我们学校的名称都属于同一命运，都是被时代边缘化了的东西。因为戏剧是传统的，可以创新，也应当创新，但永远不可能"越来越便捷、越来越方便、越来越管用"！

在这样的时代背景下，我们讲师德，千万不要把师德作为"匕首"和"投枪"然后投向教师。因为在我们很多人的潜意识中，师德是用来约束教师的行为的。我的看法恰恰相反，我们讲师德，正是为了从教师平凡、单调的劳动中发现闪光点，发现教师们在细微之处的人性光辉，发现教师的坚守，发现教师的生命自觉。

"只有香如故"谈何容易？想一想"驿外断桥边，寂寞开无主。已是黄昏独自愁，更著风和雨。"是一种什么样的境况吧！在这样的境况下，广大教师依然"香如故"，这是教师生命状态的主流，我们必须看到这一点，必须坚信这一点。

当然，在教师队伍中，的确有少数人随波逐流混日子，按酬付劳，甚至玩忽职守，敷衍塞责的，但这些现象不是主流。

二、"沉舟侧畔千帆过，病树前头万木春"——时代发展中的师德展望

狄更斯的《双城记》开头一段话常常被人引用，他是这样写的：那是最美好的时代，那是最糟糕的时代；那是智慧的年头，那是愚昧的年头；那是信仰的时期，那是怀疑的时期；那是光明的季节，那是黑暗的季节；那是希望的春天，那是失望的冬天。

把狄更斯的话与我们今天所处的时代相对照，基本上能对得上号。

我国唐代诗人刘禹锡"沉舟侧畔千帆过，病树前头万木春"的诗句，是对狄更斯那段话最好的诠释、提炼与升华。"沉舟"、"病树"是"失望的冬天"，"千帆过"、"万木春"是"希望的春天"。时代的发展有一定的规律，这个规律我总结为"泥沙俱下"与"大浪淘沙"交替、风起云涌与云淡风轻交错。

古今中外的时代发展莫不如此。

《三国演义》开篇说的"天下大势，分久必合，合久必分"非常有道理。

从时代的发展规律看，我们应该看到希望。每一代人一方面都在努力发展社会经济科技文化，一方面也在努力革除上一代人留下的弊端，但与此同时，这一代人也给下一代人留下了新的弊端；下一代人会和我们做着同样的事情。历史发展呈波浪式前进，人类良知在螺旋式上升，对此我深信不疑。但其中离不开一个重要因素，即知识分子对社会的反省、批判与改良。这是教育不能功利化的主要原因，也是知识分子安身立命的前提。

我常常思考一个问题：为什么美国的政治制度比较先进？美国的宪法为什么几百年来一字不改？美国政府为什么不能为所欲为？美国总统为什么被誉为"关进笼子里的人"？美国前总统布什在捷克的一次讲话上曾经说过，"人类千万年的历史，最为珍贵的不是令人炫目的科技，不是浩瀚的大师们的经典著作，而是实现了对统治者的驯服，实现了把他们关在笼子里的梦想。我现在就是站在笼子里向你们讲话。"为什么有的国家则是动乱不断、忽左忽右，经常是"城头变幻大王旗"？我思考的结果是：一个国家的政治体制(或者说游戏规则)单由革命家制定不行，单由知识分子制定也不行，一定要由革命家、军事家、哲学家、思想家共同完成。其中，哲学家和思想家的作用常常被人所忽视。而美国宪法恰恰是以哲学家、思想家为主体设计的。

邓小平说的坚持"一个中心，两个基本点"100年不动摇，非常深刻。现在看，邓小平是伟大的革命家，更是伟大的思想家。

也许我扯得远了点。世界、国家的大事我们管不了，我们要面对的是自己每天的工作。不可否认的一点是：我们许多教师处在职业倦怠的状态中。应该如何摆脱职业倦怠，这是个专门的话题。如果有机会，我愿意专门谈谈我对这个问题的思考。但我前面所说的也不全是废话，我想表达的意思是：职业院校教师面对的困境是暂时的。时代的发展会破解很多难题，当然也会带来新的问题。如前所说，这是时代发展的规律。但其中有一个问题不知道大家想过没有：我们是这个世界的过客，来去匆匆。宇宙无垠，但人生苦短。正如苏轼在《前赤壁赋》中的名句："羡长江之无穷，哀吾生之须臾。"我的意思是说，时代的发展固然是乐观的，但我们的生命是有限的。我们必须在当下就要行动起来，救赎我们自己。

美国学者罗伯特·福尔姆在《我们得回到幼儿园》一书中说："当我们发现世界无意义的时候，正是无意义的世界需要我们赋予它意义的时候。"我套用福尔姆这句话，当我们对人生感到失望的时候，正是需要我们要对自己的人生赋予希望的时候；当我们对工作感到倦怠的时候，正是我们要从工作中寻找幸福感的时候。

从时代发展的角度展望师德，我有三点判断：

第一个判断：师德，一定会回归常识。

师德，简单地说是教师的职业道德。社会上职业门类很多，无论何种职业，都存在职业道德问题。但不知大家注意到没有，把教师的职业道德凝练成"师德"这样的职业并不是很多，我们可以列举出来的除了"师德"以外，恐怕就只有"医德"了。为什么对工人不提"工德"、对商业不提"商德"、对官员不提"官德"、对军人不提"军德"呢？为什么唯独对教师和医生才有"师德"和"医德"的说法呢？这个现象很奇怪，也很耐人寻味。

据我所知，西方国家是没有师德这个说法的，他们也没有政治课，更没有毛概、邓论等。但这并不等于他们就不讲师德。我觉得，他们是把师德作了复位，即复位到人的本性、本质、本真上来。

这里就要简单说说什么是师德了。师者，教师也；德者，品德、品格也。师德合在一起，不就是人品、人格、素质吗？教师只是一个职业而已。教师首先是人，然后才是从事教师这一职业的从业者。教师职业的确需要人品、人格、素质，但哪个职业不需要呢？即使一个人没有职业，处在失业状态，就不需要人品、人格、素质了吗？也许有人说，教师这个职业有其特殊性，这一点不能否认。因此，对教师职业道德的要求应该区别于其他职业，但这并不等于可以把教师职业神圣化。我国有尊师重教的传统，国外也越来越认识到教育的作用。但所有这一切，都不能把教育、教师神圣化。

第二个判断：师德，一定会回归常伦。

所谓常伦即伦常，是指正常的秩序和人伦关系。现在的人伦关系有很多方面是不正常的。比如，政府和学校的关系正常吗？学校每年要接受那么多的检查、视察、视导正常吗？职业学校的校长能静下心来专注于学校发展吗？职业学校教师能专注于学生的全面发展吗？教师和学生家长的关系正常吗？

当这些伦常关系都不正常的时候，我们孤立地谈师德问题，对教师公平吗？

什么时候校长能把主要精力用在办学上，教师把主要精力用在育人上，教育就有希望了，师德问题也就变得容易解决了。校长集中精力办学，教师集中精力育人都需要有相对的独立和自由。我有一个不成熟的判断：从历史上看，政府插手学校事务最少的时候，往往是教育发展最好、学校发展最好的时期。这里的"最好"不是指硬件，而是指内涵。

第三个判断：师德，一定会回归常态。

常态的东西是不需要特别提起的。当每个教师都能恪尽职守的时候，师德一词也就从我们的生活中消失了。师德一词消失之日，正是我们国家全面振兴之时。实现这个目标，当然有赖于社会的进步、时代的发展和公民素质的整体提升。

讲师德展望，我没有强调大爱无疆，没有强调无私奉献，只谈了常识、常伦、常态这三个方面。不知学校领导是否感到失望？但眼下，我必须服从自己的内心。

表彰先进，树立典型，是我国在意识形态领域惯常的做法。其目的当然是为了提高全民族的道德水准。于是，每到学期末、年末，各单位都要花很多时间和很大精力用于工作总结，评比先进，表彰先进。这种惯常的做法就一定是正确的吗？就一定是唯一的吗？据我所知，不少教师及公务员对此是比较反感的。但我们从小接受的教育就是如此，久而久之，也就见怪不怪了。由此可见，教育的熏陶作用、浸染作用是非常厉害的。

带过孩子的都知道，孩子从幼儿园开始，实际上就已经在竞争了。幼儿园的教师对孩子的赞许和奖励，常常并不是惠及每个孩子的。只有表现优秀的孩子才能得到"小红花"、"五角星"之类的奖励。小学阶段的"红领巾"、中学阶段的入团，都是有先后顺序的。至于三好学生、学生干部等，那更是有名额限制的。我一直对"三好学生"这个荣誉有疑惑。少数学生是"三好"，多数学生要么是"三不好"，要么是有其中一项不好。从教育的角度看问题，这样的评比究竟是利大还是弊大？

著名教育学者程红兵在《做一个自由的教师》一书中举了一个例子，和大家分享一下。

一个年轻漂亮的女教师参加优质课大赛，穿了一件漂亮的花裙子，裙子上贴满了五角星。课堂上，学生正确回答问题之后老师高兴地从裙子上摘下五角星贴在小孩子的脑门上，孩子们感到非常得意、自豪。突然，老师裙子上的一颗五角星掉到了一直没有获得五角星的同学旁边，他把它捡起来了。他很想趁着老师和同学不注意，悄悄地把那颗五角星贴在自己脑门上。但是犹豫了半天，他最后报告老师："您裙子上五角星掉下来了。"老师接过五角星一句话没说，顺势就贴在了自己的裙子上。当时听课的一些老教师和评委为她感到遗憾——经验不足。这个时候接过五角星，顺势贴在孩子的脑门上，对那孩子就是一个很好的鼓励，不过毕竟年轻，情有可原。课继续往下上。

课快要结束的前一两分钟，老师裙子上的一颗五角星又掉了下来，巧的是，还是掉到了一直没有获得五角星的同学的旁边，这个同学把它捡了起来。这时下课铃声响了，他看到很多脑门上有五角星的同学活蹦乱跳地冲出教室到外面去玩耍了，他也想趁老师和同学不注意，悄悄地把它贴在自己的脑门上。但是，犹豫了好半天以后，他跑到老师办公室，向老师报告："您裙子上的五角星掉下来了。"那位年轻漂亮的女教师说："这堂课结束了，五角星没用了，你把它丢到垃圾桶吧。"

从这个例子中，我们看到了什么？我看到的是孩子的单纯和可爱，看到的是教师的功利和冷漠。我们先不谈师德，就从正常的师生关系来说，这位教师的做法也是不应有的。

我的女儿读大三，有一次她跟我聊了一件事：她们考六级英语时，监考的两位教师(年纪较大的老教师，不是青年教师)一直在小声地聊天。我女儿坐在第一排，距离监考教师最近。起初，我女儿以为他们聊一会就会安静下来，没想到他们一直聊着，没有停下来的意思。我女儿在忍无可忍的情况下，站起来对两位监考教师说："老师，请你们不要说话了，影响我考试。"两位教师虽然不再聊天了，但脸色都不怎么好看。考试结束后，同学们纷纷为我女儿的敢于直言点赞，但我女儿却在反思：我做得对吗？女儿想听听我的意见。我当然支持女儿的做法。尽管惹老师不高兴的是我女儿，受益的是大家，但我依然认为，女儿的做法无可非议。但同时，我委婉地提醒女儿，遇到这类事情应该"先礼后兵"，即应该注意态度的婉转。如果老师依然故我，再严肃向他们提意见，这样是不是效果更好？女儿说，我反思的也是这一点。我做得没有错，错就错在没给老师留面子。

这两位监考老师的行为，还用得着上升到师德的高度来分析吗？作为监考人员，让学生安静地考试，不是最基本的职责吗？不是最普通的常识吗？

其实在校园中，这样的例子实在是太多了。我曾写过一篇文章《教育，或许就蕴藏在这些小事当中……》。其中写道："当学生向老师问好的时候，老师也向学生问好，或者报以真诚地点头微笑，我想，这就是教育了。"

三、"问渠哪得清如许，为有源头活水来"——我心中的师德

在我看来，师德不是用来解决个别问题的。师德要面对的是教师的生命状态。这个问题解好了，一切问题都迎刃而解。职业学校教师面临的问题大同小异，但为什么有的教师始终饱含激情，每天都在愉快工作，而有的教师则每天处在纠结、郁闷、痛苦、焦虑之中？这些现象的背后就有一个生命状态的问题。

谈到生命状态，我们经常讲，每一个学生的生命都是独一无二的，因此，应该关注学生个性化成长。同样的道理，每个教师也都是独一无二的，教师的发展也应该是个性化的。那么，师德，是应该把它看做是对教师群体的要求，还是应该把它个性化、人性化、具体化？这是个值得探讨的问题。我的看法是，二者应该是融为一体的。即在对教师群体的职业要求中，要更多地体现对教师个性化的尊重；而在教师个性化的言行中，则应该渗透教师这一职业特有的规范。

艺术界倡导德艺双馨，德艺双馨体现在艺术学校的教师身上一定要有下面这样几个特点，这几个特点也是我对艺术学校教师师德的基本看法。

（一）真心投入，生命在场：我们在干什么

陶行知先生说过："不要你的金，不要你的银，只要你的心。"用心、真心、全心投入，生命在场，正是教师这个职业的特性。

什么叫生命在场？我理解的生命在场就是指，一个人的知识才能和自己从事的工作真正结合到了一起，找到了自己生命的联接点，这就是生命在场。生命在场，是对自己身份的一种高度认同，对自己角色定位的准确把握。

每个人要想生存就要做事，要做事就要找到一个与社会的联接点。问题在于，这个联接点是否激活了你的生命激情？换言之，这个点仅仅是你生存的联接点，还是你生命的联接点？因此，这里就存在一个对自己的身份是否认同的问题。

在座的各位都是艺术学校教师。对于这个身份，大家可以扪心自问：自己是否从内心里真正认同？这是很重要的问题，也是一个带有前提性的问题。只有认同了自己的身份，才有可能扮演好这个角色。这和戏曲、话剧表演是同一个道理。你想跳吴清华，结果让你跳了战士，你想饰演杨子荣，结果让你饰演栾平，你心里不痛快，肯定演不好。

事实上，这个问题在众多的教师身上并没有解决好。他们在内心给自己的定位或许是演员，或许是艺术家，或许是技术专家，或许是教书匠，或许只想做一个全职太太。无论你想的是什么，你必须面对的事实是：你是一名艺术学校的教师。由于"认同"问题没有解决好，于是，看起来他们也正常地上班、正常地上课，但教育教学工作并不是他们的生命联接点。也就是说，他们的生命不在场。

据我观察，不少教师并没有把工作和自己的生命联接起来。工作和生命割裂开来了。用我的话来说就是，工作和生活被分割成了痛苦的两半。因为工作不开心，工作之余的生活也就很难开心。而且我可以肯定地说，这样的人在工作上绝不会取得大的成就。因为凡是取得成就的人，都是每天充满激情工作的。

我们的教育存在的严重问题很多，其一是教育让孩子越来越不愿意学习，学习成了沉重的负担。这不是今天的话题，暂时按下不表。其二就是教育让人把学习和职业、工作和生命相分离。试想，一个人从幼儿园开始，然后是小学、初中、高职、考大学，这一路下来，目标只有一个：考上理想的大学。这个目标在很大程度上是和自己的天性、和将来从事的职业、和自己的生命价值没有多少关系的。为了一个功利的目标，生命的联接点始终无所依附。有一个清华男生不无调侃地说：清华男的一生就是：考清华—努力学习—找工作—挣钱—娶媳妇—生娃—考清华。前一段时间的新闻"弃北大，读职校"，引起了很多人的议论。多数人议论时都在为职业教育地位的提升叫好。我读这个新闻，读出的是教育的味道。当事人周浩在高考时考了高分，面对这样的学生，周围的人很少有人关心这个孩子愿意学什么，愿意怎么发展，而是认为这个分数应该报什么大学、什么专业等。世俗的观点扭曲了人的价值观，也扭曲了周浩的发展。喜欢机械的周浩，进入北大生命科学学院，学习过程痛苦不堪。因此，弃北大，并非北大不好；读职校，并非职校地位提升。说到底，和个人的选择有关，和个人的生命状态有关。

北京大学饶毅教授说："我在中国读大学后，突然意识到我跟大家一模一样。我心里有点害怕。因而我大学毕业以后的历程，就是在努力把我自己变得跟别人不一样，可能有些人会认为我现在太不一样了。但国家、社会、学校鼓励学生个性化发展，才有各种人为社会做不同的工作。每一位青少年都能积极地找到自己愿意做的事情，每个人都能拥有一个阳光的人生，在现在的社会环境下，这是不容易的。"(2013年4月16日《中国教育报》，饶毅：从美国梦到中国梦)我们有没有为自己"跟大家一模一样"感到害怕呢？

中国青年政治学院中文系教授梁鸿，写了两本很有影响的书《中国在梁庄》、《出梁庄记》。她在读大学、读硕士、读博士、做了大学教师以后，有两个问题一直困惑着她：一是如何避免只是向学生传授书本知识？二是如何建立知识和生命感受的联接？梁鸿认为："当知识仅是知识的时候，是没有办法激起内心更深的生命情怀的，从教师角度来讲，也只是传达给学生一些书本知识，这样的教学是没有完成的"。于是，她利用几个暑假的时间，到自己的老家——河南穰县的梁庄做调研。在调研的基础上，写出了《中国在梁庄》、《出梁庄记》。她说："我常说在梁庄调查的几年是我一生最幸运的时刻，自己的生命找到了一种联接点和热情。就学术而言，从这两本书之后，我也开始找到自己的学术路径——进一步回溯乡土中国这一概念本身。""找到一个真问题是很不容易的，从这个真问题里会找到自己学术研究的热情，而这种热情会进一步传递给我的学生。""当对自己的知识和学术有了一个更深入的理解和了解之后，对学生的传授也会自然地不一样。"(2013年12月25日《中国教育报》，刘浩洋：梁鸿：书山有路"乡土"为径)

我们很多教师都有着和梁鸿一样的困惑，但我们有没有试图找到解决问题的办法呢？我们有没有找到自己生命的联接点呢？对此，我的回答是，要么你不要做职业学校教师，要做职业学校教师，就必须全身心地投入到教书育人中去，因为职业学校教师的生命联接点就是影响学生的成长，成全每一个学生生命的健全发展。拙著《从明天起，做一个幸福的职教人》里面有一篇文章，题目是《真心投入，一生幸福》。这篇文章是我退二线前在全体教师会议上的讲话。那次讲话时我不便向教师透露自己即将退出学校舞台的信息，但从我的内心来讲，是怀着依依不舍的深情讲话的。"真心投入，一生幸福"既是我对自己职业教育生涯的概括，也是我对全体教师的期望。我常说的一句话就是：走进学生心灵，救赎我们自己。我们的生命、成长是和学生的生命、成长紧紧联系在一起的。撇开了学生谈教育，我们就没有幸福可言——不管你个人取得了多少荣誉。

(二) 相互寻找，对话影响——我们能做什么

上一个问题说的是"我们在干什么？"即我们的职业定位，我们的生命状态。如果这个问题解决了，接下来我们就要面对"我们能做什么？"这个现实问题了。我知道，这个问题让许多教师感到困惑。

这个问题实际上是一个很大的理论问题：教育究竟能做什么？教师究竟能做什么？

我的看法是，教育其实很简单。一方面，我们要顺应孩子的天性，成全孩子的生命，让学生成长为他自己。教育的另一方面，是学校教育对学生加以后天的培养，包括传授知识、培养能力、安全教育、道德教育等等。

在上述两个方面中，我以为我们的教育现状存在着两个片面：一是把重心放在了后者，认为教育的作用是无限的，后天的教育对孩子的影响是带有决定性的。问题在于，在后天的教育中我们很少考虑孩子的天性。我们的要求是统一的，教材是统一的，行为规范是统一的。为什么我们的教育现状不尽如人意？我想，没有找到教育的出发点，就是一个主要原因。第二个片面是在后者的培养中，我们又把重心放在了"预防"上，即尽可能地不让"问题"发生，尽可能地不让学生犯错误。"不能让孩子学坏了"，成为学校和家长的共识，实际上也是成人世界的共识——尽管所有的成人都是从孩子阶段过来的。于是，校规校纪越来越细，细化到学生的一言一行、一举一动、每时每刻都在学校或者家长的掌控之中。孩子稍有一些自由的、不受约束的、脱离了成人监管的时间，学校和家长便如临大敌。

在学校和家长的"努力"下，我们的学生几乎没有犯错误的机会。从来不犯错误的学生会有丰富的人生体验吗？会有生动的、灵动的天性自由吗？会有创新的思维吗？会不断地否定自己、超越自己吗？学生在学校生活中没有得到应有的体验，没有得到应有的锻炼，学校教育与社会生活严重脱节，所有这些能怪学生吗？当学生毕业后，我们又抱怨学生不懂事，不能很快融入企业文化，不能适应社会发展对人的素质的需要，如此抱怨学生公平吗？

读一读美国教育心理学家加涅的素质教育观，应该对我们有很大的启发。加涅把学生的素质分为三类：先天的、习得的、自然发展中形成的。对于学生的先天素质，加涅认为，教学不仅不能改变它们，而且要想使学生取得较好的学习成绩，教师在教学中应避免超越它的限制。对于学生在发展中形成的素质和习得的素质，教育则应努力适应。一方面，教育要考虑学生智力水平的个体差异。另一方面，教育应考虑学生人格特质的个体差异。同时，教育应考虑学生习得素质的个体差异。加涅倾注了毕生精力，找到了支配人类行为表现的五种学习结果，即五种习得的性能。它们是：智慧技能、认知策略、言语信息、态度和动作技能。学生习得的这五类素质即是素质教育的目标。

我最近在写几篇系列文章，主要内容就是辨析职业学校发展过程中的几种关系。第一篇写的就是《职业学校的管理与教育关系辨析》。我觉得，现在的职业学校大有以管理代替教育的趋势。时间关系，这个话题不能展开。简单地说，管理的功能关注的是"不出事"，教育的功能关注的学生的个性化成长。

史金霞在《不拘一格教语文》一书中说："有的老师，以学生长得越来越像他而觉得成功，而我，是以学生长得越来越像他们自己而欣慰喜悦。作为教师，全部的幸福即在于此。"

回到我们的话题。我认为，我们能做的就是八个字：相互寻找，对话影响。

教育就是一个相互寻找，相互发现，相互影响，彼此改进的过程。进一步说，我们对学生的影响还不能依靠行政命令来实现，而只能是对话式的。在很多情况下，我们能做的事情很有限。一个班级里有几十名学生，试问，我们了解每一个学生的天性吗？我们了解每一个学生的成长经历吗？不了解这些，我们又该如何实施有效的教育和教学呢？

(三) 静心定心，不断修行——我们一生幸福

一名教师如果心不静、心不定，就很难从工作中找到幸福感。我所强调的

心静、心定，既不是让大家把工作撇在一边，去打坐、去追求佛性，也不是让大家无私奉献，都成为佼佼者，而是通过静心、定心，看清自己的生命状态，弄清楚我们该做什么，能做什么，从而让我们有一个安详、淡定的心态。只有这样的心态才是内在的、永久的。而所有外在的功名利禄都是外在的、短暂的。有了安详、淡定的心态，我们才能真正理解"每天的太阳都是新的"、"明天鸟儿还会歌唱"这些朴素的哲理，我们才能欣然面对冬的沉默、春的萌动、夏的火热、秋的从容。有了安详、淡定的心态，我们才能更加热爱生活，珍爱生命，才能做一个"工作着是美丽的"人。这种状态，正是朱熹说的"问渠那得清如许，为有源头活水来。"

要看清楚自己的生命状态，就要让自己始终处在修行中。古人说的"修齐治平"也是把修身放在第一位的。

修行，让我们远离世俗，远离名利，亲近自然，亲近人性。这也是我生活的信条。

据说乾隆下江南的时候在金山寺，他问当时寺中禅宗高师法磐，他说每天长江来来往往这么繁华，一天大概要过多少条船啊？法磐大师说两条船。乾隆说怎么一天就只有两条船呢？法磐说：一条为名，一条为利，整个长江无非两条船。法磐高师这里引用的是司马迁在《史记》中说的一句话："天下熙熙皆为利来，天下攘攘皆为利往。"我们都是凡人，不可能完全抛开名利二字。连司马迁也说"仓廪实而知礼节，衣食足而知荣辱。""礼生于有而废于无。"但如果一个人要想获得真正的幸福，名和利都不是最终的答案。相反，只有逐渐远离、放下名利二字，才能向真正的幸福靠拢。从这个意义上说，我们与名利距离的远近，就决定了我们幸福指数的高低。

当我们抛开名利之心，走进每一个学生的心灵时，就会发现，"一沙一世界，一叶一菩提"。每一个学生的成长背后，都有着曲折的故事，每一个学生的内心世界，都沉睡着美好的梦想。走近学生，倾听学生，发现学生，影响学生，激励学生，成全学生——我们的职业价值就在其中，我们的生命感动就在其中，我们的一生幸福就在其中。

2014 年 5 月 20 日完稿，5 月 23 日修改，2015 年 1 月 10 日再修改。

职业学校教师如何做好教科研工作

——江苏省新沂中等专业学校教师教科研培训

(2013 年 10 月 11 日下午)

不管你是否愿意,每个职业学校教师都会遇到教科研问题。除非你不打算做教师,或者做教师不打算评职称。既然如此,这个问题就有探究的必要。就像一件事情迟早要发生,我们就有必要对这件事情做一番了解。

今天时间有限,我简单谈几点看法。

一、职业学校教师为什么要做一点教科研?

1. 课堂教学的呼唤

职业学校课堂教学的现状,使得大部分教师迷失了方向,遭遇了深深的挫败感、职业倦怠感、焦虑感。我接触了许多职业学校教师,我发现,没有哪一个教师不想把课上好的,但除了少数教师在探究教学方法的创新,探究如何激发学生学习兴趣,寻求突破外,多数教师不知道该如何走出困境?

2. 学生发展的保证

大家都清楚,有什么样的教师就会带出什么样的学生。教师如果职业倦怠,学生必定更加厌学。教师如果充满了激情,充满了智慧,就有可能影响一批学生找到人生的方向。

3. 教师发展的需要

"所谓大学者,非谓有大楼之谓也,有大师之谓也。"北京大学老校长梅贻琦的这番话,相信大家都耳熟能详。"教育大计,教师为本",这句话大家听得更多。所有这些话语,都强调了教师对一所学校、对整个教育事业的重要性。我个人的看法,教师的重要性是怎么强调都不过分的。北京的李希贵校长写了不少书,每一本都很精彩,其中一本书的名字就叫《教师第一》。

总之,对职业学校来说,教科研是兴校之本,强校之基,发展之源,任何时候都不能忽视。

苏霍姆林斯基说:"我们所教育的每一个作为个体的人,他在一定程度上就是一个充满思想、情感和兴趣的很特殊的、独一无二的世界。如果你想让教师的劳动能够给教师一些乐趣,使天天上课不致变成一种单调乏味的义务,那么你就应当引导每一位教师走上从事一些研究的这条幸福的道路上来。"

二、职业教育的教科研正逢其时

今天的职业教育处于大发展时期。这一时期给教师提供了很多机会和舞台。如果在这样大好的机会来临时仍然无动于衷,很有可能会留下深深的遗憾。

就教师教科研来说,教育行政部门为教师创造了良好的氛围和优厚的条件,鼓励教师积极投身到教科研工作中来。比如,"两课评比"、技能大赛研究基地、一年一度的江苏省职教创意论坛、各种层次的课题研究、各类职教期刊供教师发表论文、说课比赛、教学设计大赛、信息化大赛……

如果职业教育不是处在这样大繁荣的时期,作为一般教师是不可能有如此多的机会的。希望大家要抓住机遇,潜心研究,多出成果。

三、教科研工作的路径与方法

这是每个教师都非常关心的问题。与教师们交流时,多数教师都流露出这样的心态:对自己的现状很不满意,很想找到突破口,找到成就感、价值感,但苦于不知从何处入手?对此,我谈谈自己的看法。

1. 教科研工作并不神秘,每一个教师都可以进行研究

我觉得首先要打破教科研的神秘感。许多教师,特别是青年教师认为,教科研是骨干教师、老教师的事情,觉得自己太年轻,还没有资格从事教科研。这是一个认识的误区。

就像我9月份在《中国教育报》发表的那篇文章的标题《魅力课堂不拒绝任何一位教师》一样,教科研同样也不拒绝任何一位教师。不仅如此,在职业教育领域,青年教师还有着独特的优势。我多次套用毛泽东的话宣传这样一个观点:职业教育是一个广阔的天地,在这里,青年教师是可以大有作为的。在基础教育领域,青年教师要想出头,要想取得一点成绩,没有三五年甚至更长时间的磨练是不可能的。而在职业学校,工作三五年就取得骄人成绩的青年教师比比皆是。

顺便介绍一下苏霍姆林斯基关于教科研和科研之间关系的观点。他认为:"一个教师可能在创造性地进行工作,但他并不从事那种从研究事实中引出科

学结论的意义上所说的研究。我们在这里所指的是研究一些这样的问题，这些问题虽然在教育科学上已获得解决，但是当一个创造性地工作的教师一旦成为理论和实践之间的中介人，这些问题就经常以新的方式出现在他的面前。"这就是说，我们职业学校教师从事的教科研，不是通常意义上的科学发现、发明，而是在理论联系实际的过程中，我们会遇到很多具体问题，这些具体问题，就是我们的研究对象。

2. 教科研工作从哪里入手

一是从人生价值意识入手。前面我们讲到，学生的生命是独一无二的。"一沙一世界，一树一菩提"。教师的生命又何尝不是独一无二的呢？出于对自己生命的负责，我们也总得做点什么。十年、二十年很快过去，我们不能总在抱怨、郁闷中工作吧？要么不要从事职业教育，要么全身心投入职业教育，这是我的基本观点。

二是从解决问题意识入手。前面引用苏霍姆林斯基的观点时已经提到了这一点。作为一线教师，我们应该研究那些实际存在的、困惑自己的问题。我相信，这类问题哪个教师都有。通过研究这些问题，我们才能不断否定自己、不断超越自己。

3. 反思和写作的重要性

美国心理学家波斯纳提出了一个教师成长公式：经验+反思=成长。我国著名心理学家林崇德也提出"优秀教师=教学过程+反思"的成长公式。这些研究结论都说明了反思的重要性。

反思固然很重要，但反思必须和写作结合起来，才能将其重要性彰显出来。有的教师告诉我，自己常常反思，有很多好的想法，但没有及时写下来，结果，这些好的想法就像幽灵一样闪现了一下就无影无踪了。

我的做法是，随手记录自己的想法和思考，哪怕是一句话、一个观点，都随时记录下来，放在电脑里，"以备不时之需"。

4. 教科研要下笨功夫，硬功夫

为什么要强调这个问题？我发现有些教师离开了互联网就不会写文章了。对互联网的过度依赖，已成为教科研领域的公害之一。我不是反对借助网络信息，来丰富我们的思想和观点，我更不反对通过互联网查看前人的研究成果，我所反对的是写论文、做课题时的"拿来主义"。将别人的成果拿来，作为自己的东西，拼拼凑凑，也就是过去常说的"剪刀加浆糊"。这种做法是有失师德的，应该为我们所不齿。

前一段时间读了波兹曼的《娱乐至死》，感触很多。我读这本书的体会可以概括成两句话，一是我们将因为拥有太多的自由而失去自由；二是我们将因为拥有过量的信息而失去判断。

做教科研不能这样，一定要沉下心来，静下心来，面对要研究的问题，在借鉴前人经验的基础上，紧密结合现实，苦苦思索，勇于实践，逐步形成自己的思想和观点。这里没有捷径可走，只有下笨功夫、硬功夫，才能孕育出真正的教科研成果。

由于时间关系，讲得非常粗糙，也不成系统，错漏之处，敬请各位原谅。

2013 年 10 月 10 日完稿

做一名职业学校教师，真难，真好

——全省五年制高职财会专业骨干教师培训班上的发言

(2011 年 7 月 23 日)

这次全省五年制高职财会专业骨干教师培训班安排得十分丰富，有专家报告、成果交流、教材开发、专题研讨、外出考察等。今天我要讲的，既不是专家报告，也不是专业研讨，只是就职业学校教师发展这个话题，谈一点个人的思考。

我想谈三个问题：

一、做教师很容易，做职业学校教师尤其容易；

二、做教师很艰难，做职业学校教师难上加难；

三、做教师很幸福，做职业学校教师尤为幸福。

一、做教师很容易，做职业学校教师尤其容易

我想先提出几个问题，请各位老师思考：教师这个职业到底是什么？教师岗位是专业技术岗位吗？教师是教育专业工作者吗？

如果答案是否定的，那么所有的师范类教育就都没有存在的必要了(事实上，也确实有呼声取消师范教育)。不仅如此，教师的主体地位和主体作用也就无从谈起了。既然教师不是专业工作者，教师也就自然沦为普通教职工的一员。在这种情况下，教育的崇高性、理想性荡然无存。失去崇高性、理想性的教育，就自然变成了功利性、工具性的教育。

如果答案是肯定的，那么，职业教育的现状对此作了彻底的否定。

职业教育的现状在无声地宣告一个事实：什么人都可以登上职业学校的讲台。我们的师资队伍构成无非有以下几种情况。

(1) 师范类高校毕业生。这类师资来源，当然是比较理想的，但有两个问题，一是专业结构不能满足实际需要；二是他们还只是接受了专业的教育，能不能成为一名称职的教师，还需要经过实践的检验。

(2) 普通高校的本科生、硕士生。这是招聘教师的主要渠道，但是学着怎

样做会计与学习怎样讲授会计，显然不是一码事。

(3) 在读本科生、研究生。数量不足时，他们也可以登上讲台，被称为外聘教师。这些人是外聘的，但显然不是教师。

(4) 行业、企业的工程技术人员。这些人被称之为兼职教师。由于职业教育要与用人单位零距离对接，这些人就被奉为上宾。教育行政部门规定，这样的兼职教师必须达到一定的比例。我认为，这些行家里手可以并且需要介入我们的教育教学，但让他们直接登台授课，显然是下下策。不是用其所长，而是用其所短。

综上所述，我的结论是：做教师很容易，做职业学校教师尤为容易！

为什么教育领域会出现这样的局面？是时代的进步，还是历史的倒退？

要说是时代的进步，我的确不敢苟同。在座的都是会计专业的骨干教师，大家都知道一句话"经济愈发展，会计愈重要"，我套用这句话来说教育，那就是"社会愈发展，教育愈重要"。什么人都能登上职业学校的讲台，显然不是一种社会进步的标志。

要说是历史的倒退，我就更加不同意了。历史上的教育不是这样的。即使是解放前，教师也是有社会地位、有职业尊严的。一日为师终生为父，入门弟子，入室弟子，师道尊严，这些话语都表达了教育、教师的重要性。

是教育本身出了问题，还是社会出了问题？

有什么样的社会，就有什么样的教育。我深以为然。

当政府只追求 GDP，不要资源节约、环境友好，只要经济增长不要和谐发展时，企业自然就会把追逐利润作为唯一目标，公民自然就会出现拜金主义、实用主义、功利之心，在这样的环境下，教育怎么可能独善其身、洁身自好呢？当一切都商品化的时候，只有少数的理想主义者和傻子、呆子才会坚持职业操守。医生不收红包，中学教师不在外私自办辅导班，怎么养家糊口？

教育一旦有了功利性，崇高性、理想性自然消失殆尽。

幼儿园、小学、中学、高中、大学，老百姓培养孩子一路下来都不惜一切代价往重点学校挤。能责怪老百姓境界不高吗？为了一个又一个的重点，教育变质、学校变味，深受其害的是学生！教育没有了生长，只有重点、只有为了明天、为了将来……

在这样的社会大环境下，我们的学生在万人涌向高考独木桥的队伍中被挤掉了，在中考的考场中被淘汰了，他们经受了人生的第一次惨败。

这些被挤掉的、被淘汰的学生往哪里去？总不能直接进工厂做工吧？于是，职业学校就成了培养有知识、有技能的"劳动力加工厂"。

既然职业学校不是教育的殿堂和圣地，而是一个"加工厂"，那么一切都变得简单了：

什么"荷塘月色"、"春江花月夜"，都不需要了，需要的是上岗的技能、证书；

教师这一天赋使命的崇高职业也不再是专业工作者，由"普通人"到"教育者"本应有一个专门化的过程，现在也不需要了；

不仅教师队伍如此，班主任队伍也不例外，数量不够，也可以外聘。班主任成了谁都不愿意干的苦差事，只好作为任务往下派。上级部门也配合学校，做班主任不满几年，不能晋升职称。

这样的教师队伍、班主任队伍，其育人的责任心及成效可想而知。

在这样的社会大背景下，一些奇谈怪论纷纷出现，比如下面这些话语我们是不是都非常熟悉：

"学生花钱购买的是教育服务"，因此，学生应该吃"自助餐"而不是吃"桌餐"。把教育沦为消费，而且居然堂而皇之地作为办学理念提出来，实在让我瞠目结舌了。

"一切为了学生，为了学生的一切，为了一切学生"，这几句话貌似正确，实则语焉不详，极容易被一些不懂教育的人拿来作为训斥教师的武器；

"没有教不好的学生，只有不会教的老师"，这句话我不同意，因为不符合常识。若是从理论上来分析，可以写一篇文章。这里不再展开。

"职业教育就是就业教育"，这句话我也不敢苟同。一方面，如果说职业教育就是就业教育，那么，许多专业还用得着花几年时间培养学生吗？另一方面，其他教育不是为就业服务的吗？

以上这些流行一时的口号，有的已被实践证明是有问题的，有的正在暴露出问题。作为一线教师，我们对这些口号有没有过疑惑，有没有过疑问？

我有一个观点，学生中存在的所有问题，几乎都可以在教师身上看到问题同样存在，或者说，折射出学校领导、教师存在的不足；同样，教师的问题，也可以在社会风气、民族素质中找到根源。

反映在职业学校中，出现了种种怪异、变型、扭曲的、违背教育本质的做法。客观地说，这些做法最初都不是职业学校自觉所为，大多是被逼出来的。但在被逼出来后，大多数人也就放弃了职业操守，学校教育不成其为学校教育，教师也不成其为教师。比如：

技能大赛从最初的展示职业学校学生风采，发展到现在已经成为各级教育行政部门的政绩，于是，层层下达任务。到了最基层的职业学校，为了完成奖牌指标，举全校之力，培养几个尖子选手，造成大面积的调课、更换教师。很显然，为其买单的是绝大多数学生。

对职业学校的就业率进行排名，职业学校为了不落后于人，只好让教师和学生一起伪造就业证明。这样的做法给了学生什么样的影响？

每到招生季节，职业学校为了生存，到处抢生源、买学生。初中学校的班主任见到有利可图，由原来的争着带好班，变为现在的抢着带差班。试问，教育、教师还有底线吗？

由于招生之不易，现在的职业学校不敢处理学生，怕学生流失。对班主任的考核，流失率也是一个重要的指标。怕学生流失，学生就不流失了吗？我们的着力点是否用错了方向？

很奇怪的一个现象是，对什么人都能登上职业学校讲台，几乎没有人提出质疑？如果什么人都可以上手术台给病人开刀，患者及家属能同意吗？这样的医院还有人敢去吗？如果什么人都可以开飞机，乘客能同意吗？这样的飞机还有人敢坐吗？

所有这些问题，不值得我们深思吗？作为一般教师，或许认为，这些事情是领导要考虑的，与我无关。这种想法就大错特错了。

我们每位教师不都是知识分子吗？知识分子的品格是什么？人格独立，富有理想，追求真理，思想自由，富有批判精神，这些不都是知识分子应该坚守的吗？如果大家都不发出声音，且不说愧对了时代，愧对了事业，更重要的是愧对了自己的生命。

二、做教师很艰难，做职业学校教师难上加难

我还是先提出问题：做职业学校教师，难吗？做职业学校教师，累吗？做职业学校教师，有成就感吗？"在太阳下面，没有比这更光辉的事业；我多么想一直工作三百年，如果我有五倍的生命！"这句话你认同吗？

不用大家回答，我也知道你们大多数人的答案。

(一) 职业学校教师的艰难与困惑

国家出于对职业教育的重视，对职业教育给予了越来越多的期望，职业学校的改革任务愈来愈重，与此同时，职业学校的教师在教书和育人这两个方面却感到愈来愈艰难、愈来愈困惑。

艰难是指教师们满腔热情地投入教育教学工作，面对的却是为数不少的对学习缺乏兴趣的学生。做过教师的都有这样的体会：不怕对教学内容挑剔的学

生，就怕对学习失去兴趣的学生，没有比在课堂上学生没有任何反应让教师更加身心疲惫的了。这正如厨师与顾客的关系，高明的厨师不怕口味挑剔的顾客，就怕顾客没有胃口。面对没有胃口的顾客，即使饭菜色香味形俱佳，又有什么意义呢？

困惑是指在这种情况下，教与学两方面似乎就只是"教"的问题了。

课堂上学生不愿意学，那说明教师的课改不到位；

课堂气氛不活跃，说明教师的方法不到位；

学生上课睡觉、玩手机，说明教师管理不到位；

学生不做作业，说明教师要求不到位；

试卷过于简单，说明教师责任心不到位；

试题过于难，说明教师掌握先进的职业教育理念不到位。

教师们肩负着艰巨的课改任务，承受着考核的巨大压力，又搞不清楚自己的学生究竟需要什么、想要什么？教师们感到了空前的困惑。

我同大家一样，在教学实践中，也深深感到自己的无能，产生了不可名状的挫败感。我常常陷入自责和焦虑的情绪之中而不能自拔。

我曾告诉同学们，我的讲稿、PPT 都是公开的，需要的同学可以拷贝，可是一个来拷贝的也没有。他们更感兴趣的是："老师，唱首歌吧！""老师，谈谈你的恋爱经历吧！"

据说苏州大学有一位很牛的教授，有许多很经典的、很雷人的语录，其中一句说："每当看到学生目光呆滞、无所事事时，我就想嚎啕大哭。"我不想嚎啕大哭，但我的心在纠结、在困惑、在隐隐作痛。

各位老师，就在我对自己工作的价值产生动摇和怀疑的时候，我想到了你们，想到了长年在教学第一线工作的教师。你们每天面对同样的学生、同样的教学环境，你们的心情会是轻松愉快的吗？作为分管教学工作的副校长，我曾在教师会议上不止一次地讲过："我们要走近学生，了解学生，只有这样，才能实施有效的教育。"扪心自问，我做到了吗？我原以为自己算是很受学生欢迎的老师、副校长，真的如此吗？我曾自信地以为自己的课堂是有效的教育，真的是这样吗？

如果说"只有走进学生，了解学生，才能实施有效的教育"，那么，同样的道理，只有走进教师，了解教师，才能实施有效的领导和管理。我做到了吗？我了解教师的甘苦、艰难、困惑与压力吗？

如果遇到没有胃口的"顾客"，我们能简单地责怪"厨师"的手艺吗？

你们明知有相当一部分"顾客"没有胃口，还要精心做好每一餐饭菜，还要面对来自各方面的考核，还要接受没有胃口的"顾客"的评价，其心理压力之大，可想而知。

为此，我要向长年工作在教学第一线的教师们致敬！

(二) 职业学校教师艰难与困惑的原因分析

1. 课堂没有还给教师

我们经常说，要把课堂还给学生，这无疑是正确的。但很少有人想到，课堂是否也应该还给教师呢？按说职业学校没有了功利性的指标(高考)，完全有条件做到把课堂还给学生、还给教师，但现实不是这样的。

在我们国家，没有人管的部门是不存在的。教育行政部门对职业学校高度重视的结果就是拥有了绝对的指挥权。各种评估、检查、视导、考核等纷纷出笼，成为职业学校工作的主要抓手。学校有事可做、有事可忙了，受难为的是一线的教师。教师感到苦不堪言，身心疲惫。

从某种意义上来说，教师好比是前方部队，学生现状好比是复杂的地形，有平地、有山地、有沙漠、有草原、有雪山、有草地等等。我们的一些规定无异于让教师统一穿着高跟鞋，而且既要步伐整齐，又要全速前进，迅速到达目的地。其结果可以想象！

我没有调查，但我想问，有几个老师在认真执行自己制定的"课程标准"？有几个老师认真阅读过本专业的人才培养方案？

2. 优秀教师的标准发生了变化

二十年前，优秀教师的标准是非常清晰的。随着职业学校生源、结构、任务的变化，优秀教师的标准不断在发生变化，许多老师感到变得模糊不清了。

如果一个教师不知道怎样做才算是优秀，那么，教师工作的动力从何而来？教师努力的方向又在哪里？

职业学校优秀教师标准的变化，对于一名普通教师来说，既是一个严峻的挑战，也是一个发展的机遇。但在目前的变革过程中，教师不免感到阵痛。

仅仅上好每一堂课，就是优秀教师吗？

上好课、当好班主任就是优秀教师吗？

教师参加技能大赛，拿了金牌，就是优秀教师了吗？(当前似乎有这个趋势)

从我们学校的实际看，教师必须是"全能冠军"，才有可能在考核中名列前茅。可是就人的潜能来说，具有"全能冠军"素质的人毕竟是少数，多数人是在某些方面突出，某些方面不那么突出，更不要说"全能冠军"的标准本身是否科学合理了！

我们都知道，幼儿园学生需要的是教师的关怀呵护，应试教育学生需要的是教师的教学水平，大学生需要的是开放开明的氛围和大师的学术引领，那么，职业学校学生需要的是什么呢？谁能给一个清晰明确的答案？

3. 职业学校教师面临着多重压力

一是学校考核的压力。教师工作评价标准，实际上就是教师工作的标准。要达到标准，谈何容易？一位教师很委屈地告诉我，"每周上22节课，还当着班主任，还要写论文，实在没有精力做其他的了，要做也只能是应付差事。"

二是同行竞争的压力。这个问题无须展开，大家身在其中，都明白。

三是课堂挫败感的压力。教师在课堂上不仅没有成就感，有的时候还要受学生的气。每学期都有教师受到学生的侮辱，或忍气吞声，或暗自哭泣，我不知道该给教师什么样的安慰？但我想，如果我们的教师多一些底蕴、多一些本领、多一些工作艺术，多一些教育智慧，再加上我们的爱心，有许多矛盾和冲突是可以避免的。因此我说，选择职业教育需要一种运气，从事职业教育需要一种勇气，干好职业教育需要一种底气，研究职业教育需要一种灵气，热爱职业教育就是一种福气。

三、做教师很幸福，做职业学校教师尤为幸福

我国的传统习惯是对每一种职业都要强调其重要性。护士是白衣天使，重要；清洁工是城市美容师，重要；武警是人民的卫士，重要；服务行业关系我们日常生活的质量，重要；农民工是城市建设的主力军，重要。总之，各行各业没有不重要的。

我个人感到，相比较而言，我还是喜欢教师这个职业。这个职业将学习、读书、思考融为一体；这个职业使我们永远生活在青春年少的学生中，在影响学生的同时，自己也得以成长；这个职业每天面对的都是新的东西，而不是简单地、机械地重复。

所以我说，教师这个职业是幸福的。而且我认为，教师的幸福指数要高。这不仅仅是教师本人的事情，它关系到整个教育事业的发展，乃至全民族的素质提升。我们常说，要办人民满意的教育，我们有没有考虑到教师是否满意呢？如果教师不满意，我们又怎么可能办出让人民满意的教育呢？

(一) 与其他教育类别相比，职业学校教师应当是幸福的

1. 职业教育挣脱了应试教育的枷锁，师生都获得了自由

在职业学校，学生有了自由发展、愉快成长的条件，教师有了实施素质教

育的空间。我觉得，在这方面，我们大有文章可做。

2. 职业学校教师与学生有着天然的亲密关系

与学生聊天、沟通，多么愉快、多么有效、多么像教育啊！这在普通高中能做到吗？

事实上，有些家长在指挥着高中阶段的教学。有谁见过家长指挥我们职业教育呢？因此，我说，实现自己的人生价值，请到职业学校来！展示个人才华，请到职业学校来！

3. 职业教育是距离教育本质最近的教育类别

教育即生长，只有在职业学校才有可能落实得最好。

在这个功利、浮躁的社会里，身为教师，是我们的不幸，还是我们的荣幸？我认为是后者。

什么是浮躁？人们对浮躁有多种理解，多种解释，我的看法是浮躁有一个最基本的特征：就是不要过程，只要结果。因为任何事物的发展过程都需要时间，都需要付出，甚至需要经历多次失败。浮躁的人不想经历这些，他们不想等、不愿等、更不愿意付出。

以写论文为例，一篇论文从构思、酝酿，到查找资料、落笔写作、修改润色，没有一定的时间是不行的，少则十天半月，多则要几个月。重要的学术论文要一两年时间。而浮躁者只要一个晚上就能"造"出一篇论文来。

所有农作物都有自己的生长规律，万能的人们不能容忍它们生长得这么慢，偏偏要向自然规律挑战，大量使用化肥、温室、嫁接等，使它们迅速成熟；浮躁反映在教育上也是如此，一个人从幼儿到成人，有着十八年的过程，这其中包含天使般的婴幼儿时期、快乐的童年、豆蔻年华等充满着成长的欢乐的青少年时期。在当今浮躁的社会里，这些过程也等不得，从孩子未出生就开始了加速培养的工程。

快了还要快，人们追求越快越好，越方便、越简单、越省事越好。真的是这样吗？一些人类学家、社会学家对此产生了深深的忧虑。

没有了期盼、没有了等待、没有了距离，人类的生活的确方便、简单了，但同时我们又在失去什么？

"非诚勿扰"、"爱情连连看"、"爱情来了"等节目火爆，说明了什么？我认为，恰恰说明现在的时代是一个没有爱情的时代，是一个不需要爱情的时代。

回到我们职业教育的话题。学生从幼儿园开始，就加入了激烈竞争的队伍，这个队伍的特点就是快，在这个队伍里，每个人都不能慢下来，谁慢下来谁就要掉队。从小学到初中还好，你再慢也让你跟着队伍走，哪怕走在最后面，哪怕教师从心里已经放弃了你。中考，对学生是一场噩梦。因为这个考场将决定着学生能否继续跟着队伍走。无论我们是否承认这个现实，事实上中考是一次淘汰性的考试，于是，被淘汰的学生进入了职业学校。

我们的学生脱离了快速奔跑的队伍，脚步自然就慢了下来。这就是我们看到的发生在学生身上的种种现象。

这里必须澄清一个事实：那一支快速奔跑的队伍，速度快得合理吗？符合人的成长规律吗？兼顾了人的精神成长吗？实现了人的全面发展的教育宗旨吗？那一支队伍带着这些问题继续奔跑，实际上"带病奔跑"，而职业学校恰恰可以对上述所有问题进行矫正。

我认为，职业教育一个伟大的使命，就是纠正目前教育的偏差，使教育回归教育，使学生真正像人一样生活。

(二) 做一名幸福的职业学校教师的必备条件

第一个问题说的是职业学校教师"应当"是幸福的。如果想把"应当"两个字去掉，我们就必须做到以下几点：

1. 拥有梦想

有理想，有激情，是教师职业的特性。于漪说："什么叫老师？老师就是榜样，就是模范。老师是非常特殊的职业，要做老师，你的智慧就要像泉水一样喷涌而出，你的言行要能够做别人的榜样。这个分量很重。"

什么是教育？教育是把一个人从黑暗引向光明！教育是把一个人从低谷引向高尚！教育是把一个人从虚假引向真实！关于什么是教育，还有许多精彩的说法。蔡元培说："教育是帮助被教育的人给他能发展自己的能力，完成他的人格，于人类文化上能尽一分子的责任，不是把被教育的人造成一种特别器具。"陶行知说：教育是依据生活、为了生活的"生活教育"，培养有行动能力、思考能力和创造力的人。黄全愈说：教育"重要的不是往车上装货，而是向油箱注油。"爱因斯坦说："什么是教育？当你把受过的教育都忘记了，剩下的就是教育。"

由教育的定义、特性，我们可以得知：教育是一个充满理想的事业，教育工作者注定是一个理想主义者；职业教育是一个既充满理想又面临诸多挑战的事业，职业教育工作者，注定是一个具有坚强意志和超强本领的理想主义者。

把工作看成职业或饭碗，工作就失去了乐趣，生活就失去了核心。这样的教师，就被分成了痛苦的两半：一半是烦心、繁重的劳动，一半是无聊、乏味的生活。

把工作当成事业，工作过程就充满了快乐，业余生活就有了寄托，整个人生就有了核心。

教师的生活方式，决定了我们的工作性质永远是"生成性"的，我们的工作情境永远是变化中的。

教师的职业生涯需要一种激情，没有激情就没有幸福感。

教师的工作过程，充满了创造性。对知识的艺术性的传授，对学生潜能有效的激发，对学生心理变化的敏锐感受，对师生矛盾的智慧化解，所有这些无不是创造性的劳动。

在创造性劳动的过程中，教师的职业尊严、教师的职业幸福感油然而生。

2. 勤奋学习

学习这个词包罗万象，当年毛泽东让知识青年下乡，也没有丢掉学习这个词，他主张知识分子和知识青年应当向农民学习、向工人学习、向一切劳动者学习。

我取两点来谈学习。

第一，学习本身是快乐的。习字的繁写体是羽毛的羽加上白色的白，意思是学习就像小鸟练习飞行一样自然、一样快乐。教师应该成为一名终生学习者，这是教师这个职业的性质所决定的。

第二，教师必须多读书。关于读书的重要性、必要性我不想多说。腹有诗书气自华，读书是把人同功利、浮躁、龌龊、愚昧、庸俗、媚俗等拉开距离的最有效的方式。读书也是让人的心灵安宁下来的最好的灵丹妙药。

不少教师说，教学任务这么重，哪有时间读书？对此，我只想引用爱因斯坦的一句话来回答："人的差异在于业余时间。"

学生不读书，我表示同情；教师不读书，我无法容忍。

3. 富有思想

人的全部尊严就在于有思想。

马云说：舍得在自己脑袋上投资，才能换得开阔的眼界和独到的见解。

雨果说：未来将属于两种人：思想的人和劳动的人。实际上这两种人是一种人，因为思想也是劳动。

有思想的教师是在用心教书、用心育人，没有思想的教师，教书就是完成任务，育人是处理问题。

有思想的教师才能给学生思想的火花和智慧的启迪，才能给学生信心和力量。

前苏联教育家苏霍姆林斯基也说过："学生在毕业的时候，带走的不仅仅是一些知识和技能，最重要的是带走渴求知识的火花，并使它终生不熄地燃烧下去。"

试问，你教过的学生带走了什么？

一位中文教授给毕业班上最后一堂课，在黑板上写了一句话："从中学到大学都没有的知识"。

提问一名同学念出声：从中学，到大学，都没有的，知识。

教授说，社会充满了从中学，到大学，都没有的，知识。而你们又必须——从中-学到-大学都没有的-知识。

作为一名教师，你有没有教给学生课本中都没有的东西？

4. 勤于反思

反思，我理解是回过头来对已经发生及正在发生的事情再作进一步的思考。反思，也是教师成长的必由之路。

时间关系，我只讲我所反思的三个问题，供大家参考。

我反思的第一个问题是：我们的学生可爱吗？

我们的学生经常惹我们生气，有的学生甚至让我们厌烦。我常常反思，我们的学生有没有可爱之处？有没有可敬之处？

他们的多才多艺不值得我们学习吗？他们利用双休日外出打工不值得我们尊敬吗？他们和教师的亲近感不值得我们欣慰吗？他们渴望就业，想早一点分担家里的负担，不值得我们感动吗？他们对即将离开的校园恋恋不舍的眼神不值得我们动容吗？

反思的结论是："我们的学生是多么可爱的孩子啊！作为一名职业教育工作者，我们有什么理由放弃他们呢？放弃了我们的教育对象，我们还有存在的必要吗？"

我不赞成用"多元智能理论"把我们的学生说成是前途无量的社会精英，我更不能接受把我们的学生打入另类，认为只要他们不危害社会，我们的工作就"善莫大焉"了。我的观点是：他们就是一些正在成长中的孩子，他们就是平凡老百姓家庭中的正常的孩子。

不可否认，职业学校的学生中存在着极少数的"害群之马"，但这仅仅是个例(这样的个例在其他各类学校中也同样存在)，绝对不能代表职业学校学生的整体形象；相反，职业学校学生中也存在着品学兼优的尖子，但绝不能用这样的标准来衡量全体学生。

我们必须看到，正是我们的学生，构成了企业的职工队伍主体，正是我们的学生，在商业、服务业平凡的岗位上，为我们每一个社会成员提供着满足生活基本需要的各种服务。正是我们的学生在提升着每一个人的生活质量。

我反思的第二个问题是：我们的位置站得对不对？

我们做教师的(当然也包括我在内)都是受过高等教育的知识分子，都是应试教育、"精英教育"模式下培养出来的"人才"，我们每个人都有自己的远大理想或者说人生目标，因此，我们是否在骨子里还残留着"万般皆下品，唯有读书高"、"学而优则仕"、"十年寒窗无人问，一举成名天下知"等传统的旧观念呢？正是由于这些原因作祟，我们对学生的活泼好动、不爱读书、打工挣钱、热衷娱乐等有没有从人生价值、生命尊严的意义上予以认同呢？我们对学生身上存在的种种缺点看得清清楚楚，甚至对之轻视、蔑视、厌烦，那么，无形之中，我们是否把自己摆在了成功者的优越位置上，把学生摆在了需要别人矫正、管教、拯救的对立面呢？

我以为，反思这些问题不是没有意义的。它可以使我们近距离地观察学生、理解学生，可以使我们俯下身子平视学生，尝试用他们的目光去看待这个世界，尝试体会他们生活中的酸甜苦辣，对于一个教育工作者来说，这不是必须的吗？

还职业学校学生本来的面目，可以使我们对自己的工作准确定位。我认为，指导我们的学生走好人生路，培养我们的学生掌握谋生的技能和本领，帮助我们的学生顺利就业，教育我们的学生做一个善良、正直的人，这既是我们义不容辞的工作任务，也是人民赋予我们职教工作者的光荣使命！

我反思的第三个问题是：一个好老师、一堂好课最重要的东西是什么？

有一句名言说得好：你可以知道自己不喜欢什么，但你一定要知道自己喜欢什么？我们的学生恰恰不知道自己需要什么、喜欢什么？我们的教师恰恰要把功夫下在这个地方：通过我们的教育启迪，让学生找到自己的兴趣、爱好、价值、方向。这是评价一个好教师、一堂好课的重要标准。

而我们常见到的一种现象是：教师很流畅，学生很惆怅。

一个好老师，一堂课结束后，不必追求学生学到了什么，记住了什么，而是学生对你讲的是不是产生了兴趣。

《学会做事——全球化中共同学习与工作的价值观》一书中有一个观点："教育者所要给予学生的，其实是一种力量。学习者感到被赋予了力量，从而可以改变自己的生活和别人的生活。"

5. 勇于探索

魏书生说过：从探索的角度看教育，常看常新，常干常新。

有理想、有思想的教师总是处在求知、思索、探索的状态中，生活异常充实，从来不会无聊、烦闷。这样的教师，总是能不断地发现问题，不断地解决问题，他们的教学总是在不断创新，讲稿总是在不断修改，教学水平和育人能力就在这样的过程中不断提高。

我们在教学工作中，遇到了各种各样的问题，你是如何对待这些问题的？是止于发发牢骚，还是积极主动地采取措施，尝试解决这些问题？

你有没有想过，你所传授的知识是不是学生必须掌握、迫切需要的？是不是学生能够掌握的？

我们希望学生成长为什么样的人与学生实际可能成长为什么样的人，二者之间有没有差距？

我们有没有找准学生的"最近发展区"？

勇于探索，要求教师要有主动发展的愿望与行动。主动发展的另一面是"被发展"。教师的"被发展"主要表现为教师的进修、提高、教研活动、课程改革、下企业锻炼、写论文、参与课题研究等，是一种被动的、应付式的状态。

教师的自主发展，关系到教师一生的幸福。

自觉成为发展主体，追求自我价值实现，提升职业幸福感——为学生、为学校、为家庭、为自己，都应该如此。

6. 善于育人

教书育人是教师的天职。"师者，所以传道授业解惑也"。只教书，不育人，就不是一名合格的教师。知道育人和善于育人是两个完全不同的境界，这也是合格教师和优秀教师的分水岭。同其他类型的教育相比，我认为，职业学校教师的育人能力，尤为重要。因为，让学生学会做人，是职业学校的第一要义！

如何做到善于育人？我认为，答案非常简单：

第一，素质教育素质，人格培养人格。

第二，育人的时机无处不在，用心把握，必有成效。

善育人的教师把教书和育人有机地融为一体，教书的过程同时也是育人的过程。在他们眼里，学生是一个个独一无二的、有尊严的生命个体；他们通过传授知识，同时给学生阳光、鲜花、空气、喜悦、信心、力量，唤起学生对生活的热爱、对生命的珍视、对未来的向往。

育人，就在他们的心坎里，就在他们的工作中。

不善育人的教师，在教书中，仅把学生看做成接受知识的容器，在育人中，仅把学生看做被管理、约束的对象。

我们错过了多少育人良机啊！育人良机处处在，我们常常视而不见。

我们常说，职业教育要重视学生的人文教育，要提高学生的综合素质。但是，落实到具体的教学和管理工作中，人文教育就不见踪影了。

增加了几门人文素质方面的选修课，就是人文教育了吗？设立了心理健康咨询室，就是人文教育了吗？加强了德育工作，开展了一些主题活动就是人文教育了吗？张贴或悬挂了一些名人名言就是人文教育了吗？我觉得，把上述这些做法称之为人文教育，都是值得怀疑的。

我认为，凡是能找得到、看得见的都不是人文教育的真正内涵，至多是人文教育的一种外在形式。

人文教育是盐，日常教育教学是水，你能在水里品尝出咸味，但你能看到盐的存在吗？你能先给学生吃盐，然后再让学生喝水吗？

人文教育在哪里？我认为，就在日常教育教学的点滴事例中，就在每一位教育工作者的心坎里。

也许你的教学任务很重，但你能在第一周提问时就叫出学生的名字，而不是"那位同学"，这就是人文教育了。

也许你能叫出学生的名字，但假如你的眼神和学生的目光交汇时，学生看到的是期许、是鼓励、是赞赏、是温柔，这就是人文教育了。

你在课堂上提问不注意听讲的学生，学生没有回答上来。你没有让他一直站着，而是在提问另一位同学的同时，请他坐下，并且告诉他："请你注意倾听其他同学是怎么回答的。"这就是人文教育了！

你在课堂上提出一个问题，同学们面面相觑，不敢站起来回答。有一个站了起来，但很遗憾，回答错了。你面带微笑地鼓励他："很好！你说出了个人对这个问题的看法。请坐，我再来补充一下。"这就是人文教育了！

学生在路上遇到你，恭敬地向你问好，假如你露出真诚的笑容说：你好！这就是人文教育了！

学生有事求助于你，你热情帮助了学生。学生发信息说"谢谢老师！"你忙里偷闲回了三个字"不客气！"这就是人文教育了！

你看到几个学生在你办公室门口转悠，胆怯地不敢敲响你的门，你走上前去温和地问他们："你们想找谁，有什么事吗？"这就是人文教育了！

学生在舞台上跳着街舞，虽然你看不懂甚至看不惯，但仍然用欣赏的眼光注视着他们。这就是人文教育了！

学生犯了错误，你除了怒不可遏地对他进行批评教育外，你还想弄清楚这个学生为什么会犯这样的错误？他的家庭教育背景如何？他的成长环境如何？他的个性是怎样养成的？这就是人文教育了！

周杰伦来当地演出了，学生翻墙头出去看演出，被保卫处抓到。你除了批评他违反校规校纪外，还能坐下来与他心平气和地聊聊周杰伦，真诚地向他请教应该怎样欣赏一些当代流行歌曲，同时聊聊你对音乐的喜爱，建议他有时间听听"春江花月夜"。这就是人文教育了！

假如今晚是世博会的开幕文艺晚会，你临时决定，允许学生在晚自习期间收看这台晚会的现场直播。这就是人文教育了！

假如几千名学生在你眼里是一个个独一无二的生命个体，尽管他们有种种毛病和不足，也都是有理由、有权利得到别人尊重的。这就是人文教育了！

周国平说："人生最重要的两件事：第一，有自己真正喜欢做的事，并且努力把它做好；第二，有做人的基本原则，并且体现在每一个行为中。前者是人的幸福之所在，后者是人的尊严之所在。"

愿我们在座的每一位教师，生活得幸福，生活得有尊严！

2011 年 7 月 21 日完稿

优质课堂，不拒绝任何老师

(2015 年 6 月于丰县中等专业学校)

去年 8 月曾来学校讲座，此次可谓故地重游。

学校领导让我以拙著《聚焦与反思：近距离观察职业学校课堂》为话题，谈谈课堂教学问题。其实，关于如何备好课、上好课，我已经在书中表达了自己的看法和观点。校长的命题作文，我要完成。利用今天这个机会，我谈几个问题。

一、我为什么要写这本书

这些年来，无论是在我自己的学校，还是到其他职业学校，我都听了不少的课。听课的时候，我会随手记录下来瞬间、即时的感受。于是，我开始写作"听课杂感"系列文章。听课杂感写得多了，有的"杂感"就独立出来成就了一篇文章。这方面的文章积累多了，就有职教同行说，刘校，你为什么不写一本教学方面的书呢？这本书就是这样慢慢积累出来的。

听了很多课，总体感受是：职业学校什么都变了，唯独课堂还是老样子。其实，更真实的情况是：职业学校什么进步了，唯独课堂教学退步了。这是我对职业学校课堂教学的基本评价。在省教育厅、江苏联合职业技术学院的有关会议上，我也多次呼吁，要高度关注课堂教学现状。

在这样的场合，我说这样的话，有点不合时宜，不讨人喜欢。但讲座说真话、说实话，是我坚持的原则。

我不是职教专家，也不是专门的研究人员，因此，谈不出"课堂教学密码"之类的高见。我写这本书最重要的原因，就是希望职业学校课堂教学现状能引起广泛的重视。职业教育需要回归，回归到教书育人的"新常态"。我以为，在目前还没有做到"回归"的情况下，有人提出、议论职业学校课堂教学问题，也是一件十分有意义的事情。

二、职业学校课堂教学中存在的主要问题

生命不在场：触动，感动，激动，有吗？新东方提出了三个感动：只有让

自己感动的生命才能感动别人;只有让自己感动的课堂才能感动学生;只有让员工感动的企业,才能感动世界。这三个感动不仅适用于新东方,也适用于我们职业学校。这两天,我在贵校听了六位教师的课,凡是有亮点的课,无一例外地都是感动了学生的。反之亦是。有一位年轻女老师,实事求是地说,她的课尚有不少值得改进的地方。但我听课时,被她的真诚所感动。她在授课内容中,把自己摆进去了。在讲述自己的经历的那一刹那,她的眼眶湿润了,学生也都被她吸引了。遗憾的是,学生刚刚被感动,这位教师就匆匆进行下一个环节了。尽管如此,我还是认为,这位教师在那瞬间的感动,在很大程度上弥补了其他方面的不足。

思维不在场:思维、思考、思辨,有吗?我在职业学校听课,总有一种感觉,我们的课堂非常像小学低年级的课堂。教材上写得清清楚楚的内容,教师还要做到课件上,然后叫学生读,学生读完教师再讲一遍,教师讲完,再让学生集体读一遍。颠来倒去,还是教材上那点内容。这样的课堂教学没有给学生任何思维的挑战,更没有给学生思辨的机会。我过去曾经多次说过,不能让学生的头脑成了我们的跑马场。现在反思这句话,感觉不对。与刚才说的那种情况相比,学生的头脑真要成了教师的跑马场,倒未必是一件坏事。

为了体现所谓的互动,我发现,有不少教师在教学设计中都有组织学生讨论这一环节。但有些教师只要"组织学生讨论"之名,丢掉了学生讨论之实。用我的话说,这样的讨论是假讨论,应该坚决摒弃。

没有思维、思考、思辨,学生就轻松了吗?否。苏霍姆林斯基曾经对两种"疲劳"作了比较:一种是积极思维后的健康疲劳,一种是没有积极思维的乏味疲劳。他认为,后一种疲劳才是真正的疲劳。

个性不在场:情趣、风趣、志趣,有吗?教师的个性表现本应该成为学校的一道风景线。我上中学和大学是几十年前的事了,现在回忆当时读书的情景,一些个性鲜明的教师形象还是会自然冒出来。不知为什么,这个风景现在基本上看不到了。教师只剩下了唯一的一个身份,来讲教材的人。

职业学校课堂教学存在的问题很多,时间关系不能一一列举,上面讲的这三个问题比较典型,比较有代表性。

三、导致职业学校课堂教学现状的原因探究

如果有人问,职业学校为什么会存在上述问题,常见的回答是:

(1) 学生厌学;

(2) 教师职业倦怠;

（3）教师队伍素质不高。

我以为，这些回答如瞎子摸象，都有道理，但都不全面。

探究职业学校课堂教学存在问题的根源，要立体地、全面地、辨证地看问题。指出问题的一个方面，一定要想到问题的另一面。比如教师的职业倦怠问题，就是一个很复杂的问题，简单地归因于教师没有事业心责任感，是不客观、不公允的。当我们对教师的职业倦怠感到头疼的时候，我们应该想一想，教师为什么会产生倦怠感？倦怠感表现为没有激情、身心疲惫，那么背后的原因是什么？我们为改善教学生态、教师工作环境又做了哪些努力？我所看到的是：我们对学生的厌学视而不见，对教师的要求却逐步增加。有些专家还提出了"没有教不好的学生，只有不会教的教师"，这句话正确与否姑且不论，但让许多教师倍受打击，却是真实的情况。

我在另外一所职业学校专门讲了如何破解职业倦怠问题，今天时间不允许，上面所谈的只是极其简要的分析。

当代国际知名的心理学家，美国的威廉·格拉瑟有一个观点：好老师也教不会无心读书的学生。格拉瑟说："当学生一心向学时，教学是项艰辛的挑战；但是当学生无心学习时，教会他们就成了不可能的任务！"

回到我的话题上来，是什么原因，导致了职业学校课堂今天这样的现状？对这个问题，少有人关心和研究。

教师们面对根本"不可能完成的任务"，采取的办法就只有两个字：应付。

四、改变职业学校课堂教学现状的双轨制

改变职业学校课堂教学现状，需要两个方面共同发力。

一个方面是，学校要营造良好的氛围，鼓励教师潜心育人、静心教书。学校的价值取向不能功利。学校功利化了，教师就迷茫了，这是必然的结果。但有的时候，作为校长不得不"功利"，不"功利"，学校就没有"票子"、"位子"，也就很难发展。如果必须"功利"，也要注意保护教师教书育人的积极性。比如，国示范建设，品牌特色专业建设、技能大赛等，都属于这一类。

前不久，应《河南教育·职成版》杂志的约稿，我写了一篇关于"职业教育活动周"的文章。我把职业教育活动周称为"金五月"。但是，我没有单纯地唱颂歌。我提出了一个问题或者说是观点：活动周以后怎么办？怎么干？活动周期间我们可以掐尖展示职业教育的特色和成果，但职业教育不是"掐尖"教育，不是技术精英教育，而是面向人人的教育。在顶层设计已经基本完成的

情况下，重要的不是盲目乐观，而是要狠抓落实。

另一个方面是，教师本人要有追求。同样地，教师的追求也不能功利。严格地说，评教授、副教授，争当先进，争当专业负责人、学科带头人、教学名师，所有这些都不是真正的追求。如果只追求这些，即使都到手了，那又如何？我可以断言，如果教师追求的只是这些外在的名和利，那么这样的教师不会产生真正的职业幸福感。教师的追求应该超越这些。就像周国平所说的，做人的第一目标是优秀，成功只是优秀的副产品。

换言之，教师的追求应该是做一名优秀教师。用习总书记的话说就是做一名好老师。

五、好老师有哪些共性

做一名好老师的标准是什么？有没有统一的、适合每个人的标准？我的回答是没有。虽然没有具体标准，但好老师有一些共性：

1. 热爱学生，具体地热爱每一个具体的学生

为什么我们的课堂教学浮在表面，深入不下去，关键是教师"不走心"。教师不走心的原因就在于眼里、心里没有学生，或者说没有具体的学生。一个好老师，每天走进教室，首先要做的就是观察学生的状态，这是好老师不由自主要做的事情。我的体会是，不观察学生的状态，讲课、聊天都很难进行下去。即使进行了，也是远离学生的。

我们不妨设想一下，如果教师到教室后，首先是观察每一个学生的状态，学生心中就会产生"老师在注意我"这样的心理反应。这种心理反应会刺激学生的外在行为表现。这就是当每一个学生都觉得在老师眼里"我很重要"的时候，课堂上的氛围就会发生微妙的变化。反之亦然，当每一个学生都知道自己无论表现如何老师都不会在意的时候，换言之当学生想怎么表现全凭自觉的时候，大部分学生的懒散、懒惰、散漫的一面就会占上风了。

如果把师生关系比作"水"，就像上海虹口区教育局长常生龙先生说的"关系之海"，那么，中职学校师生关系的"水"是怎样一种情况呢？我觉得有三种情况：一种是"浑浊"的，对师生都有伤害的；一种是清澈见底、严格消毒的，清是清了，但里面什么微生物、矿物质也没有，即没有营养；第三种是经过人工装饰的，有点类似于金鱼缸里的水，点缀着水草、石头，投放点鱼食，这样的水是供养鱼的观赏、炫耀的，而不是为了金鱼的自由生长的。

《好老师是自己找的》一书的作者杨茂秀(台湾的教授作家)说："教师这

一行，最根本的良心不是教学之心，是关怀之心。"这话我同意。

2. 热爱教师岗位，喜欢教师工作的每一个细节

好老师都是有大爱之心的。大爱之心不是虚无缥缈的，而是非常具体的。比如，好老师每天看到学生就高兴，进入教室就兴奋，进入备课状态就忘我，用一辈子来提升自己还觉得时间不够用。所有这些都是好老师的自觉行为，没有任何人强迫。

我们要清醒地认识到：教书育人是一种特权。这个观点不是我的原创，我是从台湾作家杨照先生那里"偷"来的。杨照先生在《别把特权当作权利》一文中说，很长一段时间，全美国每一所监理站，都在进门最醒目的地方，挂着这样一句标语："在路上开车，是一种特权。"由开车是一种特权，我联想到，教师站在讲台上教书育人，其实也是一种特权。我要说的是：教师职业不是每个人都有的权利。只有部分具备了规定学历，并且取得教师资格证书的人才有可能站在讲台上教书育人。同驾照的性质一样，教师资格证书不仅证明了一个人具备了做教师的资格，同时，这个人也就自然承诺要履行教师职责，恪守职业道德，用自己的生命和人格去影响学生。然而，已经做了教师的人，随着资历的加深，很容易把教师的特权不当回事，日复一日，年复一年，每天上课下课，学校家庭两点一线，特权的意识不知不觉间就转化为了一般权利。当初取得教师资格时所接受的教师职业伦理教育早已烟消云散了。

3. 专心专注，心无旁骛

随着年龄的增长，我越来越发现，专注，是一种优秀的品质，也是成功的秘诀。有人研究过一个现象，一个人用七年时间专心专注地做一件事情，就可以成为这方面的专家。为什么我们许多教师教书几十年也没有成为专家？

方柏林先生在《及格主义》一书中，引用了美国畅销书作家迈尔康姆·格莱维尔在其畅销书《异类》中的一段话，大意是说，任何领域的人才，从比尔·盖茨到莫扎特，编程也好，编曲也好，都经过了大量时间的磨练。格莱维尔说有个"一万小时法则"：我们必须在某个领域花费大量练习的时间，技艺才会不断长进，乃至炉火纯青。

我国的老祖宗就非常看重"专"，《三字经》中就有"教之道，贵以专。"韩愈在《师说》中也说过："闻道有先后，术业有专攻。"古人这方面的论述不胜枚举。

当代社会，对人的诱惑太大，没有定力，人就很难静下心来。连心都静不

下来，怎么可能成为好老师呢？

六、如何让自己的课堂成为优质课堂

每一所学校都有少数深受学生欢迎的教师。我曾经以此得出这样一个观点：解决学生学习动力不足问题责任在教师，不然，为什么有的教师上课深受学生欢迎呢？现在看来，这个观点是有问题的。不能用"掐尖"的标准来要求每一位教师，正如不能用刘翔的速度来要求每一个跨栏运动员一样。

那么，对于一般教师而言，什么样的课堂算是优质课堂呢？这个话题包罗万象，时间关系，我谈四点看法。

1. 优质课堂是学生在老师的帮助下学习，而不是教师将知识灌输给学生

这是我判断一堂课是不是优质课的主要标准。第一，学习首先是学生自己的事情；第二，每个学生都是有学习能力的。然而，令人遗憾的是，在我们的课堂上，大部分教师采取了灌输知识的做法。

这里涉及一些课堂教学理念：是先学后教，还是先教后学？"教是为了不教"、"教学做合一"、"理实一体化"等。对于这些理念，我们一定要有自己独立的思考和认识，绝不能人云亦云。

我认为，在教学工作中，没有唯一的标准。我们现在的问题，恰恰是用这些说法作为标准，来要求每一位教师，许多教师反而感到无所适从了。

比如，过去的学徒，开始的几年哪里有机会学技术？先是端茶倒水，打扫卫生，照顾师傅生活。几年之后，师傅才陆续教一些技术。

日本的相扑运动员在国内的地位很高，也很神圣。但刚刚入行的相扑队员，根本没有和别人过招的机会。整整三年时间，都只能站在旁边看。然后还要负责照顾那些有资格、有级别的运动员。

学校教育当然不能和学徒、相扑运动员比，但对于上边说到的那些理念，我们一定要有因地制宜的态度，一定要有质疑的态度。

比如，先学后教，还是先教后学？我的看法是：不一定。

一般情况下，一门课程开始的时候，应该是先教后学。这个时候的先教，不是纯粹地教，而是在教的过程中，渗透自主学习的方法、自主学习的能力，同时鼓励学生预习。等到学生预习成为习惯，并开始掌握一些学习方法后，再逐步地由先教后学向先学后教过渡。

在整个学习过程中，先教后学和先学后教，不是清晰的两个阶段，而是反复交替的。交替的频率也是因人而异的。对个别学生来说，极有可能就是两个很清晰的阶段。对大部分学生来说，是需要反复交替的，比如，通常情况下，在同一门课当中，当开始学习一个新的单元或新的项目时，总是要先教后学的，所以这种交替不是一次就可以完成的。对少数学生来说，即使是同一个单元或同一个项目，也有可能要反复多次。

在日常生活和工作中，同一件事情或同一项工作，总有上手快和上手慢的，这是很正常的。而且，一个人在这一件事情或一个项目上上手快的，在另外一件事情或一个项目上未必就上手快，反之亦然。比如，有的人学跳舞非常轻松，看看别人怎么跳的，跟着模仿就学会了；而有的人即使有老师带着跳，也学得很费劲。假如换一个项目，比如学开车，这两个人的情况就有可能倒过来了。

2. 优质课堂的教学过程是让学生从愿意听课向自己学习、自主学习过渡的过程

我曾经把教师的成长过程分为三个阶段：让学生接受你，让学生喜欢你，让学生敬重你。我发现，多数老师到了第二阶段就止步不前了。第二个阶段和第三个阶段的主要区别是：你的教学有没有给学生兴趣、方法、信心和力量。我认为，解决这个问题的主要途径是教师要有意识地培养学生自主学习的能力。

人们常常把学生的自己学习和自主学习看成是一回事，实际上是两码事。

自己学习是一种本能，是一种习惯；自主学习是一种本领，是一种能力。前者是一种习惯的养成，后者是一种素质的培养。

3. 优质课堂充分发挥了对话影响的课堂教学功能

课堂教学的基本形式是对话，基本功能是影响学生。但在我们职业学校的课堂上，很少看到师生真正对话的。

我认为，什么时候教师能够认识到，在培养学生方面我们所能做的工作是有限的，在影响学生方面我们所能发挥的作用是无限的，我们的教育就有希望了。

对话，应该是毫无门槛的、非常自然的、没有对错之分的、发自内心的。不是老师和学生的对话，是一个生命和另一个生命的对话。

影响应该是无形的、潜移默化的、需要等待的，而不是说教的、立竿见影的。

当前，我们应该清楚地知道，中职教师对学生的影响是多么巨大而又艰难的一个工程。因为我们面临的学生情况是非常复杂的，1000 个学生就有 1000个精神世界，任何简单的方式都不会奏效的。比如，学生觉得"学习没意思"，在普通班级里多数是因为教学内容太肤浅，在对口单招班里，多数是因为学不会。对这两种情况，我们对话、影响的方式可以是相同的吗？显然不能。

在这里，我推荐一个教育人，他是上海的程红兵。程红兵从教师做起，后来做了校长，现在做了教育局领导。程红兵写的书没有多少理论分析，没有多少大道理，他就是很朴实地告诉我们他是怎么想的、怎么做的，我读了以后感觉很震撼。

比如，语文课到底是干什么的？程红兵的看法是：让孩子喜欢读书，善于思考，善于表情达意，如此而已。

4. 优质课堂一定是不拘一格、丰富多彩的

所有程式化的教学都不是理想的教学。凡是真正投入到课堂教学中去的老师都有一个体会：自己的每一堂课都是不可复制的。达到这样的境界，就离优质课堂不远了。

因此，课堂教学一定要是丰富多彩、千变万化的，一定要是连自己也无法掌控的。

简单地重复自己，害了自己也害了学生。

读余文森教授的《一位教育学教授的听课评课与教学断想》一书，获益匪浅。书中，余文森教授讲到了"小白鼠实验"。这个实验是著名科学家、原教育部副部长韦钰院士曾在《中国教育报》上介绍过的案例。

把小白鼠分成三组进行实验。

第一组：实验人员让小白鼠吃了就睡、醒了就吃，不提任何要求，让它们自然生长。

第二组：实验人员在让小白鼠吃了就睡、醒了就吃的基础上增加一项单一的训练活动，比如踩脚踏车。

第三组：实验员在在让小白鼠吃了就睡、醒了就吃的基础上，提供丰富多彩的活动。

结果发现：第一组小白鼠的神经系统发展得比第二组好；第二组小白鼠的神经系统发展得最差；第三组小白鼠的神经系统发展得最好。

这个实验的结论是：自由宽松的环境、丰富多彩的活动最有益于发展，单一的、机械的、枯燥重复的训练不如"什么都不干"。这个结论难道不应该引起我们的深思吗？如果我们实施的是无效教学，是单一枯燥的教学，还不如我们什么都不做呢！

卢梭曾经说过类似的话："由于错用时间而带来的损失，比在那段时间中一事不做的损失还大，一个受了不良教育的孩子，远远不如没有受过教育的孩

子聪明。"

小白鼠实验以及卢梭的话，不值得我们每一位职业学校教师深思吗?

希望经过我们全体教职员工的共同努力，我们丰县中等专业学校被定义为：在这里，几乎所有的学生都相信，如果他们下工夫来学习，就能使他们的内在需求得到应有的满足，让他们的持续学习变得有意义。

达到这个境界，我们就可以自豪地说，成就你的人生，不必远走，就来丰县中等专业学校!

2015 年 5 月 18 日，5 月 21 日修改。

通往教学名师的路有多远

——江苏模特艺术学校骨干教师培训

(2013 年 12 月 18 日下午)

师资队伍建设是职业学校发展永恒的主题。贵校领导告诉我，最近刚刚确定了一批骨干教师，作为重点培养对象——也就是在座的各位。学校想通过一系列的培训、实践、外出学习等方式，把在座的各位打造成教学名师。据说今天是培训的第一讲，让我来讲讲骨干教师如何成长为教学名师？我感到十分荣幸。这个话题我很感兴趣，平时也很关注。因此，我非常愉快地接受了邀请。在讲座之前，我想先说两句话。一句是，一所学校能不能办好，关键在教师，关键在有没有一批教学能手和教学名师。另一句是，在座的各位要珍惜这个机会，大家都十分清楚，在座的各位加起来，也就是学校教师的 10% 多一点，机会难得。

时间有限，我今天讲四个问题。讲完后留一点时间，我们可以随意交流。

一、一般教师、骨干教师、教学名师的区别在哪里

总的来说，上面三类教师，有着三种不同的生活方式，走着三条不同的人生之路。

一般教师把教师职业当作谋生的手段。其教学工作是完成任务式的，其做法必然是教教材，满足于学生接受，学校认可。

骨干教师把教师职业当作自己的事业来做。其教学工作融入了自己的大量精力，其做法必然是用教材教，渴望得到学生的喜爱和学校的高度评价。

教学名师把教师职业看做自己生命的组成部分，他们全身心地投入到教书育人当中去，他们具有大爱之心，他们对学生的关爱已经内化为自己的素养。其做法必然是关注每一名学生的成长。他们不追求奖励，不渴求荣誉，但他们对事业的追求却从不懈怠，他们的生命和学生的成长水乳交融。这样的人可能未必从事教育事业，但从事教育事业又想成为名师的，必须是这样的人。

二、通往教学名师(专业、学科带头人)的路有多远

人们常说，"不想当将军的士兵不是好士兵"。作为教师，谁不想成为骨干教师呢？骨干教师的多数，难道不想成为教学名师吗？教学名师难道不想成为教育专家或教育家吗？我以为，有这些想法不仅是正常的，也是必须的。然而不幸的是，许多教师过早地放弃了成为骨干教师、教学名师、教育专家的想法，这是非常严峻的现实，也是非常令人遗憾的事实。

许多教师为什么放弃了应该有的梦想？我想，主要的原因就在于，他们认为自己距离教学名师太远，至于教育专家更是可望不可及。这种想法实在不可取。

安于现状，是人们固有的思维习惯。因为"安于"，所以"安逸"，因为"安逸"，所以放弃。

我的基本看法是，除非你不想，只要你愿意，大多数教师都有可能成为教学名师。我写过一篇文章，题目就是《"匠""家"之间天地宽》。从教书匠到教育家是一个金字塔式的结构。金字塔最下面的基础部分，是大量的"教书匠"，塔的顶部是极少数的教育家，中间的大部分区域就是我们所说的两部分教师，一部分是卓有成效的骨干教师，再往上的一部分就是教学名师、专业带头人。

一般教师要想成为教育家，的确是非常困难的。因为教育家不仅需要个人的天分、勤奋，还需要一定的环境、职务等外在条件，而这些外在条件并不是一般教师所能把握的。但是我们应该看到，在教书匠和教育家之间，天地是非常广阔的。因此我说"匠""家"之间天地宽。

现在我对这个问题做出回答，我的答案是，从一般教师到教学名师，要有一段路要走，但从骨干教师到教学名师只有半步之遥。

需要说明的是，这"半步之遥"绝不是不费吹灰之力就可以跨越的，更不是随着教龄的延长自然而然就能够达到的。要走好这"半步"，的确需要我们付出辛勤劳动和艰苦努力。

三、对教学名师要有正确的认识

谁都知道，成为教学名师后可以名利双收。但真正的教学名师从来没有刻意追求过名利。如果仅仅是为了"教学名师"这个称号，那就非常容易了，就像许多事情一样，只要"花钱就可以买到"，大可不必辛苦自己。

也许会有教师说，我不想走"花钱就能做到"那条路，我确实付出了很多，自己感觉很累，很辛苦，甚至是疲惫不堪，为什么还没有成为教学名师呢？我

的回答是两句话：第一句话是，凡是真正的教学名师没有不辛苦的；第二句话是，凡是真正的教学名师在辛苦的同时，也都感到自己是幸福的、快乐的、充实的。

四、成为真正的教学名师的基本路径

(一) 从育人到教书

从育人到教书，这是职业学校教学工作的性质所决定的。我的第二本书大家都拿到了，书名就是《从育人到教书，从教育到职业》。当时想到这个书名，我的确是想颠覆两个概念：教书育人和职业教育。我认为，在职业学校应该倒过来：从育人走向教书，从教育走向职业。

不走进学生心灵，就无法跟学生平等交流；不能跟学生平等交流，我们的教育教学就很难有好的效果。

当然，备好课，上好课，这是教学名师的基本功。如果今后有时间，我想专门就如何备好课、上好课谈谈自己的一些看法。今天我只想强调，教书育人既是一份工作，也是一门艺术。凡是艺术性的东西都不是反复练习就能掌握的。电影表演、绘画、音乐、小说、雕塑等莫不如此。艺术性的东西需要发散性的思维，需要用心去感悟，需要情感的融入，需要生命的投入。

我们的基础教育在世界范围内都是首屈一指的，但为什么我们缺乏创造性的人才？这就是著名的"钱学森之问"。美国的基础教育，尤其是小学到初中基本上都是玩着过来的，但为什么美国人获得诺贝尔奖的人数最多？一个根本的原因就是我们的教育扼杀了学生的创造性。

世界级的著名小提琴演奏家梅纽因曾来中国访问演出，耐人寻味的是，梅纽因对中国的小提琴演奏人员提出了自己的看法，而我们的一些观众也对梅纽因的演奏提出了质疑。梅纽因的看法是，中国有很多高水平的小提琴演奏人员，音准、节奏、模仿、再现等没有任何瑕疵，缺少的是演奏人员自己的个性和激情。而中国观众对梅纽因的质疑是，他在演奏中个别音符拉得不准。如果把梅纽因的看法和中国观众对他的质疑放在一起加以思考，我们会联想到哪些问题呢？

回到我们的话题上来，为什么有人教了几十年书，仍然没有多大长进呢？一个主要原因就是心灵、情感、生命没有融入其中。

(二) 勤反思善研究

1. 知识分子的特质是什么

我认为，作为一名知识分子，"独立之人格，自由之思想"是非常重要的特质。没有这样一种特质，就不能称其为知识分子，至多只能称之为有知识的人。

"独立之人格，自由之思想"，要求我们不能盲从，不能唯书唯上。在看似单调、乏味、重复的教学工作中，必须不断反思，不停思考，善于追问，敢于质疑。这是教学名师最可贵的品质。

美国心理学家波斯纳提出了一个教师成长公式：经验+反思=成长。我国著名心理学家林崇德也提出"优秀教师=教学过程+反思"的成长公式。这些研究结论都说明了反思的重要性。

2. 反思先行，研究跟上

有的老师也许会说，我在教学工作中经常思考，也经常产生疑问，为什么没有多大进步呢？我想问题就出在，我们在思考、疑问面前止步不前了。思考一些问题，有了疑问，就要继续研究下去。要有刨根问底的劲头，要有不弄清楚疑问决不罢休的精神。有了这种劲头和精神，我们就和一般教师拉开了距离。

苏霍姆林斯基说："我们所教育的每一个作为个体的人，他在一定程度上就是一个充满思想、情感和兴趣的很特殊的、独一无二的世界。如果你想让教师的劳动能够给教师一些乐趣，使天天上课不致变成一种单调乏味的义务，那么你就应当引导每一位教师走上从事一些研究的这条幸福的道路上来。"

3. 研究的对象就是我们日常遇到的问题

大家也许会有这样的疑问：教学工作每天"重复着同样的故事"，哪有这么多的问题需要我们研究呢？对于这个问题，苏霍姆林斯基作了非常到位的回答，他说："一个教师可能在创造性地进行工作，但他并不从事那种从研究事实中引出科学结论的意义上所说的研究。我们在这里所指的是研究一些这样的问题，这些问题虽然在教育科学上已获得解决，但是当一个创造性地工作的教师一旦成为理论和实践之间的中介人，这些问题就经常以新的方式出现在他的面前。"这就是说，我们职业学校教师从事的教科研，不是通常意义上的科学发现、发明，而是在理论联系实际的过程中，我们会遇到很多具体问题，这些具体问题，就是我们的研究对象。

我的结论是：一般教师与骨干教师的区别主要在于投入多少精力用于"勤反思善研究"上。

(三) 爱读书常写作

骨干教师和一般教师拉开了距离，但我们为什么还不是教学名师呢？原因主要有以下几个方面：

第一，没有掌握教书育人这门艺术的真谛。

比如，一些名师为什么敢于借班上课？再比如，一个很乱的班级，到了名师手里，学生都服服帖帖、心甘情愿地服从他的管理，听从他的教诲？今天不能展开来讲。我可以用两句话做简单地回答：第一个问题的答案，是名师善于找到学生的起点；第二个问题的答案，是名师尊重每一名学生，关注了每一名学生的发展。

第二，没有完成从反思研究到表达写作的过程。

余秋雨先生说过："一个不被挖掘、不被表达的灵魂是深刻不了、开阔不了的。" 著名教育家叶圣陶先生也说过："阅读是吸收，写作是倾吐，倾吐能否合于度，显然与吸收有密切的联系。"

这就是说，我们不仅要勤于思考，还要善于表达。具体地说，我们要善于把教学体会、育人心得、思考结果表达出来。

第三，缺乏必要的知识素养。

知识素养主要来自读书。一个不读书的教师，肯定不是一名优秀教师。即使当上了教学名师，也是一个名不副实的教学名师。

作为教师，必须读一些教育名著，汲取营养，丰富厚实自己的专业素养。同时，还必须博览群书，广泛涉猎。我读过不少名人传记，每个名人的成长道路都是不尽相同的，但其中有一个共同点，那就是，在他们的人生中，都有一个阶段是读了大量的书籍的，而且没有一个是例外的。我这里所说的名人，影星、娱乐明星不包括在内(事实上，能够成为大腕的影星和娱乐明星大多也是酷爱读书的)。

其实完全没有必要说这么多读书的重要性。作为一名教师，如果连读书的重要性都不知道，用孔子的话来说，恐怕就"不知其可"了。

当前我们处在信息社会，非常容易成为信息的奴隶。因此，读书要有所选择，有所为有所不为。至于哪些书该读，哪些书不该读，因人而异，没有统一的标准，也不应该有统一的标准。我的观点是，读书不能功利，不能走捷径，读书要服从自己的内心。只要对自己有启发、能引起自己阅读兴趣的书，都可以读。

今天我带来了一份推荐目录，这些书都是我读过的，都是我觉得作为一名教师应该读一读的书，仅供大家参考。

今天的讲座就到这里，下面大家可以随意提问，相互交流。

2013 年 12 月 16 日夜，12 月 17 日修改。

◇ 推荐阅读书目
· 人文历史及个人修养类书目
周国平：《偶尔远行》、《各自的朝圣路》、《善良丰富高贵》、《周国平人文

讲演录》、《岁月与性情》、《安静》、《守望的距离》、《宝贝，宝贝》

林达《历史深处的忧虑》、《我也有一个梦想》、《扫起落也好过冬》、《当彗星划过夜空》、《带一本书去巴黎》、《西班牙旅行笔记》、《一路走来一路读》、《历史在你我身边》

余秋雨：《借我一生》、《文化苦旅》、《霜冷长河》

米奇·阿尔博姆：《相约星期二》

傅孟丽：《茱萸的孩子：余光中传》

龙应台：《野火集》、《亲爱的安德烈》、《目送》、《孩子，你慢慢来》

白岩松：《幸福了吗?》、《行走在爱与恨之间》

林衍：《失落年代》

王咏刚，周虹：《乔布斯传——神一样的传奇》

熊培云：《思想国》、《重新发现社会》

叶嘉莹：《唐宋词十七讲》

肖复兴：《音乐欣赏十五讲》

柴静：《看见》

【阿富汗】法齐娅·库菲：《我不要你死于一事无成——给女儿的 17 封告别信》

林东林：《身体的乡愁》

金韵蓉：《先斟满自己的杯子》

素黑：《好好爱自己》、《一个人不要怕》

梁鸿：《中国在梁庄》、《出梁庄记》

杨显惠：《夹边沟记事》、《定西孤儿院纪事》

陈丹青：《无知的游历》、《纽约琐记》、《退步集》、《多余的素材》（修订版）、《荒废集》、《外国音乐在外国》、《谈话的泥淖》

谢泳：《逝去的年代：中国自由知识分子的命运》、《书生的困境：中国现代知识分子问题简论》

北岛：《午夜之门》、《蓝房子》、《青灯》

资中筠《感时忧世》、《坐观天下》、《不尽之思》

章诒和《往事并不如烟》

王开岭：《精神明亮的人：王开岭散文随笔自选集》

王军：《城记》

赵诚：《长河孤旅：黄万里九十年人生沧桑》

刘瑜：《观念的水位》、《民主的细节》

杨照:《故事照亮未来:通往开放社会的 100 个观念》

蒋子龙:《一瞬集》

张大春:《认得几个字》

高尔泰:《寻找家园》

蒋勋:《美的曙光》、《生活十讲》

- 教育类:

徐国庆:《职业教育课程论》、《职业教育原理》

米靖:《中国职业教育史研究》

联合国教科文组织教育丛书:《学会学习:教育世界的今天和明天》、《学会做事——在全球化中共同学习与工作的价值观——职业技术教育培训中一体化的价值观教育的整合途径》

吴非:《前方是什么?》、《致青年教师》、《不跪着教书》

矿矿:《我的七位美国老师——我在美国的中学课堂》

钱理群:《做教师真难,真好!》、《致青年朋友——钱理群演讲、书信集》、《我的精神自传》

黄全愈:《家教忠告——素质教育在家庭》、《素质教育在美国》、《望子成人——素质教育在家庭》、《孩子就是孩子——玩的教育在美国》、《动一动中国基础教育的基础》、《培养独立的孩子——生存教育在美国》、《培养智慧的孩子——天赋教育在美国》

魏书生:《如何做最好的教师》、《教学工作漫谈》

朱永新:《过一种幸福完整的教育生活》、《新教育之梦》

张文质:《唇舌的授权——张文质教育随笔》、《教育是慢的艺术》

张文质等著:《生命化教育的责任与梦想》

李镇西:《做最好的老师》、《爱心与教育——素质教育探索手记》

李希贵:《学生第二》、《36 天,我的美国教育之旅》、《学生第一》

王玉强:《深度教学:构建优质高效课堂的方法》

周彬:《课堂密码》、《课堂方法》、《叩问课堂》

商友敬主编:《过去的教师》

苏霍姆林斯基著《给教师的建议》(修订版 全一册)、《帕夫雷什中学》

【苏】赞科夫:《和教师的谈话》、《教学与发展》

窦桂梅:《我的教育视界》、《玫瑰与教育》、《回到教育的原点》

史金霞:《不拘一格教语文》、《重建师生关系》

谢泳:《教授当年》

丁东、谢泳：《教育放言录》、《文化十日谈》

杨照：《我想遇见你的人生》

余文森：《有效教学十讲》、《一位教育学教授的听课评课与教学断想》

任勇：《年轻教师必听的讲座》

李政涛：《重建教师的精神宇宙》

鲁洁：《回望八十年——鲁洁教育口述史》

朱煜主编：《迷人的阅读——10位名师的秘密书架》

翟博主编：《中国人的教育智慧——经典家训版》

路宝利：《中国古代职业教育史》

赵志群编著：《职业教育与培训——学习新概念》

黄书光主编：《价值观念变迁中的中国德育改革》

班华主编：《现代德育论》

杜时忠：《人文教育与制度德育》

王会平主编：《有效教学与成功德育》

吴全全：《职业教育"双师型"教师基本问题研究——基于跨界视域的诠释》

阿莫纳什维利：《学校无分数教育三部曲：孩子们，你们好！》

李冲锋：《教师如何做课题》

程红兵：《做一个自由的教师》、《直面教育现场——书生校长的教育反思》

崔允漷、沈毅、吴江林等著：《课堂观察2：走向专业的听评课》

檀传宝：《德育原理》

杨茂秀：《好老师是自己找的》

【美】威廉·格拉瑟：《了解你的学生：选择理论下的师生双赢》、《没有失败的学校》

李崇建、甘耀明：《没有围墙的学校：体制外的学习天空》

方柏林：《及格主义》

马建强：《追寻近代教育大师》

蒋宗尧：《优秀教师的修炼之道》

陈大伟：《幸福教育与理想课堂八讲》、《教育科研与教师成长》

谢云：《幸福教师五项修炼——禅里的教育》

赵希斌：《优秀教师的四项核心素质》

张康桥：《在教育家的智慧里呼吸》

帕克·帕尔默：《教学勇气》

赵祥麟、王承绪编译：《杜威教育名篇》

【美】杜威：《学校与社会·明日之学校》

卢梭：《爱弥儿》（上、下）

· 了解当代青年可以读读：

阿 Sam：《去，你的旅行》

刘同：《谁的青春不迷茫》

陈坤：《突然就走到了西藏》

张嘉佳：《从你的全世界路过》

赵晗：《和精英价值说再见》

大冰：《他们最幸福》

教学改革既要脚踏实地，也要勇于创新

——在江苏联合职业技术学院教学管理干部培训班上的发言

(2009 年 8 月 13 日于扬州)

非常高兴参加这次教学管理干部培训班。短短几天时间，听了领导讲话、专家报告，思想观念受到很大冲击，也很受启发。

教学副校长能接受这样的培训还是第一次。因此，非常感谢学院领导的精心安排。

关于发言题目的误会。本来以为是研讨，没想到是经验交流。

内涵建设是一个大题目。听了领导讲话、专家报告，我在想，我们再谈内涵发展，还能谈出什么新的东西吗？

这次来的目的是充电，没想过要"放电"。

准备了一个发言提纲，但是和要求不吻合。本想再准备一个提纲，但是，马斌处长的讲话鼓舞了我，殷厅长的讲话启发了我，作为一个基层职教工作者，应该思考一些问题，应该对五年制高职领域里的一些基本问题以及遇到了困惑进行思考。

张宁新校长讲的"我们从哪里来，现在在哪里，将要到哪里去？"这是一种哲学的思考、理性的思考。

我以为，当前，在我们的工作中，最缺乏的不是别的，正是这样的思考。

哲学的思考就是要追问，对一切没有经过科学验证的事物都要进行追问。许多事情一经追问，便产生了问题、疑惑。通过追问，丰富我们的头脑、开阔我们的视野、启迪我们的智慧。要进行哲学的追问，就要不唯书、不唯上。比如：

"普通教育有高考，职业有大赛"，对吗？

"职业教育就是就业教育"，对吗？

全面否定课程教学模式，公平吗？

全面实行工学结合、工学交替、半工半读，合适吗？

学校和企业做到无缝对接，可能吗？

五年制高职专业水平评估，联合学院约 300 个专业，全部合格，一半优秀，符合实际情况吗？

技能大赛覆盖每一个专业，每一个学生，做得到吗？

基于这样的认识，我想谈谈对两个问题的思考。

一、我们必须重视五年制高职教育存在的主要问题

学院作为我省五年制高职教育办学的主体，自成立以来所取得的成绩是丰硕的、有目共睹的，没有联合学院就没有江苏五年制高职教育的今天。由于时间关系，我想着重从教学工作的角度，谈谈目前存在的主要问题。

(一) 学校内部的教学改革驱动力没有得到应有的重视

任何改革都需要有一定的驱动力，教学改革也不例外。审视近年来教学改革的历程，我们不难看出，改革的驱动力主要来自于学校外部。也正因如此，职业学校的教学改革出现了花繁叶茂但果实不多的尴尬局面。因此，对职业学校变革驱动力的辨析，就显得十分重要而紧迫。来自学校外部的改革驱动力，多数是正确的，但是，我们千万不能忽视了教学改革的主体——学校、教师、学生在教学改革中的作用。我们经常讲的"课程改革教师参与度不够"、"课改没有真正进入课堂"、"教学模式没有实现真正的转变"等，究其原因，我感到都和驱动力来自外部有关。

(二) 学校硬件建设的成果没有充分转化为学校内涵发展的助推器

近年来，大部分分院都建设了现代化的实训基地。但是我感到，在实训基地的使用上，还停留在较浅的层次上。不少的实训基地只是缓解了实训设备的紧张状态，无论是开放程度、共享程度、与教学模式改革的结合度都还做得很不够。换言之，精品的、高品位的、能在校企合作中发挥作用的实训基地还不够多。在实训基地的建设过程中，从教学角度考虑的较多，从实战角度、校企合作角度、厂校合一的角度考虑的较少。

我们摒弃了传统的理论和实践相分离的做法，而仿真性的实训基地并没有能够弥补原有的缺陷，甚至把原有的分阶段下厂实习的优势也丢掉了。这是值得我们警惕的一个问题。

(三) 课程改革的成果没有真正进入到课堂教学和师生活动中去

这几年，我们制订了新的人才培养方案，制订了新的课程标准，这些都是有形的课程改革的物化成果，当然应该肯定。但是，在这些工作中，作为教学

改革的主体——教师的参与度远远不够。其根源就在于，我们往往把教师看做是课程改革决策的执行者，把学生看成是教学改革成果的受益者，这种观念显然是不符合客观规律的。

教育教学活动从来就是教与学两个方面的事情。无论是课程改革、专业建设还是校企合作、实训就业，都应该是由教师和学生共同参与的活动。教育即生长，学校的一切工作都应该以学生的发展为核心、为目的。因此，在学校发展的各项活动中，学生所扮演的角色，不应当仅仅是改革的受益者，改革措施的接受者，改革方案的试验者。没有学生主动参与的学校发展活动，注定是要走弯路的。略举几例加以说明：

课程改革的瓶颈制约。在强势推进下，我们的课程改革取得了丰硕成果：新一轮人才培养方案已经实施，专业主干课的课程标准已经出台；校本教材不断推出；实践环节大大加强，等等。但是考察我们的课堂教学可以发现，在每天都在进行的教学活动中，难觅课改成果的踪影。学生不关心、不了解课程改革，教师面对学生的不配合感到束手无策。学生不愿意参与，课改进不了课堂，因而陷入了一种瓶颈制约。

校企合作的尴尬局面。笔者在实际工作中深深体会到，在校企合作中，学校和企业也较少地顾及学生的实际情况，一厢情愿地为学生的就业谋取岗位、争取待遇。结果形成了校企双方相谈甚欢、信心百倍，而一旦进入实施阶段，学生却不买账的尴尬局面。形成这种局面的原因是多方面的，但不了解学生的就业意愿、不激发学生主体意识，帮助他们自觉转变就业观念，恐怕是其主要原因。直到学生中出现了不能积极配合学校，对实习就业单位挑三拣四等情况时，才抱怨学生不了解社会，不讲诚信，这对于学生来讲多少有些不够公允。

菲尔丁指出"教师、研究者、家长和成人总是做好准备代表学生讲话，但是他们经常误解或忽视了学生真正的想法。"对菲尔丁的这一观点，笔者深有同感。事实表明，没有学生的参与，学校的任何改革和发展举措都很难落到实处，也就很难取得成功。

正如迈克尔·富兰(Fullan M．G．)教授(加拿大多伦多安大略教育学院院长)在《教育变革新意义》中指出的那样："不要假设你所要进行的改革是应该实施的和可以实施的。相反应该假设实施过程的主要目的是通过实施者与有关因素的相互作用来转变你对应该做什么的认识。"

陆建宏教授的观点我很赞同：教师只是追求自己的熟练、流畅、品味，与学生有什么关系？如果与学生没有关系，那么意义何在？

(四) 教育教学相分离的问题突出，没有实现"五年一贯，整体设计"的构想

应该说，从事五年制高职教育的专家和同仁在"五年一贯"这个问题上，一直在进行着探讨和解读，而且形成了共识，如，"'五年一贯'是五年制高职的重要特色之一"，"五年一贯制不仅仅是指时间上的连续性"，"五年一贯制的最大优势是学生在校时间长，可以有计划地进行较长时间的知识、技能及素质的培养与训练，可以对五年的时间进行整体规划和设计"，等等。取得这些共识，为如何办好五年制高职教育奠定了坚实的基础。但是我认为，对这个问题的研究与探讨，无论是在理论层面，还是在操作层面，都没有能够继续深入下去。于是，就产生了以下问题："五年一贯"由谁来设计？假定有了科学合理的设计，又由谁来实施？不同专业之间如何利用五年的时间彰显特色？这些问题是我们必须关注也是必须解决的十分重要的问题。不解决这个问题，"五年一贯制"极容易停留在口头上、口号上，而变成人们所担心的"三年加两年"。

我认为，与"五年一贯制"相配套的应该是"教育教学五年一体化"(以下简称"五年一体化")，也就是说，要对五年制高职学生的学习生涯进行统一的、全面的、科学的规划，这个规划应该是为学生的健康成长服务、为学生的顺利就业服务、为学生的职业发展服务。"五年一体化"，对于学生来说，应该是学习和成长的有机统一，对于学校来说，应该是教书和育人的统一。然而，由于我们的管理机制人为地将学生的全面发展分为教学部门和学生部门，因而单纯由教学部门制定的人才培养方案，并没有解决好"五年一贯"的科学设计问题。

二、我们必须自觉主动地承担起教学改革的重任

(一) 教学改革需要我们树立全局意识

树立全局意识，就是要全面贯彻落实学院的工作部署，全面领会学院的文件精神，全面理解学院的发展大局、发展方向和奋斗目标。学院把握的是宏观、是大局、是方向，学校面对的是微观、是当前、是局部。

只有树立了全局意识，学校的教学工作才会突出重点、抓住核心点、冷静地对待和处理热点和焦点问题。

(二) 教学改革需要我们脚踏实地

五年制高职教育需要我们脚踏实地地解决好影响五年制高职教育健康发展的实际问题、突出问题。在当前任务重、压力大、头绪多的情况下，我们必

须学会弹钢琴，必须保持冷静头脑，认认真真地把工作筹划好，实实在在地把任务落实好。

比如，在五年制高职教育领域，有许多提法是非常正确的，但同时又是非常模糊的。我们的任务，就是要把一些正确而模糊的理念、观念具体化。在具体化的过程中，要允许探索、允许实验、允许失败，只有这样，五年制高职教育才能够不断总结经验、提升水平。

例如下面几个问题：

五年制高职教育人才培养目标的定位。和中职相比，五年制高职要有"高素质、高技能"，和高职高专相比，五年制高职要有更扎实的职业技能和良好的职业素养。而所有这些如何落实到我们的人才培养方案当中去？如何落实到课程体系中去？

我们总是在说，五年一贯，要统筹规划，精心设计。我们的任务是如何规划的？如何设计的？在这方面，我们应该大有可为，大有作为。

面对学生的厌学情绪，我们如何实施有效的教育？我们在制定课程标准时，如何把适应学生发展起点的情境教学、趣味教学、由浅入深的教学、调动学生积极性的教学、有利于学生知识迁移的教学考虑进去？这才是我们应该潜心做好的工作。而现状是，面对这些问题，一方面我们还没有拿出很多很好的办法，单纯埋怨学生基础差、不愿学，另一方面，在招生时又埋怨学院定的分数线过高过死，希望多降分数、多招学生。

(三) 教学改革需要我们勇于创新

勇于创新，走出一条富有江苏特色的五年制高职教育的新路，是我们每一个职教工作者的责任和使命。五年制高职教育事业本身就是一项创新性的事业，没有现成的道路可走，没有现成的经验可借鉴，没有现成的模式可照搬。这就需要我们充满激情地去创业、创优、创新、创造。

我一直认为，创新并不神秘。在五年制高职教育领域，有许多问题并不是什么高深的理论问题，而是一个个实实在在存在着的具体问题。在这些问题中，抓住其中的主要问题和主要矛盾，回到问题的原点上，深入思考、调查研究、谋划思路、寻求出路、不断探索、不断总结，如果问题得到解决或是部分解决，我认为，这就是创新。

什么是问题的原点？原点是一切问题的出发点。对于教学工作来说，学生愿意学，老师愿意教，教学相长，师生共同成长，这就是问题的原点。从原点出发，考察问题的所在，才能找到问题的症结。

在这个问题上，我个人认为，过多地责怪学生是没有道理的，也是没有任何实际意义的。要从教师身上找原因。这也是我思考比较多的一个问题。

　　教学工作中的一切问题，都可以在教师队伍中找到对应的因素；学生在学习过程中存在的所有问题，都可以在教师队伍中找到相对应的原因。

　　比如，我们经常谈到的五年制高职教育既不同于中职教育，也不同于高职高专教育，那么我们的教师首先就要和中职教师和高职高专教师有所区别。我们提出的"高素质高技能"，我们的专业教师是否具备？我们要培养学生的职业素养，我们的教师就应该有职业经历、职业道德和职业感悟，否则，怎么能担当培养学生职业素养的任务？我们批评学生厌学，实际上学生厌学的根源，要么是教师的职业倦怠感所致，要么是教师的任教能力差所致。现实情况是，教师往往把高职教育理念看成是大道理，把下企业实践看做是负担，他们更习惯于学科教学，更热衷于提高学历发表论文，更熟悉知识的传授。这些问题都是教学工作中问题的原点。我们应该集中精力，从这些问题出发，大胆探索，勇于实践，寻找思路，创新机制。创新的源头正在于此。

2009 年 8 月 6 日至 8 日

如何做一名优秀的职业学校教师

——盐城市盐南中等专业学校教师培训班上的发言

(2013 年 8 月 25 日)

瞿校长给了我一个任务，让我讲讲"如何做一名优秀的职业学校教师"，并且说这个题目是我研究的强项。领到瞿校长给我的任务后，开始我感到非常轻松，继而又感到压力很大。这个题目既好讲，又难讲。说它好讲，是因为我的大部分讲稿都可以拿来就用；说它难讲，是因为所有关于如何做一名优秀的职业学校教师的话题都显得非常空泛，容易引起教师的排斥甚至是反感。

因此，今天的讲座，我坚持这样几个原则：

第一，讲真话，讲实话，讲心里话，不讲假话，不讲空话，不讲套话；

第二，重新备课，自己讲过的话尽量不重复，力求把我最新的思考和研究与大家分享；

第三，尽量贴合教师的工作实际；

第四，把自己摆进去。

我讲两个问题：

一、面对职业学校生源现状，我们应该怎么办

职业学校的生源现状，我想这个问题不必多说什么，大家比我还清楚。很多教师正是由于在教育教学中找不到成就感，才产生了职业倦怠。教师的职业倦怠是不是学生造成的，这个问题我们姑且不论。面对职业倦怠，教师们分别选择了三种应对的做法：

第一种：积极破解职业倦怠，逐步成长为优秀教师。

第二种：在职业倦怠中找到了新的平衡。所谓新的平衡是指，既然工作不能使自己满意，就减少付出，以达到心理平衡。这类教师用不了多久，必然沦为平庸的教师。

第三种：深陷职业倦怠中而不能自拔，自己成为后进教师，还怀才不遇，怨天尤人。

"如何做一名优秀的职业学校教师"这样的讲座，对第三类教师来说，没有任何作用。我希望，本次讲座对第一类教师能起到积极的促进作用，对第二类教师能起到一点触动作用。

尽管对第三类教师不起任何作用，但我想表明一个观点：做不做职业学校教师，自己是可以做出选择的。第三类教师的心态我很不赞赏，即一方面做着这项工作，一方面抱怨着工作，满腹牢骚，让自己陷入一种不良情绪中。每逢遇到这样的人，这样的心态，我总是想告诉对方：何必这么痛苦呢？人生不长，何必把时间浪费在自己不喜欢的职业中呢？

我不否认，职业学校教师的处境是艰难的，但正因为艰难，所以才富有挑战性，正因为艰难，所以就有了神圣感。好学生是很少让教师操心甚至不用教师操心的。但这样理想中的好学生有多少？即使不那么理想的好学生，也都上重点高中和普通高中去了，"剩下来的那部分"才会到我们职业学校来。这是客观事实。因此，从事职业教育需要一种勇气，更需要一种底气。没有这种勇气和底气的人，是不适合在职业学校工作的。

我觉得，除非你是想跳槽，否则，你没有任何借口不做好自己的本职工作。对学校领导有意见，对学生的表现不满意，那都是为自己的无能找借口。道理很简单，无论是那一位校长，都不会阻挠你潜心教书育人的。

二、要成为一名优秀的职业学校教师，必须做好的三件事

这三件事也是通往优秀职业学校教师的三条必经之路。

1. 做学生最贴心的朋友

如果你不打算辞职，继续在职业学校干下去，那么，你唯一的出路就是全身心地投入到教书育人中去。只要你真心投入了，我敢肯定，幸福就在其中。

为什么我强调要做学生最贴心的朋友？大家可能都有体会，我们的教育教学总是感到缺乏效果。面对失去了前行动力的学生我们很多时候感到没有任何办法。说老实话，我也遇到同样的情况。我给学生上课时，看到他们发呆的眼神，也常常一筹莫展。为了破解这个难题，我尝试、探索另外一条途径，即先让自己成为学生的朋友，然后再讲我想讲的话。我发现，这个办法是可行的、有效的。

教师的工作场景不是商场、不是官场、更不是战场，而是学校。对教师来说，学校生活的主要方式是在课堂上，是和学生在一起。你可以说这是命运的安排，但我更愿意这样看问题：和学生在一起，是我最大的幸福。正如苏霍姆

林斯基所说："我坚定地相信，学校，这首先是一个人与人相接触的世界。问题根本不在于指定谁去教育谁，——用不着这样来谈问题，这都是些无稽之谈。问题在于，就拿我来说，命运把我跟这些最生气蓬勃的、最复杂的、而在我看来也是最有意思的少年们永远地结合在一起了，他们进入了我的生活，成了我的生命的一部分：如果不是他们，那么我所知道的、所会的、所做的一切也就都不存在了。"

你若是不了解你的学生，学生不把你作为朋友看待，那么，你所进行的一切教育教学活动都不会有太大的效果。因此，就当前职业学校的情况而言，全身心地投入到教书育人中去的一个非常重要的切入点就是，你必须走进学生心灵，倾听他们的故事，体会他们的艰辛和不幸，成为他们的朋友，与他们一起寻找人生的价值和意义。这既是我们的责任，也是我们的使命。

根据我的经验，每一个职校生的背后都有故事，而且越是"问题学生"，故事越多，越令人心酸。尽量走进每一个学生的内心世界，你会发现，这个世界是那样的丰富，这个世界是那样的需要你。反过来说，我们也从学生的需要中获得了很多感悟，思考了很多问题，我们的生命因此而感动，我们的职业因此而精彩。

我在学校会利用一切可以利用的时间，尽可能地多接触学生。我的体会是，只要你放下自己的架子，真诚友好地和学生交朋友，立刻就会得到学生的信任和拥戴。我们的学生就是这样单纯、可爱。他们渴望和教师交流，他们渴望向教师倾诉他们的烦恼，但前提是，这样的教师必须是他们所信赖的，即必须是他们的交心朋友。

每次值班(我们学校领导每天有一个人值班，因此，我每隔三四天就要在学校住一个晚上)，我常常走进一个又一个的班级，和学生近距离地接触。熟悉的班级会盼望着我去看望他们。不熟悉的班级，我常常用十几分钟就可以搞定。开始的几分钟，由于学生并不认识我，有些拘束。我会主动和学生"套近乎"，以打开僵局。我常常采用的做法是：一是主动问学生："你们认识我吗？""你们愿意认识我吗？"几个问题下来以后，学生就开始活跃起来。二是我会善意地"欺骗"学生，自我介绍："我是学校的工人，我来教室，主要是看看你们的电灯有没有不亮的，你们的暖气有没有需要维修的？"这样的自我介绍完毕，学生中就会议论纷纷。有的学生说，学校的工人真不错，对我们这么关心；有的学生说，他不像个工人，像是个领导；还有的学生直接问我：老师，不对啊，我们开学典礼那天，您好像是坐在主席台上的吧？我笑而不答，同学们开始议论，这个人究竟是谁？我说，不论我是谁，既然我们认识了，就当我是你们的朋友，可以吗？学生开始兴奋起来，齐声回答：可以！我说："好，既然我们是朋友了，那我们就相互了解一下吧。请大家猜猜我的年龄、属相，凡是猜对的都有奖品。"我们的职校生喜欢热闹，听到我这样说，沉闷的晚自习一下子热闹起来。到了这一步，学生和我的距离就彻底拉近了。当有的同学猜对了我的年龄、属相后，我就叫他们写个条子给我，留下自己的班级、姓名。下次值班时，我一定买点小东西给这些同学送去。还有的时候，我会出个题目让学生做，比如，我在黑板上写下一个乘法，让他们用算盘将答案算出来，算得最快的同学也有奖品。我常出的一道题目是：1953125×512，这个题目是珠算中的一个练习题，名曰"狮子滚绣球"，正确的答案应该是 1000000000，但在珠算乘法运算过程中，非常容易算错。正确的运算过程就像"狮子滚绣球"一样，不断地进位，最后在算盘上显示的是个"1"。算得最快的同学同样会得到我的奖品。最后，我临走的时候，会留下我的手机号、QQ 号。当我巡视完毕回到办公室时，我的 QQ 上已经排了长长的加我为好友的学生名单。当我下次值班再去这个班级的时候，学生一见我，就立刻爆发出热烈的掌声。类似的做法还有很多，上面仅仅是其中的几个例子。一学期下来，我和很多班级的学生成了朋友。有的时候我正在一个班级里和学生愉快地聊天，其他班级的班长会闯进教室，强行把我拉走，说是代表班级同学来的，非要我到他们班去。这个班的学生就拉着我不让我走。为了平衡，我每个班只能呆上几分钟。就是这样，依然有很多班级转不过来。还有的班级见我从他们教室外面走过时，就热烈鼓掌，希望我能进去随便聊一聊。作为一名职业教育工作者，看到学生如此地需要你、欢迎你，一种职业幸福感油然而生。

我说这些，不是为了显摆自己多么受学生欢迎，而是想说明一个问题：只要你愿意，只要你真诚地和学生交朋友，你就会发现，我们的学生是多么的可爱，我们的学生是多么需要教师的亲近和指导。当学生见到你就热烈鼓掌的时候，他们就已经把你当作"自己人"了。心理学上有"自己人"效应，意思是说，当学生把你当作自己人的时候，你对他们进行的教育，他们会欣然接受的。因此，我常常利用"自己人"的身份，对学生进行一些正面的教育，比如，我会给学生推荐一些书籍、电影，我会给学生聊一聊"什么是职业预备期"、"怎样利用好在校这几年"、"人与人的差距是如何拉开的"等话题。这些比较严肃的话题，学生听得津津有味，事后常常会有学生告诉我，他们听了我的话以后思考了很多很多。

有一次我到一个会计专业高职三年级的班级去，这个班级在各方面都比较优秀，是我常去的一个班级。那天晚上，学生围着我让我买奖品。因为我曾经答应他们，如果第一次通过"会计从业证书"的比例达到50%，我就奖励他们。正常情况下，第一次考证的通过率能达到30%就不错了。但我对这个班的要求比较高，希望他们能有所突破，所以提了50%的要求。结果，这个班的通过率果然大大超过了50%，只有少数同学没有通过。看到学生兴奋的状态，我一方面表示，君子一言，驷马难追，一方面在黑板上写下了四个字：人文关怀。同学们看到这四个字，一时没有反应过来。我严肃地对全班同学说：你们问我要奖品没有错，我不会食言的。但是你们想过没有，你们这样兴高采烈的表现对少部分没有通过的同学来说，是不是一种刺激？同学们顿时安静了下来，开始思考这个问题。我借这个机会，对他们因势利导。我告诉他们，在一个集体中，一定不要忽视他人的感受。稍一疏忽，就容易把自己的快乐建筑在别人的痛苦之上，尽管这不是你的本意。当你习惯了顾及别人的感受时，你的许多做法就会有所不同，你的境界就会提高很多。我们平时说的比较多的素质、素养，就体现在这些细节中。我拿出了200元钱，交给了班长，让他给每一位同学买一份小小的奖品，对通过的学生是奖励，对未通过的学生是鼓励，鼓励他们加一把劲，争取下次一定通过。

以我个人的经历，我觉得，要走近学生，一点都不难。关键看我们是否有一颗真诚的心。

和学生如此频繁地接触，的确占用了我大量的时间，但同时也极大地丰富了我的精神世界。我的QQ总是处于爆满状态，进来一个学生，必须删除一个学生。通过和学生的聊天，我了解到了很多学生的故事。学生愿意把最隐秘的心理活动告诉我，然后征求我的意见。其中包括家庭问题、恋爱问题、和老师的矛盾问题以及对前途命运的思考等。掌握了这些宝贵的第一手资料，我在工作中就掌握了主动权。

黄达人提出了一个观点：要善待学生。而且他把善待学生作为中山大学三个核心理念之一。大学校长尚且如此，我们有什么理由忽视学生？

2. 做学生最敬佩的老师

"根号不认识，英语听不懂，上课坐不住，不会记笔记，迟到早退是家常便饭，最大兴趣就是上网打游戏。"

"教师最痛苦的事情是什么？是自己讲完了，学生还没睡醒。"

"学生最痛苦的事情是什么？是自己睡醒了，老师还没讲完。"

这是当下某些高校教师对大学生真实情况的描述。高校尚且如此，职业学校的情况也就可想而知了。

问题出在哪里？有没有办法破解？这是我苦苦思考的一个问题。

前面讲的那个问题是让学生喜欢你，愿意和你交朋友。我也举了自己的例子。但对一般教师而言，我想，最重要的阵地还是课堂。只有在课堂上成为让学生敬佩的人，教师的教书也好，育人也好，也就有了平台和可能，否则一切都是空的。

课堂是教学活动的主要场所，是传授知识、培养技能的主要渠道，是实施教育教学的主要途径。当课堂对学生毫无吸引力的时候，我们还谈什么教书育人呢？道理就这么简单。

教师在课堂教学中如何让学生敬佩，我暂且不谈。我先谈谈目前课堂教学中普遍存在的问题。这方面的问题很多，就是单独开一个讲座也讲不完，因此只能挑主要的说。在课堂教学存在的所有问题中，最突出、最主要的有两个问题：

一个问题是，如何看待、处理好"教"与"学"的关系。教学这个词，我们使用到现在有了约定俗成的涵义：即教学是教师的工作。比如，承担教学任务、教学工作、教学安排、教学改革等，在上述话语中，都没有学生什么事。其实，教学是由"教"和"学"两方面组成的。教师的"教"是为学生的"学"服务的，这是天经地义的道理。就像饭店一样，是为消费者服务的。只有消费者满意了，饭店才能经营下去。饭店不能不顾消费者的需求，只做自己熟悉的、拿手的那几样菜，吃不吃随你。同样的道理，教师不能只教自己所熟悉的内容，而对学生应该掌握、可以掌握的知识和技能不甚了了。

这个现象是怎么形成的？应该怎么解决？我想，这个现象绝对不是教师的本意。问题出在教师的专业知识结构和专业素养方面。再往深处说，我们职业教育的教师准入的门槛太低，只要达到规定学历，谁都可以登上职校的讲台。教会计的老师自己没干过一天会计工作，教广告设计的老师自己没设计过几份合格的广告……客观地说，这样的教师在课堂上，恐怕也只能教自己熟悉的内容，不可能根据学生的需求来设计教学，把握好教学目标和教学重难点。

很显然，这样的教学是无效的。因为学生即使掌握了教师所传授的所有知识，到了实际工作岗位也派不上大的用场。这里我引用一下上海虹口区教育局长常生龙先生在为史金霞老师《重建师生关系》一书所作的推荐序中的一段话加以说明。常生龙先生说："学习是否有成效，关键在于能否学以致用，能否在理论知识的学习和现实生活之间建立联系。但这种关系在学校里经常是被割断的。举一个事例来说吧：学校里组织的各种类型的考试和测验，基本上都是闭卷形式。这样的制度设计有一个基本的假设，就是记住的知识比查询到的知识要好！但现实的生活中没有这样的工作。如果建设桥梁、高楼和飞机的工程师都是凭借着自己的记忆来进行设计，不去利用各种手册和资料的话，估计没人敢用他们的产品。今天的学校，是在为一个并不存在的世界做准备。"

这个问题如何解决？我认为，就现状而言，解决这个问题的唯一办法，是按照余祖光说的那样："应该把教师扔到企业去，让教师出一身冷汗"。教师不到企业出一身冷汗，就会在课堂上干着急不冒汗。

第二个问题是，许多教师是出于就业的需要而不是出于对教育事业的热爱来到职校工作的。这种情况就决定了有相当一部分教师并不热爱自己任教的学科，因而也就不能影响学生，感染学生，带动学生。这样的教师，教了很多学生，却没有几个是"我的学生"。

"我的学生"是苏霍姆林斯基提出来的一个概念。他说："让学生们把你所教的学科看做是最感兴趣的学科，让尽量多的少年像向往幸福一样幻想着在你所教的这门学科领域里有所创造，做到这一点是你应当引以为荣的事。我希望你去争取自己学生的思想和心灵，跟你的同事们——其他学科的教师来一番竞赛。譬如说，你在八至十年级给 200 个学生教物理，他们都是你的学生。但是你还应当有另外一个概念：'我的学生'。"(苏霍姆林斯基《给教师的建议》)

著名教学论专家江山野先生认为：学生是具有"向师性"的。当然和"向师性"并存的还有"独立性"。江山野先生和苏霍姆林斯基的观点给了我们一个重要启示：假如你在多年的教学生涯中，没有几个"我的学生"，即没有几个学生受到你的影响而对你所任教的学科产生兴趣，那么，你的教学就是失败的。

由于有上述两个问题的存在，于是，就出现了第三个问题：课堂教学生态的不良。课堂教学生态主要表现在各种关系中。常生龙先生在那篇文章提出了"关系第一"的观点，我以为是非常精辟的。他说："每一个成长中的个体，总是在各种关系的海洋中遨游。亲子关系、师生关系、生生关系、学生和社会的关系、学生和自然的关系、学生和世界的关系等，共同构成了这关系之海。'海水'的质量，决定了其中生活的'鱼儿'的健康状况。由和谐关系所构成的关系之海，一定是绿色和生态的。"

我们可以扪心自问：我们职业学校课堂教学生态是"绿色"的吗？

问题分析到这儿，我们的任务也就不言自明了。即，热爱职业教育，研究职业教育，提高任教能力，打造个人魅力，改善师生关系，改善教学生态，就成为我们每一位教师所面临的十分紧迫的重要任务。

3. 做勇于改革、不懈追求的教师

以上所谈是从"战略"层面分析教师及课堂教学的现状及根源的。下面，

我从"战术"层面谈谈如何聚焦课堂，破解难题，做一名优秀的职业学校教师。

(1) 更新教学思维，从"如何讲"向"讲什么"转变。

"如何讲"反映的是以教师为主的教学思维，这种思维无意中就把学生看成了纯粹的"接受者"；"讲什么"反映的是以学生为中心的教学思维，面对教材、教学大纲、课程标准，教师要考虑：哪些是学生已经掌握的，哪些是学生自学可以掌握的，哪些是需要教师讲解的，哪些是需要教师点拨的等一系列问题。教学思维变了，课堂的一切活动都会随之而变。

(2) 要用教材教，而不是教教材。

教教材，比较容易。用教材教，则需要教师备课，要备学生、备学情、备教法。这虽然是老生常谈的问题，但目前在职业学校中，教教材的现象仍然十分普遍。

美国著名的教育心理学家奥苏泊尔精辟地指出："假如让我把全部教育心理学仅仅归纳为一条原理的话，那么，我将一言以蔽之：影响学习的唯一最重要的因素就是学生已经知道了什么，要探明这一点，并应据此进行教学。"教教材的最大弊端就是不考虑"学生已经知道了什么"。我在一些学校听课时发现，多数教师无比忠实于教材，按部就班地把教材上的知识讲给学生听，就算是完成任务了。因此，在职业学校的课堂上，我们很少看到激情和感动。教师没有了激情和感动，学生自然也就不会有热情和触动。教师的教学远离了学生的学习感受，因而，学生也就远离了课堂、远离了教师。

只有教师用教材教时，才会把"学生已经知道了什么"纳入视野。我说得极端一点，假如教师从这一点出发，教学就成功了一半。

(3) 教学生会学、想学，而不是教学生学会、学好。

陶行知说过："好的先生不是教书，不是教学生，乃是教学生学。"一个简单的道理是：教师讲得再精彩，如果学生没有收获，又有什么价值呢？因此，无论魅力课堂的标准是什么，有效教学肯定是一个重要标志。

仅仅教学生学会、学好，没有教学生会学、想学，这种情况可以称之为"有教学，没有智育，更没有教育"。苏霍姆林斯基说："智育的实质就在于使一个人通过获得知识而变得聪明起来，使学习对他来说并不因为获得越来越多的知识而变得越来越难。所掌握的知识的分量本身，并不是智育水平的标志。"

(4) 要对学生最需要的知识和能力加以整合，形成学生的岗位能力和职业能力。

尽管职校生最需要掌握的是综合职业能力，最需要练就的是"解决问题"的能力，但在职业学校中，呈现给学生的还是传统的一门一门的课程，也就是学科教学。因而，在教师觉得自己既有"功劳"也有"苦劳"和"疲劳"的情况下，学生依然远离课堂。

举个简单例子：收银员的岗位并不复杂，但我们的学生依然不能顺利顶岗，这是为什么？有的同志说，学生需要一个熟悉的过程，而我的看法不是这样的。收银员所涉及的礼仪、点钞、小键盘、普通话等知识和技能，学生都是学过的，用不着再熟悉了。但上述知识和技能是分割成一门一门的课程的，没有整合成岗位能力。因而，我们需要做的不是让学生慢慢熟悉，而是要对教学内容加以整合，形成岗位能力。

我常常思考一个现象：为什么社会上的一些培训机构在某些专业领域要领先于我们正规军——职业学校？我觉得，在很大程度上，培训机构的做法与职业学校是相反的。比如，培训机构往往首先发现了"社会需要"和"就业机会"，然后是考察就业需要的核心能力和职业素养，开设哪些课程和实训项目，看准了以后，才安排教学计划、落实实训场所、招聘教师等。而我们职业学校却是反其道而行之的，事先就准备好了教师、教学计划，然后把学生招进来，再然后是建设实训基地，到了学生顶岗实习和就业时，才开始为学生寻找实习就业岗位，到了实地调查时才发现，学生就业的核心竞争力不足，虽然有就业岗位，但我们的学生往往上不去。这一反一正不是顺序的问题，而是办学的指导思想问题。

客观地说，学校教育以学科形式呈现知识和能力的局面很难一下子发生根本变革。这样的变革也的确需要慎之又慎。但我们在安排校内实训教学环节时，在很大程度上可以有效地解决这个弊端。即，我们的学科教育可以继续存在下去(当然需要不断改进)，学科教育最大的好处是可以向学生传授较为系统、完整的知识。学科教育固有的弊端，即将岗位能力碎片化，可以通过项目实训、岗位实训来解决。这就需要我们用改革的视野来改进我们的实践教学环节。

最后，我衷心地祝愿，盐南中等专业学校在不久的将来能出现这样一个令世人瞩目的局面：一流的校长培养了一流的教师，一流的教师培养了一流的学生！

盐南中等专业学校的明天一定更美好！

2013 年 8 月 16 日完稿

做一个幸福的职教人

——山东济阳职业中专教师会议专题报告

(2013 年 6 月 3 日)

第一次来到济阳，来到贵校，一切都是新鲜的。读万卷书，行万里路，是我追求的生活方式；从事职业教育，思考职业教育，宣传职业教育，是我大半生所做的唯一的一件大事。此次济阳一行，满足了我上面的两个愿望。因此，我非常乐意来贵校参观学习，同大家一道交流。

昨天下高铁，朱主任来接。我与济南阔别了四十年，四十年过去，弹指一挥间。为了让我感受济南四十年的变化，朱主任特意不走高速，穿越经十路，走国道。说实话，在经十路，我没找到感觉。虽然到处都是高楼大厦，但建筑风格毫无个性，甚至有些丑陋。来到济阳县，未进县城，首先看到的是澄波湖，环境优美，颇有江南的感觉。过了大桥进入济阳城，宽阔的开元大道，整洁的市容卫生，给了我良好的感觉。从县城驱车十分钟，来到位于县城郊外的我们济阳职业中专，一所精致的校园展现在我的面前。一进学校大门，"人生如棋"的广场、棋子雕塑以及文字介绍，散发着浓浓的文化气息；步入学校后院，一草一木、每一面墙壁、每一个花坛、每一个画廊，无不散发着"教育"的味道。学校后院的鼓子秧歌小广场，典雅、民族、人文、厚重。比如，这个小广场的路灯，上面有乒乓球网、羽毛球网，我就在想，没有球网，它们就是普通的路灯，有了球网，就成了文化。

初来乍到，济阳职业中专给我的第一印象就是：一个有思想的校长，一个有文化的校园，一支有追求的教师队伍。

徐州和山东相邻，但我来的不多。而且让我感到奇怪的是，我们两个省份交往也不多。经过琢磨，我觉得原因恐怕和江苏的政治经济文化的重心在苏南有关。江苏分为苏南、苏中、苏北三大块。在江苏境内，过了长江就是南京，南京再往南，就是镇江，镇江比较小，常常不提它，再往南，就是常州、无锡、苏州，苏州已经到了上海的边上。苏南地区按照顺序应该成为常、锡、苏，但江苏的习惯叫法是倒过来的，即苏锡常，很显然，这和经济发展水平有着直接的关系。由于江苏的政治经济文化中心在南京以及苏锡常，因此，江苏和上海、浙江的联系更多一些，那里被称为长江三角洲。现在的长江三角洲包括上海、江苏的苏南和浙江的杭州嘉兴等地。规划中的长三角地区，包括江苏的全部。

徐州是江苏的西北利亚，在江苏的最西北角，与山东、安徽、河南都相邻，称为四省交汇之处。无论是地理位置，还是生活习惯，无论是说话的口音，还是民风民俗，徐州都和山东更接近，更像是一个省的。我到南方和上海出差，打车的时候常常问出租车司机，你猜猜我是哪里人？山东的吧，司机师傅往往这样回答。而到了我老家河南滑县，老家人就说我是南方人的口音。所以，徐州这个地方，不南不北，不东不西，简称不是东西。

今天我讲的题目是"做一个幸福的职教人"。看了这个题目，我想，老师们此刻心里都在掂量、琢磨：我们幸福吗？我们每天要面对不优秀的学生、厌学的学生，怎么可能幸福呢？怎样做才能让自己成为一个幸福的职教人呢？

今天，我就试着回答老师们心中的疑问。

要回答老师们心中的疑问，恰好可以用我三本书的名字作为我阐述观点的题目。

第一本书：《莫辜负，天赐良机》——我的学生观；

第二本书：《从育人到教书，从教育到职业》——我的职业教育观；

第三本书：《从明天起，做一个幸福的职教人》——我的幸福观。

1. 《莫辜负，天赐良机》——我的学生观

我认为，如何看待我们的学生，是职业教育的一个根本问题。学校工作的一切谬误，职校教师的一切困惑，都和这个问题有关。这个问题解决好了，我们的教育教学就已经迈上了成功的大道。

社会上对职校生有很多议论，说得好听一点的，是这些孩子学习不好，说得难听的，认为中职学校的学生就是"垃圾"。我觉得，社会上的这些议论丝毫也不奇怪。我国传统文化中有一些根深蒂固的东西，是很难从根本上改变的。比如，"学而优则仕"、"十年寒窗无人问，一举成名天下知"、"人往高处走，水往低处流"、"劳心者治人，劳力者治于人"、"望子成龙"，等等。在这样的文化背景下，封建社会就有了科举制度，当代社会就有了高考制度。把孩子培养成为高材生，名牌大学毕业生，就成为社会共有的价值取向和所有家长的共同追求。包括在座的各位，恐怕也很难跳出这个圈子。

黑格尔哲学认为，凡存在的都有其合理性。有不少学者对黑格尔哲学的这一论点进行研究辨析。有的学者认为，黑格尔的这一观点没有错误，错误在于我们的翻译有问题。准确的翻译应该是"存在的就是符合天地之理的"，而不

是我们通常所理解的"合情合理"。因此，进一步分析，符合"天地之理"，不一定符合"人伦之理"。我认为，对职校生的看法就是一个比较典型的例子。

职校生有着种种的不足，这是无法否认的客观事实。但是，把职校生比作"垃圾"，看成是失败者，则有悖于"人伦之理"。每个人生来平等，都有追求自由和幸福的权利。这些权利神圣不可侵犯。这是西方发达国家文化的核心，这些发达国家的民主政治、价值理念以及文化思维都是从这一点出发的。人为地把人分为三六九等，是封建社会文化的糟粕。从这个视角看问题，我们可以断言，没有人可以以任何理由去歧视、忽视、漠视职校生这一个庞大的群体。

有一个问题我们必须加以正视和认真思考：职校生今天的这种地位和状况，是谁造成的？应该对他们的今天负责的是职校生自己吗？

孩子从出生到上幼儿园之前，基本上是由父母(当然还有爷爷奶奶等)来呵护的，从上幼儿园开始，他们就较为广泛地接触到了教育和社会。上了小学，家庭以外的力量就变得强大起来。到了初中，家长的作用就微乎其微了，孩子的教育基本上交给学校和社会了。在这样一个过程中，孩子犹如小树，自身固然有成长的力量，但风雨雷电、水分营养、通风采光、周边环境等无不对小树的生长起着至关重要的作用。荀子说的"蓬生麻中，不扶而直；白沙在涅，与之俱黑。"就是这个道理。进一步说，同样是一棵小树，这棵小树是出现在西北荒漠还是出现在江南水乡，成长的过程是一样的吗？成长的过程是小树自身能决定的吗？

因此，我对职校生的成长经历充满了悲悯的情怀。我认为，在职校生身上，集中反映了人生无法选择、无法改变的"悲情"的一面。所谓悲情的一面，就是父母给定的无法更改的一面。比如，一个人出生在北京、上海、广州等地与出生在贫困山区、边远地区，命运、机遇、机会、环境是相同的吗？一个人能选择自己的父母吗？当这些都不能选择的时候，我们对职校生不应该具有同情心，不应该具有悲悯情怀吗？

非常遗憾、非常令人痛心的是，就是我们这些从事职业教育的人，也有不少对职校生是失去信心、失去耐心、失去同情心的。如果连我们对职校生都采取了放弃的态度，职校生就真的没有任何希望了。

正是从这个视角看问题，我认为，所有的职教工作者都应该有一种高度的责任感和庄严的使命感。在我看来，我们这些人是所有职校生能否走上幸福人生路的重要他人。

我们不要过多地去批评应试教育的问题，也不要过多地批评基础教育的功利和狭隘，我们要考虑、要面对、要解决的，是职校生走进了我们的生活，我们应该怎么办? 是对他们丧失自信、迷失方向听之任之, 还是承担起我们的使命? 这是每一位职校教师必须思考的问题。对此, 我谈几点看法, 供大家参考。

(1) 回归教育的本质, 关注学生的生命状态, 是我们的责任。

教育的本质可以有很多描述, 但最为根本的是关注人的发展, 是为人的发展服务。对职校生而言, 最为重要的是让他们找回自信, 找到存在感、归属感和成就感。但是, 绝大多数的职业学校并没有把回归教育的本质放在首位, 而是把准备好整齐划一的培养方案、规章制度、行为规范、纪律要求等放在了首位。客观地说, 在学生尚未进校时, 学校就已经把学生放到了自己的对立面。这样的教育生态, 怎么可能培养出优秀的人才呢?

对职业学校的上述做法, 我们常常认为是理念落后。其实, 深刻反思、深入思考这个问题, 并非那么简单。在此, 我想提出一个观点: 我们没有把"让他们找回自信, 找到存在感、归属感和成就感"放在首位, 最根本的原因或许是我们职业学校对自身的办学能力、育人能力就缺乏自信。我们没有信心给学生最好的环境、最好的教育, 于是, 只能在管理约束上大做文章。

越是发达的国家越是开放、开明, 越是落后的国家越是封闭、敏感。品味其中蕴含的东西, 恐怕和职业学校办学是一个道理。

(2) 职业学校本应是师生共同发展的乐园, 但我们没有做到。

中职生与教师的关系, 有着天然的和谐土壤。我们只要因势利导, 就能实现师生共同发展。我为什么这样说呢?

中职生在初中阶段多数是被边缘化了的。我参加过多次初中的家长会, 班主任及各科老师说起几个尖子生和优秀生那是眉飞色舞、如数家珍, 说到后进生的时候, 表情、语气、措辞都变了。尤其是到了初三, 老师们对后进生基本上持放弃态度。我有时注意观察家长们的表情, 从家长的表情就可以看出他的孩子属于哪一类。

这些被中考淘汰的学生到了职业学校后, 他们惊喜地发现, 从初中的挨批评、被训斥、受歧视、遭白眼, 到职业学校老师亲切的笑容和热情的关心, 自己在老师眼里的地位悄然发生了变化。仅仅是受到老师的关注这一点, 就足以使他们感到温暖了。因此, 他们对中职学校的老师顿生好感。我设想, 如果我们的职业教育能够从这一点——学生的心理感受出发, 该是多么美妙的事情啊!

十分可惜的是, 我们对学生的心理感受没有足够的、清醒的认识, 从而错失了教育教学的最佳时机和最佳切入点。

(3) 中职生有表现的欲望, 有丰富的情趣, 他们需要表现的平台和发展的路径。

　　中职生的精力除了投在学习上一部分之外，还有很多的剩余，这也许是中职生与高中生的一个显著区别。我认为，如何为中职生这部分剩余精力寻找出路，学校和老师大有文章可做。在这方面如果学校不作为，中职生的剩余精力必然会放任自流，表现为无聊、谈恋爱、包夜上网、打架斗殴，好一些的也会无所事事、无心学习、上课睡觉、绣十字绣、玩手机、玩游戏等。因此，当我们在抱怨学生上述行为的时候，有没有做过这样的反思：我们为学生的剩余精力做了些什么？

　　为学生的剩余精力寻找出路，和学校的物质条件不是正相关关系，甚至可以说没有多少关系。我在一篇文章中曾经写到："如果学校重视体育活动，不一定非要有标准的塑胶运动场，即使是简陋的运动设施，体育活动照样可以开展得有声有色；如果学校重视文娱活动，不一定要有华丽的舞台，即使是露天场地的演出，同学们依然乐在其中；如果学校重视学生的个性发展，即使是办学条件十分薄弱的学校，也会成为学生健康成长的乐园。"

　　(4) 中职生的生活本领、生存能力显然强于高中生，这是对他们进行专业教育最有利的因素。

　　我们经常用"上帝给你关闭一扇门，必然会为你打开一扇窗"来解释人的能力、特长有所不同这种现象。中职生所以成为中职生固然有许多原因，但作为应试教育的失败者，中职生投入到学习上的精力不足却是客观事实。那些没有投入到学习上的精力，无非是用在了娱乐和日常生活中。无论是娱乐，还是日常生活，中职生都比高中生更早、更多地接触到了社会。而接触社会、了解社会、适应社会，是一个人生存能力最有效的"启蒙教材"。

　　进入职业学校后，如果学校利用专业教育的平台，因势利导，把学生的注意力进一步引向生活、引向社会、引向职业，就会起到事半功倍的效果。职业学校中一部分教师的授课所以受到学生欢迎，无不是在这方面下了一番功夫。

　　然而，令人遗憾的另一个事实是：不少教师照本宣科、只会讲一些空洞的理论，不能联系实际，不能由浅入深，其结果就是我们在职业学校通常看到的"教师很流畅，学生很惆怅"的课堂教学状况。

　　(5) 中职生的未来是充满希望的，这一点我们必须坚信不疑。

　　我之所以认为中职生的未来是充满希望的，主要是基于以下几点：

　　一是中职生为了自己的个性发展、全面发展，赢得了几年宝贵的时间。不上高中了，不用去挤高考独木桥了，中职生就有了几年时间用来发展个人的天性和爱好。对于成长中的青少年来说，真可谓天赐良机！

二是中职生会提前几年考虑生存和发展的问题，这为他们进入职场打好了基础。中职生进入职业学校后，就开始接触到了专业、职业、就业、职场等概念。他们在学校期间，有些人就开始了打工生涯，因此也较早接触到了社会。他们对生活的艰辛、社会的复杂、自立的重要性等有着更为深刻的体验和认识，而用人单位最欢迎的就是有实践经历、独立性强、能吃苦耐劳的应聘人员。

三是中职生较早地开始了职业生涯，为职业发展创造了有利条件。与本科生相比较，中职生可以提前四到五年进入职场，而这四五年时间对于职场中的人来说，是极为宝贵的。当本科生步入职场时，中职生已经是一个熟门熟路、站稳脚跟、有点资格的员工了。说得直接一点，在起步阶段，中职生已经领先于本科生了，尽管他们的起点或许有所不同。

基于以上分析，我认为，中职生完全有可能、也完全有条件走好自己的幸福人生路。这是每一个中职生都应该清醒认识到的。

2. 《从育人到教书，从教育到职业》——我的职业教育观

我的第二本书是《从育人到教书，从教育到职业》，这个书名实际上是对教书育人和职业教育这两个概念的再思考。我认为，在职业教育领域，这两个概念的顺序应该颠倒过来，即从育人到教书，从教育到职业。

从育人到教书，不仅意味着我们要把育人放在首位(其他各类学校也是德育为先的)，而且我们必须把调整学生的生命状态、重塑他们的自信心放在一切工作的首位。打个比方来说，我们从初中接手过来的学生，是基础没有打好的建筑物半成品。对这样一个"半成品"，我们的任务是继续建设，还是先把基础加固打牢呢？我的选择是后者。分析职业学校教育教学成效不大的客观现实，我深切地体会到，我们是在"基础"不牢的情况下继续"砌墙"、"架梁"、"封顶"、"内外装修"的。一个简单的道理是，基础不牢，其他工程都是无用功。甚至可以说，其他工程做得越多，基础坍塌得也就越快。基础一旦坍塌，整个建筑物就是一片废墟。我自认为这个比方不是危言耸听，是无限接近职业教育的现实的。

正是有了上述观点，因此，我认为，在职业教育领域，教育是首位的，职业是第二位的。但目前的现状是，我们把就业放在了首位，把技能放在了突出重要的地位。我们单方面地认为，只要学生有了一技之长，就可以成就他们的人生。我们忽视了学校教育和职业培训的根本区别，所以，教育在职业学校中没有了位置。

德国哲学家雅斯贝尔斯说过："训练既可以针对人，也可以针对动物，而教育是仅仅针对人的。"当职业学校只剩下技能训练的时候，学校就成为学生

想逃离的牢笼。

3. 《从明天起，做一个幸福的职教人》——我的幸福观

我在多篇文章中强调，职业教育是最接近教育本质的教育。因为我们完全可以远离功利，直指学生的心灵。我们完全可以和学生打成一片，和学生一起出发成长。当我们能够沉下心来、静下心来、潜下心来去影响学生、帮助学生的时候，我们就会从中体会到，作为一名职业学校教师，是非常幸福的。

苏霍姆林斯基曾说过："如果你感觉到每个儿童都有个性，如果每个儿童的喜悦和苦恼都敲打着你的心，引起你的思考、关怀和担心，那你就勇敢地选择崇高的教师工作作为自己的职业吧，你在其中能找到创造的喜悦。"

陶行知说："你若变成小孩子，便有惊人的奇迹出现；师生立刻成为朋友，学校立刻成为乐园；你立刻觉得是和小孩子一般儿大，一块儿玩，一块儿做工，谁也不觉得您是先生，您便成了真正的先生。"

反之，如果我们以说教者的身份自居，以知识代言人的身份自居，单纯地把学生当作被教育、被管束的对象，那么，我们的教育教学就不会有多大成效。正如陶行知所说："如果你不肯向你的学生虚心请教，你便不知道他的环境，不知道他的能力，不知道他的需要；那么，你就有天大的本事也不能教导他。"

陶行知的名言，值得每一位职业学校教师认真体味。我想，只要我们能走进学生心灵，只要我们能成为陶行知所说的"真正的先生"，职教生态一定会从"恶化"变为"友好"。职教生态改善之日，也将会是职业教育真正大发展之时。

职业学校教师因负有使命而艰难，因艰难而庄严，因庄严而神圣，因神圣而幸福。

2013 年 5 月 25 日完稿

课程 课改 课堂

——对职业学校课程改革若干问题的思考

(江苏省五年制高职会计专业骨干教师培训班上的发言)

(2012 年 7 月 29 日)

什么是课程? 课程改革改什么、怎么改、谁来改、改革的目标是什么? 这一系列问题都值得我们每一位教师思考。

我讲三个问题,第一,关于课程的几个问题;第二,关于课程改革的几个问题;第三,关于课堂的几个问题。

一、关于课程的几个问题

(一) 什么是课程?

做教育教学工作的离不开课程这个词语,但我们平时却很少考虑这个问题。即使想到这个问题,我们也常常把课程与教学内容、知识体系等混淆起来。

但遗憾的是,教学内容或知识体系并不等于课程。

教学内容存在了几千年,知识比教学内容产生的时间更早,而课程论才产生了 100 年不到。

人类先有了知识、后有了教育和教学内容。经过了漫长的历史时期,到了近代才产生了课程论。由此可见,人类在很长的历史时期内是不需要课程的。

课程是怎么产生的? 我们为什么需要课程呢?

从教学活动的形式看,很多学生跟随孔子学习时,不需要课程;一对一的学徒式学习,不需要课程;只有教师群体面对学生群体的时候,课程才应运而生。我在想,课程的产生或许是社会分工、知识分类在教育领域作用和地位中的反映。不同的教师教授不同的内容,课程概念就自然而然地产生了。

从教学活动的内容看,单纯地传授知识不需要课程。传授什么知识? 为什么要传授这些知识? 传授知识的目的是什么? 当人们面对这几个问题的时候,课程也就出现了。

关于课程的概念很多，令人眼花缭乱。

比较有代表性的是：课程是实现教育目的的重要途径，是组织教育教学活动的最主要依据，是集中体现和反映教育思想和教育观念的载体，因此，课程居于教育的核心地位。

比较简单明了的是：课程是按照某种理念对教学内容进行组织后形成的"知识体"，每一个知识体就是一门课程。

(二) 课程的重要性

无论哪一种概念，无论如何定义，课程都包含三个基本问题：目标、内容和组织。

课程目标：即教学活动的目的；

课程内容：即教学活动的内容；

课程组织：用什么样的方式组织教学内容才能达到课程目的。

所以，课程的英文单词 curriclun 的词源拉丁文是 currere，译成中文就是"跑道"。

"跑道"包含三个基本问题：

(1) 跑向哪里，起点和终点在哪里？引申为课程的方向；

(2) 在哪里跑，即跑道的路面，引申为课程的内容；

(3) 跑的规则是什么？引申为课程的组织。

课程在整个教学活动中居于核心地位。主要表现在三个方面：

课程是开展教学活动的载体；课程是落实教育思想的纽带；课程是实现培养目标的路径。

二、关于课程改革的几个问题

(一) 为什么要进行课程改革

(1) 中等职业教育培养目标的变化，逼迫职业学校进行课程改革。

从 20 世纪 50 年代到 80 年代，中专学校的培养目标是……具有相当高中文化程度，并在此基础上掌握本专业现代化生产所需要的基础理论、专业知识和实际技能，具有健康体魄的中级技术、管理人员。

20 世纪 90 年代，中专学校培养目标经历了无所适从、盲目无序的阶段。这一时期，由于社会经济和科学技术的发展，社会劳动分工的不断细化，劳动者的人才规格发生了很大变化，各类人才出现了交叉和界限模糊现象。在这种情况下，有的中专学校坚持"双重目标"，即文化程度相当于高中，专业技能相当于中级，但实际情况并非如此，双重目标都受到了严峻挑战：文化程度达不到高中水平，专业技能也无法对应"中级"技术岗位。

有的中专学校向上靠，按照高职高专的培养目标培养人才。

有的中专学校向下移，不再提文化程度"相当于高中"，不再提"中级"人才，但仍坚持培养某一领域的专门人才。

进入新世纪后，中专学校的培养目标逐渐找准定位，即培养具有较良好素质的技能型人才。中等职业教育的培养目标由"双重目标"变为"技能型人才"，原有课程必须进行改革。

(2) 生源的变化、就业岗位的下移，逼迫职业学校进行课程改革。

生源的变化源于教育结构的调整。根据美国学者马丁·特罗的研究，如果以高等教育毛入学率为指标，则可以将高等教育发展历程分为"精英、大众和普及"三个阶段。他认为，当高等教育毛入学率达到15%时，高等教育就进入了大众化阶段。低于15%时，为高等教育精英教育阶段，高于50%时，则为普及化阶段。

我国的高等教育由精英教育阶段过渡到大众化阶段后，对职业教育带来了深刻影响。高校扩招，拉动了高中教育，同时增加了大专本科层次人才的供给。在这种情况下，中职教育受到了双重挤压。生源质量的下降和就业岗位的下移就成为必然。中职学校不进行课程改革能行吗？

(3) 企业对职校学生的不认可，逼迫职业学校进行课程改革。

从企业对人才的素质要求看，企业要求的是全面发展的人，而不是只有技能的人；从企业对人才的技能要求看，企业要求的是多能复合的人，而不是单一技能的人；而职业学校培养的人才多数是后者。因此，必须进行课程改革。

综上所述，职业教育远远没有达到黄炎培先生所说的"无业者有业，有业者乐业"的目标。

在职业教育领域，很难找到"乐"的身影。教师有职业倦怠感、挫败感，学生感到专业枯燥、考证艰难、生活无聊、前途渺茫。

职业教育的现实情况可以概括为两句话，无业者忧，有业者烦。

职业教育在课程方面存在的问题也是随着时代发展不断变化的。

过去，主要表现为重理论、轻实践，重基础、轻应用，重知识、轻能力。具体体现在六个方面：

(1) 以理论知识为课程内容主体；

(2) 按学科分类划分课程门类；

(3) 以理论知识为学习起点；

(4) 按知识本身的逻辑组织课程内容；

(5) 以课堂学习为主要的学习形式；

(6) 以书面形式评价学生的学习结果。

这些问题反应在课堂教学中，必然会出现以下四个结果：

(1) 以教师讲授为主：我讲你听；

(2) 以传授知识为主：我讲你记；

(3) 以先懂后做为主：我讲你做；

(4) 以书面考核为主：我问你答。

进入新世纪后，职业教育领域出现了颠覆性的变化，主要表现为重实践、轻理论；重应用，轻基础；重技能、轻素质。就教师层面来说，显然不适应这种变化。教师仍然习惯于"老六条"。反映在课堂上，"老四条"的痕迹仍然存在。

明明是培养技能为主，还按照老的模式进行教学，这样的教学，其教学有效度、学生参与度、目标达成度怎能提高？

举例说明：汽车维修专业，学生在实习前，已经学了《汽车构造与维修》这门专业主干课程，计划学时：140，分三个学期进行。但是到了第四学期进车间实习时，连发动机零件的名称也说不出来。会计专业也是如此，学生系统地学习了会计专业后，毕业时，面对企业的会计岗位多数上不了岗，问题出在哪里？

长期以来我们坚守着一种观念：理论是实践的基础、前提，实践是理论的应用。

我们的理念如此，认识如此，课程顺序当然也是如此。就连学开车都是先学理论、先考理论，然后再考倒桩，最后才是路考。

理论与实践的关系，是一种哲学关系。哲学关系，并不等于人类学习的顺序，更不等于职业教育课程内容的顺序。

就职业教育而言，学徒制有它不可替代的优越性。学徒制就是在做中学，先做后学。先知其然，再知其所以然。知其然的过程，直观、简单、容易；知其所以然的过程，学习者怀着对理论、原理的渴求，学习积极性高涨。处在"不愤不启，不悱不发"中的"愤"和"悱"的状况。愤，苦思冥想，似乎想到了答案，但依然不得要领的样子；悱，知道了答案，想要表达出来，但又不能明确表达的样子。所以启发式教学大有学问。学生没有一定的感性认识，无论教师怎么"启"、怎么"发"，都不能达到理想效果。那就真像孔子说的那样："举一隅不以三隅反，则不复也"。

读一读 50 年代茅以升说过的一段话："学的对象是理论，习的对象是实践，因此在学习里应求其统一。一个阶段里不能不有一定的次序，于是发生学和习的先后问题。这里主张的，是先习实践课程，后学理论课程，由'知其然'达到'知其所以然'，是'学而时习之'的大翻身。""理论课程是重要的，是必须修学的，但切不可空，亦不应泛。欲避免此种空且泛的毛病，唯一方法即是先习而后学。所学的以所习的为根据，所习的既是无法空泛，因此所学的理论，也就不会空泛。"

中职教育的许多专业课教学是否存在同样的问题呢？

(二) 怎样进行课程改革

面对上述存在的问题，职业教育的课程必须改革。

1. 课程改革的基本路径

怎么改革？有三种思路：

一是局部调整。比如，增加实践课程；举办"冠名班"，引入企业岗位技能方面的课程。

二是引进国外现成的课程模式：如，能力本位课程，双元制课程模式等。

三是从问题出发，借鉴国内外先进的职业教育课改经验，全面重构职业教育课程理论和实践模式。

第三种路径显然最符合我国职业教育的现状。

省教育厅 2005 年 11 月颁发的《课程改革行动计划》，是一个非常好的文件，到现在看起来也不过时。为了贯彻《行动计划》，为了搞课程改革，职教领域不知道发了多少文件、不知道开了多少次会议、不知道听了多少专家的报告？但为什么落实不好？落实不到位？

我认为，主要是在操作层面过于行政化了。课程改革的主体应该是教师和学生，但在行政驱动的运作模式下，课程改革的主体变成了专家学者、教育行政部门、学校领导、学校中层管理人员。所以我提出，课程改革不是群众运动，不能疾风骤雨，而应该像教育人、培养人那样润物无声、春风化雨。因此，我认为，课程改革应该从理论层面向实践层面转移，从文件、方案向课堂转移，从管理人员向教师、学生转移。

课程改革必须依赖教师的自觉行动。教师是课程的实施者，没有教师参与的课程改革显然是无法取得成功的。教师参与课程改革，必须是教师的自觉行动，而不能是被迫地执行命令。

2. 课程改革的基本方法

(1) 学校要营造宽松的课改环境。宽松的课改环境绝不是降低了课改的要求，更不是忽略了课改的必要性、紧迫性和艰巨性。我们常常看到了课改的必要性，抓住了课改的紧迫性，却忽略了课改的艰巨性。在这种思想的指导下，必然出现拔苗助长、急于求成的心态。比如，人才培养方案和课程标准的制定，只有少数教师参与，大部分教师处于旁观者的位置，甚至有的教师至今不知课程标准为何物。

营造宽松的课改环境，学校要做的是在现代职教理念的指导下，结合学校实际，提出切实可行的课改的战略目标。即校长应该把"学校想要什么"说清楚。至于如何得到"想要的"东西，则应该充分相信教师。因此，学校要把课堂还给教师，由教师来确定课改的"战术"。

(2) 教师要切实完成"职教人"的转变。教师由普通的知识分子转变为能够胜任职业学校教书育人工作的"职教人"不可能一蹴而就。这个过程，正是教师专业成长的过程。

"职教人"的标准是什么？我认为至少有三条：第一，教师必须掌握现代职教理念，自觉肩负起职业教育工作者的使命；第二，教师必须深入了解学生，在社会发展的大背景下正确认识、看待、对待、评价自己的学生；第三，教师必须把课堂还给学生，让课堂成为学生全面发展、自主发展的主阵地。

我认为，教师能否完成"职教人"的转变，是区分职校教师优劣的重要分水岭。在实际工作中我们可以看到，有的青年教师从教时间不长，却以很快的速度向"职教人"转变，而有的教师从教几十年，甚至到退休，都没有能够完成这个"转变"。每当看到这种情况，我都深深地为这样的教师感到悲哀，为职业教育的前景感到忧虑。

(3) 学校对教师、教师对学生的评价方式必须改变。"上有好之，下必甚焉"。有什么样的评价方式，就有什么样的教师和学生。如果一个学校的课堂充满激情与活力，教师在充实、愉快的工作中富有成就感，学生在好奇心、好动、爱表现、善操作等方面得到满足后具有归属感，不用查阅资料也可得知，这所学校对教师和学生的评价方式一定是科学合理、符合教育规律的。反之，如果教师照本宣科，职业倦怠，学生精神萎靡，被动接受，一定与这所学校考核评价方式的僵化、落后有关。

3. 课程改革的核心目标

课程改革的核心目标不是我们目前所说的课程标准、校本教材、精品课程等外在的东西，这些只能说是课程改革成果的展现形式。

我认为，课程改革的核心目标是课程功能的转变。也就是说，课程的功能不单是传授知识和技能，而同时要注重学生的自主学习能力、自主发展权利、情感的丰富、价值观的形成。这两个方面不是割裂的，而应该是高度统一的、有机融合的。

三、关于课堂的几个问题

如前所述，课程改革的成效不理想，其中一个重要原因就是——在很长一段时间内，课改没有进课堂。在教学改革中，课程改革是攻坚阶段，也是最难突破的。因为专业建设、校企合作、技能大赛、实训基地等都可以依靠行政命令解决问题，唯独课程改革不行。因为课程改革的落脚点是课堂，而课堂是由教师和学生构成的。

从教师来说，课堂是由教师来驾驭的，课堂教学是由教师来组织的，教师的劳动具有独立性、创造性、不可替代性。从正面讲，教师在课程改革中大有作为；从负面讲，教师不作为，发再多的文件、开再多的会都没有用。

从学生来说，在课堂教学中，学生居于主体地位，正如加拿大学者迈克尔·富兰(Fullan M. G.)在《教育变革新意义》中指出的那样："不要假设你所要进行的改革是应该实施的和可以实施的。相反应该假设实施过程的主要目的是通过实施者与有关因素的相互作用来转变你对应该做什么的认识。"而我们的做法恰恰是前者。

我认为，课程改革的落脚点在课堂。所以我觉得我省这两年正在抓的"五课教研"和"两课评比"是一种回归，即回归课堂、回归教师、回归学生。事实证明，这项活动得到了广大教师的积极参与，取得了丰硕的成果。职业学校的课堂生态也因这项活动得到很大的改善。

也正因为此，我提出，把打造魅力课堂作为职业学校课程改革的重要抓手。

1. 打造魅力课堂，教师要做什么

第一，要树立正确的学生观——每时。

我们常常听到一些职教工作者对学生状况的抱怨，这种抱怨是毫无意义的，甚至是可悲可叹的。因为在一定的历史时期内，职业学校的生源状况不可能有很大的变化。即使在发达国家，进入名牌大学依然是大部分学生和家长的首选。无论是教育体制的原因，还是社会经济发展的原因，职业教育都是不可或缺的重要教育门类。但对于处在竞争中的职业学校来说，并不是每一所职业学校都是"不可或缺"的。从这个意义上说，正是有了这样"相对较差"的学生，才有了职业学校的存在。于是，我们如何看待、对待这些"相对较差"的学生，就成了职业学校教育教学工作的关键。可以说，职业学校所有的工作都是从这一问题出发的。在这一问题上，职业学校采取的不同做法、措施，就决定了各自办学水平的高下。换言之，一些职业学校办学水平不高，就是输在了这一起跑线上。

第二，要着力唤醒学生的主体地位——每节课。

学生参与学校活动，不应是形式上的参加、被动的介入，而应该是唤醒学生的主体意识，真正让学生认识到自己是发展的主人。在学校和学生的互动中，将培养目标落实到位。而在我们的实际工作中，常常是把教育学生、改造学生、督促学生、监督学生看做我们唯一能做的事情。在这种思想的指导下，我们的教师和管理人员做了大量的非常辛苦但收效甚微的工作。究其原因，就是我们忽视了学生的主体地位。

有人把学生素质差、厌学情绪严重等现象作为抹杀学生主体地位的理由。持有这种观点的同志认为，职业学校的学生没有进取精神、没有求职欲望，对这样的学生还谈什么主体地位？这种观点显然犯了严重的逻辑错误。学生的主体地位是教学活动本身的性质决定的，一旦师生进入教学活动，学生的主体地位就自动生成，而与他们的素质高低、表现优劣、求知欲强弱没有任何关系。

在多数情况下，我们抹杀学生的主体地位，并非出于恶意或故意，事实往往恰恰相反，抹杀学生主体意识的恰恰是我们高度的责任感和忘我的工作热情。举例加以说明：

为了让学生考取职业资格证书，提高他们的就业竞争力，学校和教师想尽了办法，动足了脑筋。比如，课时不断增加，练习不断加大，晚自习后还要"加时"，临考前还要停课一周，一切的一切都营造了这样一种氛围：学校让学生考证，学校要提高考证的通过率，学校要为学生就业创造条件，而学生本身却提不起精神，似乎成了"局外人"。教师对学生的这种不配合状态既感到不可理解，同时又束手无策。岂不知，恰恰是我们的一片好心把学生的主体意识给遮蔽和抹杀了。

再比如，课堂教学的目标是三维的，即知识与技能、过程与方法、情感态度与价值观。在不少的教师头脑中，只有一维或两维的概念。于是我们看到，不少教师能做到认真备课，在课前还要在心中复述教学内容，其目的是要做到内容熟练，以保持教学的流畅。教学内容的熟练，成了不少教师备课的目标。其实教学的流畅说明了什么呢？如果备课不备学生，眼中没有学生，教学的熟练至多只能说明教师对教学内容的熟练，是教师个人的流畅，如果因此而显示出教师的知识渊博和表达精彩，那也是教师个人的精彩，而非学生获取知识和启迪的快乐。因为课堂不应该仅仅成为教师表演的舞台，而同时应成为学生发展的乐园。

第三，必须做教学反思——每周。

据我所知，有些勤奋的教师每天都写教学反思，几年下来，收获良多。但就多数教师而言，很难做到每天都写教学反思。做不到每天写教学反思，至少要做到每周写教学反思。但如果不能做到每周都写教学反思，就很难成为真正优秀的教师。

教学反思可以是就教学谈教学，也可以是把教学过程中的体会和感悟写成随笔，不必拘泥于形式，重要的是动笔写出自己心里所想的。必须养成这个习惯，不然就谈不上积累和升华。

第四，必须读经典书籍——每天。

关于读书的重要性，我无须赘言。我在很多场合都说过一句话：学生不读书，我可以原谅；教师不读书，我无法容忍。

2. 打造魅力课堂学校要做什么

(1) 要把教师的专业成长摆到极其重要的位置。

我们常常是把专业教师成长与学生专业思想形成作为两个问题分别来谈论的。其实二者之间存在着密切的关联。可以说，没有教师的专业成长，学生的专业思想也就很难形成。有一篇文章在谈到教师主导作用的时候，强调老师要在"导法"的基础上，"导趣"、"导思"、"导志"，我以为很有道理。但是，教师要做到"导趣"、"导思"、"导志"，首先就要求教师本身要有"趣"、有"思"、有"志"。如果教师本身没有"趣"、"思"、"志"，何以导之?

教师对专业(学科)的热爱，会影响学生对该专业(学科)的热爱程度；教师的专业志向，会影响学生专业志向的确立；教师的专业水平，会影响学生学习情趣的增减；教师的审美情趣，会影响学生情感价值观的形成。对此，苏霍姆林斯基有一段精辟的论述："只有当教师给学生带来思考，在思考中表现自己，用思考来指挥学生，用思考来使学生折服和钦佩的时候，他才能成为年轻的心灵的征服者、教育者和指导者。那种热爱自己的事业而又善于思考的教师，才有力量使教室里保持肃静，使儿童特别是少年和青年用心地倾听他的每一句话，才有力量激发学生的良心和羞耻心，这种力量才是一种无可争议的威信。"(苏霍姆林斯基《给教师的建议》)。

(2) 应该让教师的个性得以张扬，让我们的课堂各具特色，精彩纷呈。

在座的各位可以回忆一下曾经教过你们的老师。如果你能回忆起个性鲜明、风格迥异的各位教师，那是你的幸福。如果教过你的老师千人一面，毫无个性，以至于你回忆不起来一张真切的面孔，那就是你的悲哀了。

我是幸福的。回忆起中学和大学时代的各位教师，到现在都是历历在目，他们讲课时的风采仿佛印在了我的脑海里。我记得徐师大中文系的张良教授，讲鲁迅讲到高兴时，便一手捂着胸口，大段大段地背诵起鲁迅的杂文来，惊得我们目瞪口呆；郑云波教授讲《水浒》等明清小说，没有讲稿，只带几张卡片，就可以把两节课滔滔不绝地讲下来；大名鼎鼎的廖旭东教授讲课没有风趣幽默可言，但货真价实，句句都是学问；讲授现代汉语的顾易生教授，用现在的话说，那真是高富帅啊！不仅人长得好，课也讲得精彩，那份挥洒自如，真是空前绝后的；讲诗歌的徐荣街教授，很有内涵，很有个性；讲戏曲的王进珊教授，虽然年近古稀，但精神矍铄，绝不服老，讲课中常常闭上眼睛打着拍子唱起我们听不懂的古典戏曲；邓星雨教授教我们散文，其教学语言本身就是散文式的，如果把他讲的每一句话都记录下来，那就是一篇精美的散文……中学时期的语文老师张者生，虽然一口徐州话(语文教师说方言是不符合要求的)，但他有很多绝活，成为学校语文的权威；数学老师黄宗元，一口浓重的南方口音，但难学的数学知识在他的课堂上总是变得非常简单明了；体育老师杨仲达，声如洪钟，要求严格，在他的训练下，学生的体育成绩提高很快……

我坚持认为，教师的风格应该是多样性的。幽默智慧的教学风格固然好，但个个老师都是如此，恐怕就未必是好事了。就像小品相声比较受欢迎，但如果春节晚会除了小品就是相声，恐怕观众就看不下去了。我们可以从学生的角度想想，一天的课听下来，如果有的教师严谨细致、有的风趣幽默、有的善于煽情、有的爱讲故事、有的实践经验丰富，那一定是学生们所希望的。

谈课程、课改、课堂，应该是专家来谈。我和大家一样，都是在教学工作中摸索，因此，缺乏理论的高度和系统的观点。我的讲座只能算是个人发言，抛砖引玉。但这并不妨碍我们取得以下共识：教学工作的重心是课程改革，核心是师资队伍建设。课程改革呼唤有思想、善育人、能创新的教师。

我相信，在我们职教领域，一定会有一批又一批有思想、善育人、能创新的教师不断地涌现出来！在会计专业领域，在座的各位，就是产生这样的教师的主要来源。这当然需要同志们付出艰苦努力才行。

士不可以不弘毅，任重而道远！

2012 年 7 月 20 日完稿，7 月 21 日修改。

职业教育是个广阔的天地，青年教师可以大有作为

——在徐州市"五课"教研、"两课"评比工作现场会上的讲话

(2011 年 11 月 14 日)

今天是徐州市职教界的一次盛会，这么多的教学校长和骨干教师济济一堂，以课堂教学为中心，开展授课、听课、评课、观摩等活动，最后还有专家报告，的确是一次难得的、相互学习的机会。

感谢主持人叫我讲讲学校开展"五课"教研和"两课"评比工作(以下简称"五课"工作)的经验。但是我的确不愿就这个命题作文做文章，这是因为，第一，大家到我们学校活动一天，相当于家里一下子来了许多客人，家里的角角落落都让客人看了个遍，然后再由主人讲客厅、厨房、卧室装潢得多么好，有点画蛇添足之嫌；第二，讲学校工作，不可避免地要说一些套话，什么领导重视、提高认识、措施得力、效果良好等等，这些套话我相信没有人愿意听。

既然客人来了，主人不能不说几句话，那我就说几点自己对"五课"教研和"两课"评比的认识和思考，供大家参考。

一、"五课"工作，是一种回归

整个"十一五"期间，我们职业教育领域进行了大规模的课程改革。从文件计划到实施层面，搞了很多名堂，轰轰烈烈地，有点像搞运动。而任何事情一旦搞成运动，就难免泥沙俱下，也难免讲形式、走过场。我认为，真正触及人的灵魂的，一定是一种文化的自觉，是一种精神的觉醒。教学工作或者说课程改革需要的恰恰是教师的行动自觉和精神觉醒。

诚然，人才培养方案、课程标准、教材开发都很重要，但到了教师层面，到了课堂层面，信息、效用衰减了很多，甚至出现了教师一边写课程标准，一边按部就班地"重复过去的故事"的现象。课改成果丰富多彩，可是在最基层的职业学校，"星星还是那颗星星，月亮还是那颗月亮"，课堂还是原来的课堂。打个比方，相当于我们在忙于修改菜谱、制定每一道菜的操作标准，然而在灶台前的厨师们还是按照自己的方法去烧菜，顾客吃到的当然还是原来的

菜。我们展示的成果是新的宴席的菜谱和每一道菜的加工标准。这种现状不是令人担忧的吗?

因此,我认为,"五课"工作抓得对头,抓得及时,抓到了点子上。同时,我把"五课"工作看做是一种回归,即回归课堂、回归教师、回归学生。

二、"五课"工作,应该做到四个结合

如果把"五课"工作看做是一种回归能够成立,那么,"五课"工作就应该做到四个结合:将"五课"工作与打造学校教学名师紧密结合,与建设优秀教学团队紧密结合,与提升教学质量紧密结合,与教师专业发展紧密结合。我想,这是放大"五课"工作成效的必经之路。

不谦虚地说,自从我省开展"五课"工作以来,我们学校就努力做到上面所说的"四个结合"。因此,在我校,"五课"教研不是少数教师的事情,而是在全体教师中开展的一项常规工作。我们不是在迎合"五课"工作,而是我们认为,备课、上课、说课、听课、评课,的确是每一位教师都应该做好的基础工作。

不客气地说,据我了解,有一些职业学校并没有做到"四个结合"。在少数学校里,"五课"工作成为个别教师的事情,大多数教师对"五课"甚至没有丝毫的了解。这种情况令人担忧。

三、"五课"工作,要有合适的载体

任何活动都需要载体,没有合适的载体,就很难达到预期目的。我们感到,"五课"工作合适的载体就是展示和竞赛。展示是普及,竞赛是提高。一年多来,我们开展了集体备课、教学资料检查、"主题"教学模式推进、全校性公开课等工作,开展了教学设计竞赛、同上一节课竞赛、说课竞赛、教学反思竞赛等活动。我们还举行了全校性的公开课活动,在同一时间由若干位教师同时授课,全体教师全部参与听课、评课。

在展示和竞赛过程中,全体教师表现出了极大热情。

四、"五课"工作,要有长效的机制

建立一个好的机制,才能从根本上调动教师的积极性。我们的基本做法可以概括成两个字:激励。

我校每学期召开一次教学工作会议,对教师进行表彰奖励是教学工作会议

的重要内容。凡是积极参与"五课"工作的教师，都可以从不同的奖项中得到鼓励、奖励与表彰。与此同时，凡是参与"五课"工作的，在教师考核中都有所体现。

四月份举行的徐州市职业学校文化基础课两课评比中我校选派的八位教师全部获奖，其中张峰、张斌斌、周岚三位教师获示范课，其余五位教师获研究课；

五月份举行的江苏省职业学校文化基础课两课评比中我校张峰、张斌斌、周岚三位教师代表徐州市参加相关学科参赛，张峰、周岚两位教师获省级示范课，张斌斌获省级研究课。

十月份举行的徐州市职业学校专业课两课评比中，我校选派的七位教师全部获奖，其中刘珍玉、谢滨如、尚博、井晶四位教师获示范课，并将代表徐州市参加相关学科的省级竞赛，其他三位教师获研究课。

这些成绩的取得，是全体教师共同努力的结果。当然，成绩代表着过去，并不一定预示着未来。因此，我校的"五课"教研和"两课"评比工作还将继续深入开展下去。至于比赛成绩，真的是很次要的。我们秉持一个基本观点：在任何具有竞赛性质的活动中，我们需要战胜的都不是对手，而是我们自己。只有不断地肯定自己，才能不断地激励自己；只有不断地否定自己，才能不断地超越自己。

五、我的两点体会

第一，"五课"工作是一项基础工程。

"五课"工作不是一项简单的竞赛活动，而是面向每一位教师的"质量工程"。只有从这个认识出发，才能真正达到全员参与，全面提升教学质量的目的。

今天，我校有20位教师上了公开课。我可以负责任地告诉大家，这20位教师的授课都是原生态的、没有经过预演打磨的，更没有把过去上过的课再重新上一遍。我在几次协调会上都提出了明确要求：不作秀，不做假。徐州财经高职校应该有这个勇气，应该有这个大气！我们会计系的墙上有朱镕基总理给国家会计学院的题词：不做假账！我们的教师也一致同意：不上假课！

第二，"五课"工作是促进教师专业发展的难得机遇。

我们常说抢抓机遇，树立机遇意识。我以为，"五课"工作就是促进教师专业发展的良好机遇。事实也是如此。"五课"工作为教师的专业发展搭建了一个广阔的舞台，一大批教师特别是一批青年教师在"五课"工作中迅速成长，脱颖而出，一批以青年教师为主的优秀教师队伍和教学团队正在形成。在今天上公开课的 20 位教师中，很大比例是青年教师，有的来学校工作还不到一年。说课的两位省示范课教师，也都是青年教师。在省市获奖的十几位教师几乎全部是青年教师。我始终有个观点：职业教育是年轻人的事业，特别适合青年教师干一番事业。套用毛泽东主席的一句话：职业教育是个广阔的天地，青年教师是可以大有作为的！

路漫漫其修远，我们将上下而求索！

不辜负生命，全身心投入，是职校教师幸福的源泉

(宿迁卫生学校讲座　2015年10月16日)

　　幸福是个时髦的话题。近年来大家都在谈论这个话题，特别是有了微信以后，朋友圈里关于幸福的文章、忠告、故事非常多。似乎大家都在相互提醒，我们要幸福啊！但常识告诉我们，人们越是谈论什么，就越说明这个东西在我们的生活中是缺失的，起码是不足的。

　　我在职业学校工作了三十五年，平时接触最多的就是职校的教师和学生。据我所知，大多数职校教师和学生是不幸福的。我曾经写过一篇文章《面对一颗颗不快乐的心》，文中写道，我们的学生从表面现象看，似乎无忧无虑过得很快乐，然而一旦深入学生的内心世界，往往会发现，哇，又是一个不快乐的人！

　　但与此同时我发现，凡是优秀的人，往往都是具有很强的满足感、幸福感的。以教育界为例，凡是好老师，都是非常幸福的人。这个现象就引起了我对职业教育领域若干问题的思考。

　　这次来讲座，学校把主题确定为教学与科研，而且强调尤其是校本科研，让我多讲讲。我本来是爽快地答应了学校的要求，但在备课的过程中，关于职校教师是否幸福、关于职校教师的生命状态、关于职校教师的职业倦怠这些问题始终在我的脑海里盘旋，挥之不去。我想，面对一个不快乐的老师，面对一个有着严重职业倦怠感的教师，我在这里奢谈什么教学理念、教学方法、科研路径之类的东西，可能不会有什么吸引力。

　　因此，今天的讲座我想以做一个幸福的职校教师为主题，为切入点，其中穿插一些教学科研的基本问题。这样，既完成了学校交给我的任务，也为充分表达自己的一些想法预留了空间。

一、从"好老师"的话题说起

1. "好老师"有没有标准

　　2014年9月9日上午，习近平总书记在北京师范大学分别从理想信念、道德情操、扎实学识和仁爱之心四个方面讲述了怎样才能成为一个好老师。此后，关于"好老师"的文章可谓铺天盖地。应媒体之邀，一些名教师也纷纷说

话，谈了关于"好老师"的标准及看法。

作为一个教育人，对这样一个社会性的话题是无法回避的。就像过春节，无论个人是什么态度，你无法回避的是：鞭炮声就在那里，春晚就在那里。

我想，"好老师"这个话题不能回避，不应回避，也无须回避。因为，如何做一名好老师，这是一个真问题。在现代社会里，每个人都必须接受教育，每个接受教育的人都希望遇到好老师，我们自己是这样，我们更希望我们的下一代乃至孙儿辈能够遇到好老师。这是人之常情。

议论好老师的话题不是问题，结合自身实际，判断什么样的老师才是好老师，自己应该如何努力成为好老师，这才是值得讨论的问题。习总书记讲的四条标准，是从宏观意义上讲的，具有普世作用。但具体到每个老师，如何走好自己脚下的路，如何不辜负自己的生命价值，做最好的自己，就一定会有不同的选择。

好老师的精神可以学习，但好老师的成长道路不可复制。也正因如此，我的讲座不可能给在座的每一位教师提供一个通用的秘方。我只能就好老师的一些共性问题，谈谈个人的几点看法，供大家参考。

2."好老师"一定是教师个人不辜负生命和全身心投入的结果

"好老师"没有通用、具体的标准，但"好老师"有一些共性的特质。其中最重要的特质是两个方面，一是不愿意辜负生命，二是全身心投入。不辜负生命，全身心投入，可以说是任何一个领域成功者的必备条件。任何外在的因素可以帮助、促进一个人成功，但绝不是决定性因素。后者即使取得了一定成就，也不会真正感到幸福。因为幸福源于内心的宁静和满足。

刚刚获得诺贝尔医学奖的我国科学家屠呦呦，今年 85 岁了，依然在孜孜不倦地从事科学研究。为了科研，自己和同事们拿身体做实验，导致肝脏受损。他们苦吗？他们累吗？他们值得吗？这一系列问题从他们的工作状态当中都能找到答案。特别是 85 岁高龄的屠呦呦，她完全可以过另外一种生活的，为什么她没有选择另外一种生活？这就验证了我经常说的一句话，无论什么工作，只要你全身心地投入了，就会产生感情，就会乐此不疲，就会在其中找到生命价值，就会一生幸福。

还有一个现象值得我们深思：凡是成功者，你让他说说人生的哪一阶段最幸福，他们无一例外地回答是：在奋斗的过程中，最艰苦、最艰难的那一段时间是最幸福的。由此可见，幸福与名誉、地位、金钱等外在的东西离得是比较远的。

3. 成功和幸福的关系

大量的事实证明，成功并不等于幸福。从事业的角度看，邓丽君、张国荣算是成功了吧，但他们并不幸福。登上月球的第二人美国宇航员奥尔德林(第一人是阿姆斯特朗)曾经一度抑郁、酗酒，几近崩溃，一个重要原因就是生活失去了目标。类似的例子不胜枚举。

我把成功与幸福的关系分为四类：成功且幸福；成功但不幸福；不成功但幸福；不成功也不幸福。

成功且幸福。这样的例子当然要在成功人士中寻找，而且在成功者中，生活幸福的人占了相当大的比例。因为不辜负生命和全身心投入未必能够成功，但成功人士中，不辜负生命和全身心投入则是必须的。

成功但不幸福。因为并非所有的成功人士都同时幸福着，刚才已经举了例子，不再重复。

不成功但幸福。即便一个人没有取得世俗意义上的成功，只要他一直处在不辜负生命和全身心投入的状态中，我可以肯定地说，这个人的一生是充实的、幸福的。我认为，在我们的生活中，取得世俗意义成功的人毕竟只是极少数，极少数成功者距离我们太远，所以我们常常羡慕嫉妒恨。不成功但自我感觉幸福的人距离我们最近，我们可以参照，可以借鉴，甚至可以模仿。

我读过一本书，书名是《他们最幸福》(作者：大冰)。作者给我们讲述了一些民谣歌手的故事。在多数人看来，他们是不幸福的，因为他们几乎一无所有。但他们有的，恰恰是我们没有的。他们追求简单的生活、简单的爱情，唯一不能割舍的是音乐。

不成功也不幸福。不幸的是，我们大部分人都属于这一部分。恕我直言，在座的各位也多数属于这一部分。说得这么直接，的确有些刺耳，但我要实话实说。我发现，在我接触到的人当中，从表面看或者说初步相识似乎都比较幸福，关系稍微深入一点就会发现，对方的内心并不快乐。真向孟庭苇唱得那样"满天都是谁的眼泪在飞"。我接触到的主要是职校的人，"不快乐的心"占了较大的比例，学生如此，教师如此，管理人员乃至学校领导也是如此。

绕了这么半天，我究竟想要说明什么问题呢？我想说的是，职业学校的这种现状，我们没有理由忽视漠视，因为它关乎我们每个人的生命质量。如何解决这个问题？依靠一次讲座、一次培训显然没有多大作用。但尽管如此，我作为一个职教人，仍然觉得有一种使命感。在可能的情况下，我觉得自己有责任大声疾呼，以期引起大家的重视。这也是我不愿意放弃每一次讲座机会的主要原因。

在座的各位，成为教育家的可能性微乎其微，成为教学名师的也只能是少数，但这并不妨碍我们成为一个幸福的人。理由非常简单：只要我们真心投入，只要我们充满追求，只要我们不懈努力，我们的人生就一定是幸福的。拙著《从明天起，做一个幸福的职教人》中，写了三部分内容，这三部分内容的标题，恰好是对这个问题的回答。这三个标题是：真心投入，一生幸福就在其中；影响学生，职业价值就在其中；倾听学生，生命感动就在其中。我个人认为，职业学校教师要想获得幸福感，在这三句话中做文章就足以达到目标了。这样，等我们老的时候，"那过去了的，就会成为亲切的回忆"。

4. 不幸和不幸福是两码事

需要说明的是，不幸和不幸福不是一回事。不幸固然严重干扰了幸福，但不能抹杀幸福、消灭幸福。严格地说，不幸，几乎是每个人都无法避免的。俗话说，"不如意事常八九"，"家家有本难念的经"，我相信，在座的每个人都有深切的体会。婆媳不和、夫妻感情变味甚至破裂、孩子不听话、兄弟姊妹为赡养父母为争夺财产闹得不亦乐乎、同事之间有矛盾、上下级之间关系恶劣、邻里之间老死不相往来等等，更不要说生活中出现的意外和生离死别的痛苦了。区别在于，我们如何面对、处理这些"不如意"，如何念好原本"难念的经"？

在观察生活现象的基础上，我得出了一个结论：凡是幸福指数比较高的人，往往都是那些想得开、看得透、放得下的人；反之，凡是在生活或工作中充满了烦恼的人，往往都是那些想不开、看不透、放不下的人。

许多职业学校教师有着很强的职业挫败感，职业倦怠感。作为一个老职教人，我很能理解。因为类似的感觉我也有过。但我想说的是，不能让职业挫败感，职业倦怠感侵蚀我们宝贵的生命。我们应该从生命的角度来反思我们的职业现状。让生命的热情、激情释放出来，远离职业挫败感、职业倦怠感。让我们的人生在职业教育的舞台上尽可能地精彩。用不着说什么大道理，人生苦短，每个人的生命都是有限的，把有限的生命耗费在挫败、倦怠的状态中，是人生最大的悲哀。

在现实中，我们有很多说法是值得推敲的。比如，办人民满意的学校，做人民满意的好老师，培养用人单位满意的毕业生，等等。这些说法从政府的角度说是没有问题的，但从"主体"的角度深入分析就有些问题了。比如，具体到一位教师，该如何让人民满意？一个教师面对的"人民"是谁？做一个让学生家长满意、让学生满意的好老师对不对？当然不能说不对，但这里少了一个重要的内容：教师自己是否满意？我不相信，一个对自己现状很不满意、一个没有幸福感的教师，能培养出具有幸福感的学生来。

西方的传统文化是以个人为中心的。个人的自由权利、追求幸福的权利神圣不可侵犯。我国的传统文化不强调个人，强调的是国家社稷、民族家族。两种文化各有利弊，应该相互融合，取长补短。

所以，我非常看重教师的生命状态。这个问题不解决，其他的问题都难以解决；这个问题解决好了，其他的问题都不是问题。如果有人要问我，好老师的首要的标准是什么？我的回答是：好老师首先应该是一个不辜负生命的人，是一个全身心投入的人。

二、教师如何在日常的课堂教学中获得幸福感

一谈到课堂教学，大家立刻会联想到"教学方法"、"教学模式"、"微课"、"数字化教学资源"等"技术"、"技艺"方面的东西。我要讲的重点不是这些，而是一些比较"形而上"的东西。因为，说到底，教学不是一个技术活，教学是一门神圣且神秘的艺术。世界上无论哪一种职业，有比影响一个人的成长更神圣的吗？有比教学工作更神秘的吗？关于神圣，我不多说了，大家心领神会。关于神秘，要作简要说明。美国教育家杜威在活到九十几岁的时候感慨地说，我还是要承认教育是一门神秘的艺术。为什么杜威探索了七十多年，最后还是回到了这一句话？我的理解是，生命本身就是神秘的。我们面对的是一个个神秘的生命，人们到目前为止，还没有找到一个"技术"的方法来破译这个密码。说得通俗一点，教师面对几十个鲜活的生命，要教育他们、影响他们、矫正他们、激励他们，没有现成的路可走，没有固定的模式可以遵循，只能靠教师自身不断探索。朱永新、李希贵、魏书生、窦桂梅、吴非、李镇西等这些名师的精神可以学习，但他们的做法不可以简单移植。因为就连他们自己，在对待不同的学生、不同的班级时，也是时刻在调整自己的做法的。从这个意义上说，每个教师都是探索者、发现者、创造者。

所以，具体的教学方法、教学模式等大家可以查阅资料，加强学习。这方面的书籍、资源多得很，用不着我来饶舌啰嗦。我想讲两个问题：一是我们必须直面职业学校教学工作存在的问题；二是要解决这些问题，教师应该做什么？这两个问题取得共识了，其他的问题都好解决。

(一) 职业学校教学工作存在的突出问题

职业学校教学工作存在的问题很多，我把这些问题概况为"四化"：教学目标功利化、教学功能窄化、教学模式泛化、课堂教学幼儿化。

1. 教学目标功利化

整个教育领域存在着严重的功利化问题。这个问题不用我多说，只要看看

一个孩子从幼儿园开始一直到读大学，这将近 20 年的时间是怎样度过的，结论也就有了。今年中秋节前，一个朋友来看我，他的女儿正在读高二。他告诉我，女儿是学画画的，艺术方面很有天赋，艺考成绩根本不用担心，但文化课成绩不行。为了提高成绩，每天凌晨 4：00 起来学习。他租了女儿学校对面的学区房，女儿午饭后可以睡半小时，晚上 11：00 睡觉。我算了一下，即使他女儿上床就立刻入睡，每天是睡眠时间也只有 5 个半小时。高中三年都要这样度过，对一个十五六岁的孩子来说，会造成多么大的伤害？

职业教育摆脱了应试教育，获得了自由。但面对自由，我们反而显得惶恐不安，手足无措。说得直白一点，没有功利的目标，我们非要找出一个功利的目标不可。于是，有的说职业教育就是就业教育，有的说"基础教育有高考，职业教育有大赛"，有的说"以就业为导向，以服务为宗旨"，等等。

2. 教学功能窄化

教学目标功利化的结果，必然导致教学功能的窄化。什么全面发展，心智健全，四有新人，都只是说说而已。教学的功能只有一个：在竞争中超过别人。在职业教育中的表现就是两个字：就业。职业教育把教学功能定位在就业，也就把自己降格为"职业培训或技术培训"。

3. 教学模式泛化

现在有人专门研究民国教育，而且出了不少成果。我也很关注这方面的文章和著作。我发现，那时的教师都很有学问也很有个性，那时的学校，教育的味道更浓。但一个值得我们反思的现象是：那时的课堂几乎不讲什么教学模式，只要先生有学问，学生受教益就可以了。

当然时代不同了，我们不能把民国时期的教育和今天的教育作简单的对比。但今天的教育，改革举措不断推出，理念、模式花样不断翻新，令人目不暇接，却是不争的事实。一个严峻的现实是，这些举措、理念、模式大多是在空中飞舞的，并没有落入"寻常教师中"。不仅如此，这种乱象还让职业学校教师莫衷一是，乱了方寸。举例来说，教材中原本正常的章节，为了怕专家批评教学模式陈旧，便改为"项目一"、"项目二"或"任务一"、"任务二"……让人啼笑皆非。

4. 课堂教学幼儿化

由于前面几个原因，我们的课堂教学没有了吸引力，这种现状加剧了学生的厌学情绪。学生不学又加剧了教师的职业倦怠，如此循环往复，导致了职业学校课堂生态的逐步恶化。课堂生态恶化的结果就是教师的授课和学生的上课都是"例行公事"。教师没有真正地教，学生也没有真正地学。我经常听课，发现我们职业学校的课堂多么像小学低年级的课堂啊！教材上那点简单的内容，教师做成 PPT，基本的内容、步骤、程序和教材上大同小异。教师把 PPT 讲完，学生不用记笔记、不用思考问题。

(二) 面对这样的课堂生态，职校教师应该怎么办

1. 解决生命状态是前提

教师这个职业要求每一个从业人员，注定要是一个理想主义者，注定要是一个具有浪漫情怀的人。因为教育是为了明天的事业，是涉及人类生存与发展的伟大事业。因此，教师应该是一个充满理想、激情四射、具有仁爱之心、具有悲悯情怀的人。尤其是职业学校教师，更应该如此。

人生最大的悲哀，是每天消耗的生命换来的却是不尽的烦恼。

现在几乎人人都在谈健康问题，这是没错的。但任何事情都不能过，过了头，就变味了。我身边就有一些人，不愿意承担家务，不愿意赡养老人，不愿意读书学习，每天脑子里面想的全是锻炼、健康。这样的人身体有可能健康了，但心灵、精神、灵魂却生病了，而且病得不轻。对于这样的健康观念，我不敢苟同。我觉得健康这个概念必须包括心理健康和精神健康，个中含义大家都懂。联系我们讲座的主题，一个生命状态不佳的人会快乐吗？一个不快乐的人会有真正的健康吗？

2. 要树立正确的学生观

职业教育既不同于基础教育，也不同于高等教育，职业学校的学生也是如此。对此，我们有多少认识？我们应该如何看待我们的学生？

不谈学生现状，不谈课堂现状，恰恰是当前职业教育领域最为严重的问题。

我的学生观可以概括为几句话：职业学校学生是可爱的；职业学校学生的成长经历是令人同情的；职业学校学生的人生是完全可以出彩的。对这三条，我坚信不疑。

3. 自我救赎，走上幸福人生路，全靠我们自己

我篡改一下国际歌的歌词：从来就没有什么救世主，也不靠神仙皇帝，要创造职校教师的幸福，全靠我们自己。

我常听到教师们在抱怨：工作太多，压力太大，学生太难管，科研太难搞，等等。抱怨完了，第二天还得来学校，还得进课堂。终于盼到假期了，一些老师的微信、QQ 个性签名都纷纷改为："期待！期待！"假期要结束了，又纷纷改为："这么快就结束了？"

我说的全靠自己，是指在生命状态这个问题上，别人帮不了你。佛教劝你"回头是岸"，基督教让你"忏悔"。可见宗教也没有更好的办法，最终的解决问题还得靠自己。

柏拉图在《理想国》一书中说："教育是把一个人从黑暗引向光明！教育是把一个人从低谷引向高尚！教育是把一个人从虚假引向真实！"我套用柏拉图的话，职业教育是把学生从自卑引向自信，从放弃引向坚持，从退缩引向进取，从失败引向成功！显而易见，这样的教育对教育者也就提出了相应的要求：要有大爱之心，要存高远之志，要具高尚之品，要做幸福之人。

(三) 教师如何从日常的课堂教学中获得幸福感

这个话题很大，我只能根据自己的工作实践和体会，提供几条路径供大家参考。

1. 要明白人生的无限可能和局限

关于这个问题，我浓缩成一句话就是"匠""家"之间天地宽。这也是我一篇文章的题目。大家可以登录我的博客(http://blog.sina.com.cn/lljjzh)，找到这篇文章。我的基本观点是：在教书匠和教育家之间，是一片广阔的天地，在这里，教师是可以大有作为的。具体内容不再展开。

2. 要清楚教育的伟大功能和局限

毫无疑问，教育的功能是伟大的。教育决定了一个人的人生高度，教育是让一个人摆脱愚昧的唯一途径，教师的一句话、一次批语、一个眼神，都有可能影响学生的一生。但是具体到每一位教师、每一堂课来说，从教育的本质而言，其功能又是有限的。如果让我来回答教育功能的无限与有限，我的回答是：教育的对象是鲜活的生命个体，教育是无法任意塑造或改变一个生命个体的。教育的功能是对话和影响，是尽可能地成全、健全生命的成长。无限有限都在其中，谁也难以预料。

3. 要辨析理论的指导作用和局限

据我所知，许多职校教师都渴望得到先进教育思想、教育理念的指导。我对这个问题既非常赞同，但同时我也想提出几点忠告。

首先，我们要承认，先进的教育思想、教育理念是有普世作用和意义的，每一个从事教育工作的人都应该读一些教育理论书籍，从中汲取营养。教学工作有几个层次，传授知识是最初的层次，然后是培养能力，上了一个层次，接下来是素质培养，又上了一个层次，最后若能在教育理论的指导下，形成自己的教学理念和教学模式才是最高的层次和境界。可见，学习先进教育思想和教育理念的必要性和重要性。

其次，教育思想、教育理念是专家们弄出来的，专家们是搞理论研究的。搞理论研究的特点是向上走的，即从实践到抽象，然后再从抽象中进一步抽象，最后形成理论。而我们做教学工作的是向下走的，每天生活在教学第一线，每天、每节课都有不可知的情况发生。如果完全依赖理论的指导，必然产生失望。

因此我的看法是，理论的指导仅仅是给我们一个方向的引领，具体怎么做，还要靠我们自己。

台湾学者杨茂秀在《好老师是自己找的》一书中说："教师这一行，最根本的良心不是教学之心，是关怀之心。"这句话实在太经典、太精辟了，是教学工作的真谛，浓缩了所有教学理论的精华。

三、不搞科研的老师不是好老师

著名科学家钱伟长说："你不上课，就不是老师；你不搞科研，就不是好老师。教学是必要的要求，不是充分的要求，充分的要求是科研。科研反映你对本学科清楚不清楚。教学没有科研作为底子，就是一个没有观点的教育，没有灵魂的教育。"

不管你是否愿意，每个职业学校教师都会遇到教科研问题。除非你不打算做教师，或者做教师不打算评职称。既然如此，这个问题就有探究的必要。就像一件事情迟早要发生，我们就有必要对这件事情做一番了解。

今天时间有限，我简单谈几点看法。

(一) 教、学、研相结合，是教师成长的最佳路径

我在多个场合提出过同一个问题：一般教师和骨干教师、骨干教师和教学名师的区别在哪里？我以为，区别就在于是否走了"教、学、研"这条路？走得怎么样？"教、学、研"也可以理解为"一体两翼"。"一体"当然是教学，"学习"和"研究"是两翼。大家知道，对于鸟儿来说，只有身体没有翅膀是飞不起来的，有一只翅膀也是飞不好的。

我们不妨观察一些名师的成长历程，他们无一例外地都是一体强健、两翼有力的人。扎根课堂，使得他们的成长有了根基，酷爱学习，使得他们不断产生新的观点、新的思考，为他们的研究提供了不竭的动力，通过科研，一方面使得他们的教学更加富有魅力、富有感染力，另一方面，又使得他们感到自己需要学习学习再学习。他们的成长与发展形成了良性循环。

(二) 校本教研，是教师成长的必由之路

我很看重校本科研。科研兴校，以研促教不是一句口号，更不是一句空话。

校本教研的意义有两个方面：一是管用。从身边的问题入手，通过写文章、做课题，对问题的解决起到了非常直接的作用。二是练兵。校本教研不需要上级批准，每个老师都可以做。通过校本教研，每个老师都得到了锻炼和提高。如果做一个调查研究，我可以断言：凡是教科研成绩突出的学校，都是校本教研开展得轰轰烈烈的学校。

我在分管教学工作期间，鼓励教师做了大量的校本教研，改进了校刊的内容，提升了校刊的质量，形成了一大批校级课题。在此基础上，我又适时提出了科研工作要"提级增速"的工作目标。有了良好的校本教研基础，"提级增速"就成为瓜熟蒂落、水到渠成的事情了。

总之，对职业学校来说，教科研是兴校之本，强校之基，发展之源，任何时候都不能忽视。

苏霍姆林斯基说过一段非常经典的话，相信大家都听到过，我还是愿意重复一下，他说："我们所教育的每一个作为个体的人，他在一定程度上就是一个充满思想、情感和兴趣的很特殊的、独一无二的世界。如果你想让教师的劳动能够给教师一些乐趣，使天天上课不致变成一种单调乏味的义务，那么你就应当引导每一位教师走上从事一些研究的这条幸福的道路上来。"

(三) 职业教育的教科研正逢其时

今天的职业教育处于大发展时期。这一时期给教师提供了很多机会和舞台。如果在这样大好的机会来临时仍然无动于衷，很有可能会留下深深的遗憾。

就教师教科研来说，教育行政部门为教师创造了良好的氛围和优厚的条件，鼓励教师积极投身到教科研工作中来。比如，"两课评比"、技能大赛研究基地、一年一度的江苏省职教创意论坛、各种层次的课题研究、各类职教期刊供教师发表论文、说课比赛、教学设计大赛、信息化大赛……

如果职业教育不是处在这样大繁荣的时期，作为一般教师是不可能有如此多的机会的。希望大家要抓住机遇，潜心研究，多出成果。

(四) 教科研工作的路径与方法

这是每个教师都非常关心的问题。与教师们交流时，多数教师都流露出这样的心态：对自己的现状很不满意，很想找到突破口，找到成就感、价值感，但苦于不知从何处入手？对此，我谈谈自己的看法。

1. 教师即研究者：教科研工作并不神秘，每一个教师都可以进行研究

我觉得首先要打破教科研的神秘感。许多教师，特别是青年教师认为，教科研是骨干教师、老教师的事情，觉得自己太年轻，还没有资格从事教科研。这是一个认识的误区。

就像我 2014 年 9 月份在《中国教育报》发表的那篇文章的标题《魅力课堂不拒绝任何一位教师》一样，教科研同样也不拒绝任何一位教师。不仅如此，在职业教育领域，青年教师还有着独特的优势。我多次套用毛泽东的话宣传这样一个观点：职业教育是一个广阔的天地，在这里，青年教师是可以大有作为的。在基础教育领域，青年教师要想出头，要想取得一点成绩，没有三五年甚至更长时间的磨练是不可能的。而在职业学校，工作三五年就取得骄人成绩的青年教师比比皆是。

顺便介绍一下苏霍姆林斯基关于教科研和科研之间关系的观点。他认为："一个教师可能在创造性地进行工作，但他并不从事那种从研究事实中引出科学结论的意义上所说的研究。我们在这里所指的是研究一些这样的问题，这些问题虽然在教育科学上已获得解决，但是当一个创造性地工作的教师一旦成为理论和实践之间的中介人，这些问题就经常以新的方式出现在他的面前。"这就是说，我们职业学校教师从事的教科研，不是通常意义上的科学发现、发明，而是在理论联系实际的过程中，我们会遇到很多具体问题，这些具体问题，就是我们的研究对象。

2. 教师即思想者：教科研工作从哪里入手

中职教师的科研路径，可以简化为三个关键词：反思、求解、表达。

反思。美国心理学家波斯纳提出了一个教师成长公式：经验＋反思＝成长。我国著名心理学家林崇德也提出"优秀教师＝教学过程＋反思"的成长公式。这些研究结论都说明了反思的重要性。通俗地说，反思就是对我们日常所做的工作进行再思考，再追问。许多看似天经地义、习以为常的工作，一旦经过思考和追问，立刻就会出现新的气象。这方面的例子太多了，比如，复习旧课，导入新课，是必须的环节吗？换一个思路，在讲授新课的过程中能否巧妙地复习旧课呢？再比如考证课，一定要通过加课时才能提高通过率吗？如此等等，不一而足。

求解。求解就是发现问题之后，寻找解决问题的办法。找到解决问题的办法，极有可能出现我们意想不到的成效。比如"可汗学院"的从无到有，就很能说明问题。

做校级课题，在校刊上举办专栏，鼓励教师写教育反思、科研论文等，都

是求解的非常重要的途径。

表达。反思固然很重要，但反思必须和写作结合起来，才能将其重要性彰显出来。有的教师告诉我，自己常常反思，有很多好的想法，但没有及时写下来，结果，这些好的想法就像幽灵一样闪现了一下就无影无踪了。教师止步于思考，是一件非常遗憾的事情。在我接触过的教师中，有不少人是非常有思想、有内涵的，但仅仅因为没有表达出来，错失了专业发展的机遇。

更多的教师对写文章、论文、做课题有一种畏难情绪。遇到需要写作的时候就绕着走，看起来一时省了力气，但对自己的成长却是十分吃亏的。我的观点是，作为一般教师，刚开始的时候不要追求"鸿篇巨制"，从身边的教育故事写起，从记日记开始，从写读书心得开始，慢慢积累，日积月累，厚积薄发，到了一定的时候，你可能不知不觉地就写出了一篇文章。正所谓"袖手于前，方能疾书于后"。我的做法是，随手记录自己的想法和思考，哪怕是一句话、一个观点，都随时记录下来，放在电脑里，"以备不时之需"。我的电脑里有很多文件夹，分门别类地存放，一旦用到，随手拈来，非常方便。

3. 教科研要下笨功夫，硬功夫

为什么要强调这个问题？我发现有些教师离开了互联网就不会写文章了。对互联网的过度依赖，已成为教科研领域的公害之一。我不是反对借助网络信息，来丰富我们的思想和观点，我更不反对通过互联网查看前人的研究成果，我所反对的是写论文、做课题时的"拿来主义"。将别人的成果拿来，作为自己的东西，拼拼凑凑，也就是过去常说的"剪刀加浆糊"。这种做法是有失师德的，应该为我们所不齿。

4. 直面真问题

必须直面真问题，研究真问题，解决真问题。尼采曾经自豪地说："为什么我比别人知道得多，为什么我是这样聪明？因为我从未思考那些不是真问题的问题。"

什么是真问题？一切影响教学成效的问题都是真问题。比如，学生学习动力不足、学生对专业(或学科)没有兴趣、学生的学习习惯不良、学生不读书等。对这些问题展开研究，哪怕是很小的问题，都是非常有意义的。

我常常参加一些教学成果奖、科研课题、精品课程等项目的评审，在评审过程中我发现，许多老师研究的不是真问题，而是为了完成任务、职称晋升写文章、做课题。每次遇到这类情况我都很痛苦，说得准确一点是为这些老师痛苦。写文章还好一点，尤其是做课题，面对一个自己不喜欢、没感觉的问题，要花两年的时间去做，何必呢？即使结题了，值得吗？即使评奖了、晋升职称了，那又如何？与耗费的生命时光相比，孰重孰轻？

结束语：解决了生命状态问题，你在进行课堂教学时就有了动力，就明确了着力点，你在进行教学研究时就会有浓厚的兴趣，教学和科研都让你兴致勃勃，我相信，你的业余生活也就会非常充实，非常快乐。而一个非常充实、非常快乐的人，一定是一个非常有感染力的人——对职校生来说，尤其如此。

一个好教师一定是一个富有情趣、精神丰富、气象万千、魅力四射的人。愿在座的各位都能成为这样的人！

2015 年 10 月 9 日

学生德育篇

我和学生有个约定：相约去寻找生命的真谛

——江苏省司法警官高等职业学校教师培训班上的讲座

(2014 年 8 月 27 日)

贵校邀请我做一个班主任工作的讲座，我感觉实在有些勉为其难。我从事职业教育三十多年，学校的各个部门差不多轮换了一圈，但唯独没有真正做过学生工作。带过班主任，但时间也不长。因此，我感到底气不足。

勉为其难的同时，我又非常乐意接受这个任务。原因有四点：

第一，可以借此机会谈谈我对职业教育的一些看法，说得大一些，可以宣传自己的"思想"和"理念"。

第二，我以为，教育教学工作都是相通的，班级工作更是学校各项工作的联接点。我虽然是个门外汉，但有的时候还"当局者迷，旁观者清"呢。所以，我这个"门外"人谈的一些想法说不定对大家有些启发和帮助。

第三，我和学生的感情、联系，非一般教师能比，非一般的班主任能比。在任时，我结交了一大批学生朋友，几乎覆盖到学校的每个系部、每个班级。直到现在，退二线已经一年半了，还有不少学生和我保持着联系。

第四，对班主任工作和班主任话题，我始终比较关注。因此，谈学生工作，我多少还有些话语权。

从来到镇江和我们学校的同志接触开始，我就感受到了警校的个性和魅力，办事干净利落，语言清晰简洁，工作井然有序，纪律分外严明。特别是今天的会场，大家早早就坐，没有人走动，没有人玩手机，更没有进进出出的现象，这在其他学校很难看到。我以为，这是我们警校的风景之一。

下面我讲几个问题：

一、了解思考时代背景，是班主任应有的职业素养

教育问题从来都不仅仅是教育问题，它同时也是社会问题，说到底也是政治问题。

教育从来都不是存在于真空中的。因此，对教育所处的时代背景，每一位班主任都应该有所了解，有所思考，都应该有自己独立的见解。这是我们做学生工作不可回避的。班主任是学生的人生导师，学生在学习生活中会遇到各种情况，都会向班主任请教。如果班主任一点历史常识都不懂，怎么可能做一名合格的导师？

学生看待社会问题、社会现象是感性的，班主任应该是理性的；学生是片面的，班主任应该是比较全面的；学生只看现实的一面，班主任则应看到历史的一面，历史的渊源。

教育学者程红兵在《做一个自由的教师》(程红兵著，华东师范大学出版社)一书中说："我们的教育界从来没有像今天这么混乱；从来没有像今天这么多元，也从来没有像今天这么分歧；从来没有像今天这么繁荣，也从来没有像今天这么芜杂。我觉得这是一个伟大时代的特点。在这样一个时代里面，我们最需要保持自己的判断力，联系到我的学校、学生、教师实际，我作为这所学校的校长应该做什么，而不是别人做什么我就做什么。我觉得教育是朴素的，是需要持之以恒的。"

程红兵用辩证的观点说出了一切伟大时代的两面性。我们看任何一个时代，都不能只看到好的一面，看不到坏的一面，反之亦然。否则我们要么盲目乐观，而使问题蔓延成灾，要么极度悲观而失去信心和勇气。辩证地、历史地、立体地看问题，我们的头脑就会清醒很多。

你看南京"青奥会"的开幕式搞得多漂亮、多壮观啊！可是另一方面，山西歌舞剧院的名剧《一把酸枣》在南京只演出一场，剧院还坐不满。这一鲜明的对比，说明了什么？

我们是一个发展中的大国，但我们是一个文化强国吗？江苏的经济发展水平在全国位居前列，但文化呢？我们是一个文化大省吗？就媒体而言，江苏在全国最有影响的恐怕就是《非诚勿扰》了。这是我们的光荣，还是我们的差距？

大家不要以为这些时代背景与我们个人没有关系。关系实在是大得很啊！时代背景对我们每个人的影响至少有两个方面：一是抬高社会运营成本，让每个人的生活不再顺畅；二是社会不安定因素增加，降低每个人的生存质量。

我们仅以城市建筑为例。我认为，城市建筑的发展分两个阶段，一个阶段是 1949 年至改革开放，这个时期，城市建筑不讲品味，但发展缓慢，大致保留了原来的历史风貌。但北京是个例外，北京从建国后就遭到了历史性的破坏和毁灭。大家可以读读《城记》(王军著，三联书店出版)这本书，里面对北京城改造的前因后果写得清清楚楚。第二个阶段是改革开放到今天，这三十多年，有两个特点，一是加大了对重点文物的保护力度；二是除重点文物之外，在全国范围内出现了历史上最大规模的拆迁建设高潮。几乎所有的城市(包括县级市)都在向着一个目标快速前进——现代化。在现代化的脚步中，一些城市符号、文化记忆被夷为平地，取而代之的是水泥森林。大家可以读读陈丹青的《无知的游历》和《退步集》这两本书，对拆除历史记忆的做法提出了尖锐批评。

其实，需要保护的不仅仅是重点文物。文物不是孤立的，是和文化、环境紧密联系在一起的。如果北京只留下紫禁城、天坛、日坛，其余全拆掉，那么留下来的还有多少意义？欧洲的做法就不是这样的。他们对城市的文化、生态的保护到了小心翼翼的程度。举个例子来说，大家都知道的大画家齐白石，他去世后，他的手稿、草图和晚年的精品，全都捐献北京画院。现在这些艺术珍品是怎样存放的呢？我们想象不到，这些上千份的艺术珍品，居然还像半个世纪前那样，以最简陋的方式，折叠着，放在旧信封或破烂的塑料袋里。直接的原因是没有经费，间接的、背后的原因呢？齐白石先生生前就被国家授予"人民艺术家"的称号，可是今天，人民还是没有地方去看一眼人民艺术家的画。

西方国家是怎么做的呢？与齐白石差不多年龄的毕加索，在法国、西班牙两国不知有多少纪念馆、故居、美术馆，专门陈列他的每张纸片。荷兰是怎样对待自己的艺术大师梵高的呢？他们在首都阿姆斯特丹市中心公园里，建了一座很大的梵高个人美术馆，朝拜者每天络绎不绝。我去过奥地利的萨尔斯堡，那里有莫扎特的故居，很多人同我一样，是因为参观莫扎特的故居才知道萨尔斯堡这个城市的。俄国对待托尔斯泰的态度也是非常值得我们借鉴的。据说二战期间，托尔斯泰墓地的一些大树被炸毁，斯大林马上派部队去种树，要恢复原样。类似的例子不胜枚举。世界排在前十位的美术馆，美洲三个，非洲一个，其余六个全在欧洲，亚洲一个也没有。

大家都去过北京的故宫、甘肃的敦煌。我们所能看到的连一个角也算不上。故宫所藏书画约有九万多件，展出过的总量不超过一万件。敦煌莫高窟的洞窟有 735 个，我们所能看到的也就是十几个。

时代背景对教育的影响是十分深刻的。我概括为三句话：教育不再高尚，急功近利取向；学校不再纯粹，行政色彩浓厚；学生不再单纯，利己主义盛行。

从大的方面来说，我们的学生就是在这样的背景下长大，我们的教育教学就是在这样的背景下进行。因此，如何看待、如何把握时代背景，不应该是一名称职的教师应有的职业素养吗？

二、树立正确的学生观，是做好班主任工作的前提

所谓学生观，通俗地说，就是指我们怎样看待我们的学生。我觉得，这是我们做好班主任工作乃至学校各项工作的前提。

班主任工作的对象是学生，学生是由一个个具体的个体组成的，学生中的每一个个体，都是鲜活的、独一无二的生命。他们经历婴幼儿时期、幼儿园、小学、初中，等到了我们面前的时候，已经是十五六岁的青少年了。这十五六年他们是怎么过来的？他们受到了哪些良好的教育和影响？他们受到了哪些不好的、甚至是恶劣的教育和影响？他们今天的生命状态和心理需求是什么？他们身上存在哪些积极因素和消极因素？这些不都是我们职业学校教师尤其是班主任应该把握清楚的吗？

漠视、无视学生的过去，只对学生的现在进行管理和约束，是我们当前职业教育(包括教育和教学这两个方面)存在的一个大问题。

漠视、无视学生的过去，也必将导致简单、片面地对待学生的未来。

漠视、无视学生过去的背后，是教育的失控、失职和失败。

教育的失控、失职和失败，既有顶层设计方面存在的问题，也有操作层面存在的问题。顶层设计方面的问题我们改变不了，但我们可以反思自己。

应该怎样看待我们的学生？我写过一篇长文《我对中职生的三点看法》供大家参考。这篇长文的主要观点是：

第一点看法是，职校学生的过去，是由社会、家庭、教育三方面共同铸就的。无论他们现在是什么样子，需要对他们的今天负责的都不应只是他们自己。

第二个看法是，职校学生的现在，是千姿百态、丰富多彩、特点鲜明、可塑性很强的，他们将走向何方，我们责任重大。

第三个看法是：中职学生的未来，是充满希望的，但他们必须担当起责任。

三、创建科学先进的班主任工作机制，是当务之急

(一) 班主任的历史沿革

班主任是建立在班级基础上的，没有班级，也就无所谓班主任。但反过来说，有了班级，未必就有班主任。班主任是教育历史发展的产物。

班级授课制起源于16世纪欧洲，兴起于17世纪。在我国，班级授课制起步较晚，19世纪末、20世纪初才得以推广。开始的时候，和班级授课制相配套的是"级任制"，设立一个级任教师，负责一个学级全部或主要学科的教学

工作和组织管理工作。

1938 年又把中学的级任制改为导师制，负责班级组织教育工作的教师称级任导师。

中华人民共和国成立后，在中小学里一律设置班主任。

由此可见，在很长一个历史时期内，班级管理是由学生组织和校方共同来完成的。其中，学生组织的活动都是自主的，而且异常活跃。在这个组织中，相当一部分学生干部成长为政治人物。

设置了班主任后，班主任代表学校对班级实施管理，班主任成为了行政权利的代表，学生组织也逐步趋向行政化。校长领导处室系部，处室系部领导班主任、学生会。也就是说，现存的学生组织，也纳入了行政管理的范畴。与此同时，出现了两个结果：

第一，班主任处在博弈双方的夹缝中，工作很难做。

班主任成了班级工作的全权代表，看起来权利很大，实际上权利小得可怜。事无巨细，班主任必须事必躬亲。任何部门、任何工作人员甚至学生会都可以给班主任"下条子"，班主任几乎成了所有工作的第一责任人；而班主任为了学生发展、为了学生健康成长，做了大量的深入细致甚至是艰苦卓绝的工作，真的是功德无量，但既无法计量，也无人考核。

第二，学生自主管理、自我教育的能力逐步丧失。

学生组织成为学校行政部门的附庸。学生组织本来是扎根于学生之中的，现在游离于学生之外了，成了一个特殊群体。相应的结果，学生也就游离于学生组织之外。最后的结果就成了学校领导、处室系部人员、班主任加上学生会是一方，而占绝大多数的普通学生成了另外一方(也可以说是对面、对立的一方)。

这样的格局就导致了人数有限的一方成为管理方，绝大多数学生成为被管理方。

(二) 教师为什么不愿意当班主任

弄清了第一个问题，这个问题也就不难理解了。

我们提出教书育人、环境育人、管理育人、服务育人，我们还提出全员、全过程、全面管理，但一旦育人和管理方面出现了问题，领导的第一反应就是：哪个班的? 把班主任找来！

教师不愿意当班主任，固然有"累"的因素，但我觉得，主要的因素还不是怕累。我观察，主要有三个原因：一是管理不当；二是职责不清；评价导向不对。

第一，管理不当。

(1) 班主任管理的无序、无章、无法。班主任过去曾经被称为导师。现行的做法是，班主任成为一项"摊派"的任务。这种做法严重违反了教育部2009年8月颁发的《中小学班主任工作规定》。比如：

第二条 班主任是中小学日常思想道德教育和学生管理工作的主要实施者，是中小学生健康成长的引领者，班主任要努力成为中小学生的人生导师。

班主任是中小学的重要岗位，从事班主任工作是中小学教师的重要职责。教师担任班主任期间应将班主任工作作为主业。

第三条 加强班主任队伍建设是坚持育人为本、德育为先的重要体现。政府有关部门和学校应为班主任开展工作创造有利条件，保障其享有的待遇与权利。

第六条 教师初次担任班主任应接受岗前培训，符合选聘条件后学校方可聘用。

第七条 选聘班主任应当在教师任职条件的基础上突出考查以下条件：

① 作风正派，心理健康，为人师表；

② 热爱学生，善于与学生、学生家长及其他任课教师沟通；

③ 爱岗敬业，具有较强的教育引导和组织管理能力。

(2) 在大统一的格局下，班主任工作空间很小。

在班级常规管理和思想教育两个方面，班主任自己都无权决定应该怎么做。凡是学生活动，都要求班主任要下班、跟班。其结果是，凡是事必躬亲的班主任必然受到表扬，凡是常常"缺位"的班主任，在领导的印象中，肯定不是一个优秀班主任，无论这个班实际状况如何。

第二，职责不清。

班主任究竟要做哪些工作？或者说，哪些工作是班主任必须做的，哪些工作是班主任可以做可以不做的，哪些工作根本不应当由班主任来做，所有这些都极不清晰。"班主任工作是个筐，什么都能往里装"。

引领学生健康成长，掌握学生思想动态，加强思想道德建设，成为学生成长的导师，所有这些，都是需要大量时间的。但现实情况是，班主任更像是一个忙忙碌碌的办事员，学校里几乎每个部门都能指挥班主任。

第三，评价导向不对。

简单的量化指标，使得班主任工作丧失了育人的功能和精力。班风的正气树立、学生之间的团结和谐、学生的思想转变等几乎都不在考核范围内。

(三) 科学先进的班主任工作机制包含哪些要素?

1. 择优竞聘是前提

我坚持认为,班主任队伍宁缺毋滥。

我坚持认为,并不是每一位教师都适合做班主任的。

我坚持认为,必须形成做班主任光荣的工作氛围。

2. 合理补偿是保证

补偿既包括物质的补偿,也包括精神的补偿。物质的补偿是指学校要建立科学、合理的收入分配制度,班主任的待遇应该得到充分体现。在班主任队伍中,这个制度应该向优秀的班主任倾斜。这个道理大家都懂,我不再赘述。

与物质补偿相比,精神的补偿具有同样的重要性。在很多情况下,班主任甚至更看重精神补偿。然而精神补偿恰恰是难以把握的。

班主任的付出具有特殊性,有很多是隐性的。在很多时候隐性的工作更为重要,显性的劳动倒相对简单。这方面的例子举不胜举。比如,一个学生犯了错误,让学生写一份检讨,然后交给学生管理部门处理;让所有学生放弃休息时间,把卫生打扫干净(教室或卫生包干区)……这些都是一种非常简单的显性付出。显性付出解决的往往不是学生的思想转变,而是表面的管理问题。问题看似解决了,但留下的“后遗症”非常可怕。一些突发事件的起因,往往不是由于激烈冲突,而是众多“常态化”不满的积累。这就要求我们从“常态化”的管理中看到“不常态”的潜在问题。同样是这两件事,如果教师从“育人”的角度出发,采用“随风潜入夜,润物细无声”的工作方式,就有可能避免留下“后遗症”。但与此同时,教师的付出要加大许多倍。这类工作看不见摸不着,无法量化。而现行的收入分配制度,恰恰是对显性的劳动有具体的补偿办法,而对隐性的劳动反而补偿较少或根本没有补偿。作为学校管理部门,应该加强对这一问题的研究。

3. 量化指标要慎用

班主任绝大部分是教师。现在教师的负担很重,不说别的,光是填写各种表格,上交各种教学资料,教师就感到不胜其烦了。如果担任班主任,又要填写一系列表格、上交一系列材料。这恐怕也是班主任感到疲惫的主要原因。

造成这种现象的原因,恐怕是与管理部分的量化考核指标有着密切联系的。有了量化指标,就要有规定动作,就要用数据说话。为什么要用量化指标?很明显,是为了管理部门的方便。

我们这个社会，是一个逐渐被数据化的社会。这个现象是值得警惕的。事实上，有许多工作、许多事物是不可以数据化的。比如，艺术创作就不能数据化。艺术创作需要灵感，需要积累，需要厚积薄发。教书育人的工作同样也不能数据化。如果非要数据化，我的答案是"十年树木，百年树人"，这就是教育工作可以数据化的地方。

4. 导向作用是首要

机制的引导作用是非常大的，有什么样的机制，就有什么样的引导作用。是把班主任引向简单生硬的管理，还是把班主任引向关注每一个学生健康成长？这是设计机制首先要考量的重要因素。

这当然涉及学校管理者想要的是什么？如果我们想要的是不出事，我们必然会设计出事无大小，班主任事必躬亲的办法来。如果我们想要的是教育成果和育人成效，我们必然会为班主任潜心育人创造宽松、有利的条件。

通常情况下，在管理人员眼里，班主任队伍总是存在这样或那样的问题，参差不齐，但我们要做的主要不是指责、批评、处罚，不要总想着用一套管用的机制，鞭打着班主任做工作。鞭子下面班主任所做的工作，都是反教育的。

问题在于，我们用什么样的愿景、价值观、评价机制，把班主任的工作热情激发出来。

5. 跟踪挖掘是大计

从"十年树木百年树人"的角度看，班主任的工作成效，有的可以即时地展现出来，有的则需要在学生今后的发展过程中不断呈现出来。因此，班主任的管理，不能只看"立竿见影"的效果，还要看"一个时段"的效果。

这个道理非常简单。大家都知道，教育是农业，是林业，不能急功近利。作为学校管理部门，不能像武则天那样，不顾节气时令，不顾客观规律，想要什么就要什么。据说，一年冬天，武则天到后花园游玩，却因天气严寒，见到是百花凋谢，万物萧条，心中十分懊恼，进而突发奇想：要是百花在寒冬绽放，那该是何等的壮观！于是对花神下诏："明日游上苑，火速报春知。花须连夜发，莫待晓风催"。百花摄于武则天的威势，不得不从。于是第二天，只见漫天飞雪中，百花齐放，武则天龙颜大悦。但瞬时脸色又风云突变，因为花园之中唯有牡丹不见花开，遂下诏将牡丹逐出长安，贬至洛阳。哪知这些牡丹在洛阳所开之花居然比在长安时还要娇艳。

在学校里，我常常看到这样的现象：有的班主任每次考核成绩都不错，甚至名列前茅。但学生出了校门，就再也不和他联系了。有的班主任考核成绩平平，但学生毕业后，仍和自己的班主任保持着密切联系。这个现象当然不能说明所有问题，但至少可以说明，班主任在学生心目中的位置是否重要。

四、要创造"班主任"的幸福，全靠我们自己！

这个标题，大家一看就知道，我是套用了《国际歌》的歌词。我想表达的意思是：一个人要想走上幸福的人生路，其他因素都是外因，自己想不想走，愿不愿意走，有没有决心走，有没有毅力走，这是内因，当然也是决定因素。

"条条道路通罗马"。通往幸福班主任的路有很多，各人可以根据自己的情况做出选择。这里我谈谈个人的看法，供大家参考。

(一) 生命影响生命，人格铸就人格

走进学生心灵，用我们的教育智慧、人格魅力影响学生、成全学生。这是体现我们人生价值、职业价值的最重要的一个方面。

有人说这是大道理、空道理，我认为，这个道理既不大、也不空。

任何事物都是相对的、辩证的。班主任工作最辛苦、最劳累，但与此同时，班主任工作也是最重要、最光荣、最具成就感的。无论是学生，还是家长，在他们的心目中，排在第一位的不是校长，不是其他领导和老师，而是班主任。特别是学生毕业后，用不了多长时间，就把许多老师都忘记了，但班主任是他们永生难忘的。

教师一旦从班主任工作中尝到了甜头，体会到了自己的人生价值，就会焕发出极大的工作热情，再苦再累，都无法与自己从工作中享受到的快乐相比。有一个优秀班主任曾经说过一句令我深深感动的话：只要给我一个班级，就足够了！

人格的力量是无限的。

用生命去影响学生生命的班主任，才会得到学生的敬重。

(二) 注入教育科研，增长教育智慧

每一个普通教师，经过个人坚持不懈的努力，都有可能成为教育学者、教育专家。每一位班主任，都有可能成为德育专家。距离教育学者、教育专家、教育家最近的不是校长、不是一般教师，而是班主任。理由很简单，因为班主任距离学生最近，距离学生的变化成长最近，距离教育的本质最近。

但是，为什么大多数班主任没有成为教育学者、德育专家呢？我觉得，最直接、最重要的原因就是大家陷入到了事务堆里，丢掉了班主任工作的"魂"，只剩下了班主任工作的"皮囊"。日复一日、月复一月、年复一年地重复自己。

解决这个问题的唯一出路，就是在班主任工作中注入智慧和艺术，注入教育科研。这个过程不能讨巧、不能偷懒、不能走捷径，只能下苦功夫、笨功夫、硬功夫。用我的话说，就是把自己的生命时光与学生的成长变化融为一体，每一天都是新的，每一天都要有拥抱新的太阳的感觉。

李镇西在《做最好的教师》一书中说，优秀的班主任就是一名教育专家。我们生活在学生中间，每天都会遇到并处理各种各样的教育问题，有的青年班主任对此感到心烦。其实，这正是一个又一个的研究课题向我们源源不断地涌来。

在操作层面，我认为就是四句话：多用心、多读书、多反思、多写作。

多用心是指做任何工作都要用心去做。认真做事只能把事情做对，用心去做才能把事情做好。只有用心，才有体会，才有收获；只有用心，眼里才有问题，心中才有疑惑，读书才有目标，反思才有深度，写作才有话题。读书是与大师对话，聆听大师的教诲，继承前人已有的成果，汲取自己需要的营养，启迪自己的心智，启发自己的思路。在此基础上，联系自己的工作进行反思，做对的坚持，做错的矫正。同时，对现有大家习以为常的、视为常规的、形成制度的、司空见惯的一些现象和做法也要进行追问和反思：这样做对吗？这样做是最佳方案吗？有没有更好的做法？最后，把自己的所感所想所思所悟及时写下来，最好是每天都写，可长可短。实在做不到，坚持每周都写。这样坚持读书、反思、写作，必有大的成效。

(三) 关注学生个体，保护爱护呵护

保护是对学生的人身安全负责；爱护是对学生的学习生活负责；呵护是对学生的希望理想负责。

我所强调的是，做教师也好，做班主任也好，眼里一定要有人，不能见物不见人。见物不见人，是教育领域所有工作的大忌。

我所强调的眼里要有"人"，不是泛指的"人"，而是具体的学生，具体的生命个体。

但是，在实际工作中，见物不见人，往往能获得"实惠"，"眼里有人"往往吃力不讨好。这是学校管理者应该警惕的一个现象。比如，只要班级不扣分，学生不出事，参加活动能获奖，班级考核就能得高分。这会带来一个效应：每一个班主任都会以完成任务为目标，以约束学生为己任，以不来烦我为欣慰，以不出乱子为原则。在这种情况下，引领学生的健康成长就自然被班主任抛到九霄云外去了。只有当学生给我们带来麻烦时，我们才会把"学生"和"这一个人"联系起来。这是教育的悲哀。

我们要深深地认识到，每一个生命都是一个奇迹，每一个学生都有很多

故事。每一个教师，对生命都应该充满敬畏，对每一个故事都应该充满同情和理解。

关注每一个学生的成长，往往被理解为对"后进生"的不放弃。这种理解是片面的。对"后进生"我们当然要予以关注，帮助他们健康成长；对优等生也不能放松、放任。据我观察，优秀学生也有优秀学生的问题，这些问题往往因为他们是优秀学生就被我们所忽视。比如，优秀学生接受能力强，学习不费劲，但这样的学生也往往容易产生自满情绪；优秀学生工作能力强，人际关系好，但也容易产生不良竞争、勾心斗角、争权夺利的心态和作风；优秀学生，特别是学生干部，与领导接触多，有的还深得领导信任，这样的学生干部容易产生特权思想，甚至连班主任(包括管不到他们的其他老师和领导)都不放在眼里。如此等等，不一而足。这些问题，同样应该引起我们的重视。

(四) 放眼需要放手，放高需要放下

这句话包含了两层意思。

第一层意思是对学生的：要放眼学生未来，他们终究是要走向社会的，因此，需要我们在学校里就要适当放手，不断增强学生自主管理、自主选择、自主成长的能力。

第二层意思是对班主任自身的：如果把人生比作风筝，那么，我们要让自己放得更高，就必须学会放下。

学会"放下"，是产生幸福感的重要源泉。

放下，不是让大家玩世不恭，不是让大家失去上进心，而是指不要让一切外在的名利成为自己的负担。曾经看到过一个小故事：两个和尚过河，河边有一个女子正愁过不去呢。老和尚二话没说，背起女子过了河。走了很远以后，小和尚问老和尚："师父，我们出家人背女人过河，恐怕不大合适吧？"师父说："过了河我就放下了，你到现在还没有放下呢！"北大的辜鸿铭梳着一头小辫子走讲台，引来学生一阵哄笑。辜鸿铭说了一句经典的话："我的辫子在头上，有人的辫子在心里。"台下顿时鸦雀无声。这两个小故事告诉我们一个朴素的真理：外在的东西可以丰富多彩，形式多样，但我们的内心世界必须干净、宁静、纯净，这才是最重要的。

由于自己班主任工作经历不多，认识水平有限，错漏之处，在所难免。欢迎大家批评指正。

走近学生，寻找生命价值；

真心投入，实现君子豹变

——姜堰中等专业学校教师培训

(2014 年 8 月 21 日)

第一次来姜堰中专，心情是高兴的、兴奋的。泰州的职业学校我到过几所，泰州机电、泰州牧院、泰兴中专、靖江中专等。一直想来看看姜堰中专，这次来讲座，也算是圆了我一个梦。我妻子是泰兴马甸人，所以，我也算是泰州的女婿、半个泰州人了。

这次讲座，李书记给了我一个不是题目的题目。她说，你就讲讲作为职业学校教师，如何具有归属感、成就感、幸福感。其实我知道，作为学校领导，都想要一个东西，即如何让每一位教师都能做到爱岗敬业，在工作中都能充满激情。这是一个大题目，是一篇大文章，凭我一己之力，肯定无法完成。李书记还强调说，不能只讲理论，要多讲鲜活的案例。我的感觉是，难上加难！第一个难：现在职业学校教师有没有幸福感？即使有，我想也是极少数人。第二个难：因为有幸福感的教师太少，所以，敬业爱岗、生动感人的案例不太好找。所以我说，李书记给我的任务是难上加难。

让每一个职教人都能生活在幸福之中，都能做到敬业爱岗，虽然不现实，但应该成为我们的奋斗目标。"虽不能至，心向往之"。因此，我们一起来探讨这个问题，还是非常有意义的。于是，我欣然地接受了邀请。

我深切地知道，对职业学校教师谈论"幸福"的话题有些奢侈。就我个人的观察而言，职业学校教师在所有类型的教师中是最忙碌的、最辛苦的、最无助的、最没有社会地位的、最有挫败感的、最缺少成就感的。幼儿园教师、小学教师、中学教师、大学教师都比职业学校教师的日子要好过些。就是一些培智学校、特殊教育的学校，也是职业学校教师不能比的，起码他们没有招生的压力、技能大赛的压力。

我认为，从事职业教育又能坚持下去的，的确需要一种勇气——因为职业学校教师的处境非常艰难。每天走上讲台，心里都在排斥、纠结、痛苦、郁闷。我把中职校教师的生存状态概括了几句话：学生没动力，人生没方向，工作没激情；学校要求多，考核指标多，身心付出多；缺乏归属感，没有成就感，毫无幸福感。

2012 年，十八大召开前夕，央视在五一黄金周推出了"走基层，百姓心声"——"你幸福吗"？的大型主题采访栏目。在祖国各地都有央视的记者手持话筒逢人就问"你幸福吗?"这个栏目在网络上引起热议。一个真实的笑话说：央视记者在街头采访一个民工，他不愿意回答，记者强问："你幸福吗？"他眼睛上下打量了一下记者，答曰"我姓曾。"他知道自己生活的艰辛，收入的微薄，生活的不公，这些没人管，现在这些站着说话不腰疼的人问，你幸福吗？所以，他调侃的回答我姓曾。网友评议：这个民工很可爱！

由这个笑话可以看出，"幸福"这个话题是非常敏感的。要回答这个问题，也是让人十分为难的。改革开放以来，我们的国家以及人民的生活都发生了巨大的变化，这是有目共睹的。因此，面对央视记者的采访，你很难说你不幸福。但是，面对领导干部腐败、社会风气每况日下、诚信缺失、道德沦丧、环境污染、文化失传这样的社会大环境，你又很难说你是幸福的。面对幸福这个话题，人们之所以会陷入两难的境地，是源于人类患上了"分裂症"。"分裂症"这个名词不是我的原创，原创者是著名学者鲁洁。鲁洁教授认为："20 世纪的一切都说明人类患下了'分裂症'。在物质方面，人类已经达到造物主的水平，几乎已经无所不能，可以无所不为；但是在精神和道德方面，在自我认识、自我把握等方面，却是如此的发育不良，水平低劣。"

谈职业教育，谈职校教师有没有幸福感，为什么要谈到这些? 因为教育不是存在于真空中的，以上所谈都构成了教育的背景。在人类患上了"分裂症"、"狂躁症"、"健忘症"的背景下，教育应该怎么办? 从大的方面说，教育是和"灾难的竞走与赛跑"。从小的方面说，职业学校教师正处在如何实现"君子豹变"的关键时刻。因此，如何让每一位教师都能走出职业倦怠的困境，都能做一名幸福的职教人，就成为我们必须面对的重大问题。

或许会有教师想问我：你有没有职业倦怠? 我可以肯定地说：我没有，从1975 年参加工作，1980 年开始从事职业教育，一直到今天，我从来没有过职业倦怠，一天也没有。说句心里话，我有过职业困惑(其至到现在也没有完全解决)，但没有过职业倦怠。

都说幸福是一种感觉，这种感觉我找到了。因此，从总体上说，我的生活是充实的，也可以说是幸福的。也正是由于自己有这样的体验，所以，我特别想把我的一些想法、感悟传递给每一个职教同仁，让大家都能充实起来，幸福起来。果真有这样一天，那么，我敢说，职业教育的一切问题都将迎刃而解。职业教育必将迎来光辉灿烂的明天！

一、我的成长经历

如前所述，从事职业教育三十多年，我没有懈怠过，没有倦怠过，我对工作始终充满了热情和激情。说到这里，我猜想，同志们会有一些疑问，对大家可能会有的疑问，我逐一做一番解释和说明。

1. 你是出身干部家庭吗？

不是。我父亲活了七十八岁。他是一名普通的职员，他对工作的精益求精，他的"铁算盘"，他的"活账本"，在他工作的企业里是有口皆碑的。但他一辈子没涨过工资(解放初期实行供给制，我父亲是账房的，待遇较高。因此，由供给制改为工资制的时候，他的工资不仅没涨，反而降了。后来我父亲就属于内部控制监督人员，每次涨工资都没有他的份)，一辈子没有得到一官半职。尽管他写了无数份入党申请书，尽管他一生追求进步，追随中国共产党，但直到去世，政治面貌一栏还是普通群众。"文革期间"，造反派砸了党委，砸了档案室，我们才知道，父亲是被严密掌控人员，这样的人怎么可能入党提干呢？我清楚地记得，我每一次的提拔，从办事员到科员，到副科、正科、副处，我父亲都是异常地高兴和激动。我知道，他的高兴和激动，既是为我，也是为他自己。他可以不是领导干部，但他可以成为领导干部的父亲。当我提为正处级，并且出了三本职教专著的时候，我父亲已经逝世十多年，但我依然用一杯酒，告慰我的父亲：儿子一直在努力，一直在进步。

我母亲是一名普通工人，八十四岁去世。她为工作、为家庭，操劳了一生。

2. 你生活在一个富裕的、衣食无忧的家庭吗？

不是。相反，我的幼年、童年、青年时期，家里比较贫穷。我母亲生了七个孩子，因此，直到一九五八年大跃进时期才不得不参加工作。在五八年以前，加上我奶奶，全家十口人，就靠我父亲一个人的工资。早年的贫困生活我记忆犹新。印象很深的是，我们家那是常年吃救济(困难补助)，而吃救济的家庭是不能有奢侈行为的。鸡鱼肉蛋自然是奢侈行为，就是平时吃水果也是奢侈行为，邻居会提意见的。我从小到大就没怎么吃过水果，一直到现在还是不喜欢吃水果。记得有一次父亲买了一个大西瓜，说是等星期天全家人都在的时候再吃。结果，到了星期天，父亲打开西瓜的时候，大西瓜已经腐烂，变成了一汪水。我当时就嚎啕大哭起来。我上小学用的铅笔盒，因为买不起漂亮的铁艺铅笔盒，家里人就用木头给我做了一个。一次，一个女同学总是惹我，欺负我，我被逼无奈，就抢起书包向她砸去。正是那个木制的铅笔盒，砸破了她的头。那是我唯一一次和同学打架。

贫困的生活给了我一个最大的好处：勤俭节约，反对浪费，崇尚质朴，反感奢华。这当然和父亲的影响是分不开的。我父亲吃花生，半个花生米掉在地上，他必须找到。他用过的饭碗，用他自己的话说：可以不用刷碗了，里面干干净净。当父亲做这些的时候，嘴里还常常念叨着朱子家训："一粥一饭，当思来之不易；半丝半缕，恒念物力维艰。"

3. 你参加工作后，遇到了贵人帮助，因此一帆风顺吗？

不是。相反，我参加工作后的经历可谓一路坎坷，非常不顺。所有的坎坷与不顺，其根本原因，还在于自己的性格和做人的信条。概括起来有三点：第一，坚持做自己，坚持把自己做优秀；第二，谁的大腿都不抱，什么帮派都不参与，坚信知识分子应该做到"独立之人格，自由之思想"；第三，我不能改变命运，但我可以选择自己对生活、对工作的态度：无论命运给我什么，我都坦然接受。自己酿制的酒，无论是甜还是苦，我都把它喝下去。所以，无论领导叫我做什么工作，我都力求做到最好。

性格决定命运，此言不虚也。

4. 你是一个工作狂吗？

不是。我反对工作生活化，我也反对生活工作化。一般情况下，我不会把工作带回家。业余时间，我爱好广泛。当然，最大的爱好还是读书。

5. 你的生活中没有烦恼吗？

托尔斯泰说：幸福的家庭总是相似的，不幸的家庭各有各的不幸。人们常说，不如意事常八九，老百姓也爱说，家家有本难念的经。成语说，人无远虑必有近忧。所有这些说法都证明了一个真理：没有任何一个人是没有烦恼的。区别在于，面对烦恼，人们选择了不同的态度。我的生活中也有很多烦恼，我的应对办法是：能解决的尽量解决，不能解决的我就退一步，海阔天空，退一步还不行，就顺其自然。

6. 你的生活信条是什么？

我的生活信条是：正直、善良、丰富、高贵。"发愤忘食，乐以忘忧，不知老之将至。"这是孔子的话，借用为我的座右铭。

二、远离职业倦怠，向幸福出发，是职校教师的明智选择

每一个人的生活经历都是无法复制的。我的生活经历只能给大家提供一个参考，每一个人的成长经历不同，面对的生活状态不同，面临的烦恼和问题不同，因此，每个人所做出的选择也是不同的。如果我的经历能给大家带来一些启发，我就感到十分庆幸了。

明智，指通达事理，有远见；明智的反义词是愚蠢、愚昧、愚钝。我想，只要有可能，每一个人面对生活中的种种困难、困境，都会尽可能地做出明智的选择。没有谁愿意做一个愚蠢、愚昧、愚钝的人。

陷在职业倦怠中，让自己变得麻木不仁，过一天算一天，混日子，把职称混到手，然后等着退休。这样的想法和做法，不就是非常愚蠢、愚昧、愚钝的吗？人生是一趟没有返程票的单程列车，因此，每时每刻的风景都不能错过，一旦错过，便永久失去。

职业学校教师向幸福出发，路就在脚下。

第一，叩问自己的心灵：我们此生的价值何在？

第二，反思自己的工作，我们付出的情感何在？

第三，品味自己的人生，我们应有的幸福何在？

想通了这几个问题，我们就已经走在幸福的人生之路上了。

也许有的教师会说，我也不想混日子，我也不想浪费大好的年华，但职业教育的大环境如此，我个人是无能为力的。我有一个讲座，是专门回答这个问题的，时间关系，这里不能展开。今天，我只想强调一点：最应该珍惜你生命时光的，不是别人，是你自己。学生是你生命中的过客，不久就会分离；学校是政府的附庸，是权利的产物，可以从无到有，从小到大，也可以从有到无，从大到小；唯独我们的生命不可以重头再来。

如果这个问题想通了，接着就要面对另外一个问题：作为职校教师，如何向幸福出发？通往幸福的人生之路在哪里？下面，我就谈谈我对这个问题的几点看法：

1. 准确定位，工作方向就在其中

定位，既包括对学生的定位，也包括教师自身的定位。

(1) 对学生的定位，就是要树立正确的学生观，通俗地说，就是要调整我们对学生的看法，调整我们和学生之间的关系。

为什么我首先提到的不是别的而是学生呢？原因非常简单。学生是我们的教育对象，学生是学习的主体，是职业学校存在的根本。作为教师，我们大部

分时间是和学生在一起的。一些教师之所以出现职业倦怠，产生挫败感，正是来源于学生。在职业学校存在这样一个怪圈：学生不愿意学习，学生认为是职业学校的课堂不能吸引他们。而教师认为，无论我们怎样努力，面对一群不愿意学习的学生，就是神仙下凡也毫无办法。

2012 年，我在《中国教育报》发表了"破解中职校发展难题"的系列文章，第五篇就专门谈了这个问题。我的看法是：

> 从表面现象看，是学生的厌学导致了教师的职业倦怠。事实真的是这样吗？如果是这样的逻辑关系，那么，我们不难推论，要解决职校教师的职业倦怠，必须先解决职校学生的厌学。而要解决学生的厌学，单纯依靠学生自身显然是解决不了的，还需要发挥教师的作用，而教师又处于职业倦怠中。这就是目前中职学校的现状：学生厌学和教师职业倦怠互为因果，互为效应，形成了"死结"。

> 然而，我不能同意"是学生的厌学导致了教师的职业倦怠"这个因果关系。

> 学生厌学与教师的职业倦怠既有联系，又有区别。因而需要综合分析，统筹解决。

> 职业学校学生厌学的原因是十分复杂的，许多职教工作者做了详尽的分析。本文要讨论的问题是，他们真的是刀枪不入、无可救药了吗？在厌学的学生面前，职校教师的问题出在哪儿？怎样才能解决职业学校教学效能差的状况？

概括地说，如果你不爱自己的学生，你怎么可能爱自己的工作？不热爱自己的工作，你怎么可能有幸福感？

(2) 教师自身的定位。

简单地说，职业学校教师的自身定位就是一句话：我们不是一般意义上的教师，我们是职业学校教师。乍一看，这句话不太能讲得通，实际上，职校教师存在职业倦怠问题，恰恰是没有解决好这个问题。

与基础教育相比，职业学校教师与学生的关系有两个特点：

第一，职业学校教师和学生有着天然对立的一面。教师群体是应试教育的得益者；职校生是应试教育的失败者。我们自觉不自觉地用我们自身的成长经历来教育学生、影响学生。但学生清楚地知道，他们和教师是两个截然不同的群体。在他们看来，教师群体是白领，有着体面的工作，有着不错的待遇，有着良好的社会地位，而等待他们的是打工者、企业一线的劳动者。

第二，我们要看到，我们和学生也有"天然亲近"的积极因素。非常遗憾的是，我们常常把这个积极因素忽略了，从而丧失了教育教学的先天有利条件。

在我国的教育领域中，职业教育是最接近教育本质的，可惜我们没有做好。就好像站惯了，突然让我们坐下反而不习惯了一样。没有了中考、高考的压力，我们反而不知道该如何办学了。"普通教育有高考，职业教育有大赛"，这简直就是愚蠢的行为。校长们也常常爱讲一句话：以某某评估为抓手。对这句话、这样的心态我是有看法的。我们教书育人，培养学生，为什么非要有个外来的"抓手"？旧中国的各个学校，谁给他们"抓手"？抗战期间，清华、北大、南开转移到了西南，成立了西南联大，连教室都没有，开哪些课程、请哪些老师，谁给他们办学的"抓手"？没有"抓手"的学校不是照样培养出一批又一批的优秀学生吗？

职业学校不需要抓手，需要认真研究的是，我们面对的是什么样的学生？他们可能成长为什么样的人？我们怎样帮助他们成长为他们自己？

2. 倾听学生，生命感动就在其中

我们常说，教育要关注每一个学生的成长。关注的前提就是要了解每一个学生，了解的前提就是倾听每一个学生的心声。我三十多年的职教工作经历告诉我，每一个学生都有一段不平常的故事，而且越是问题学生，故事就越曲折、越让人心痛。

要倾听学生，就必须走进学生心灵，就必须和学生真心交朋友，就必须具有大爱之心。因为按照世俗的观点来看，我们的学生并不是那么可爱的。但是，我们要知道，他们是一个个鲜活的生命，他们要和我们一起度过宝贵的三年时光。如果你是一名真正的职教人，如果你有正确的学生观，如果你走进学生心灵，你就会发现，我们职业学校的学生是非常可爱的，甚至比重点高中、大学生还要可爱。我曾经写过一篇文章《进酒吧，就是坏女孩吗？》，这篇文章被新浪网放在了博客首页，一天之内就有一万多人点击浏览，也有很多留言好评论。这篇文章中所说的"女孩进酒吧"是发生在我们学校的实例。学校的处理结果是，有的被除名，有的被处分。被除名的女孩我认识，平时见了我总是很亲切地挽着我的胳膊。离开学校前，她还专门到办公室来辞行。我猜她的背后肯定有故事，就直接问她，可以告诉我你小时候的故事吗？果然不出我所料，她是家里"超生"的孩子，一生下来，就被送到了亲戚家寄养。从小没有母爱和父爱，经常受人欺负，男孩子常常把她按在地上打。幼小的她就想过，何时自己长大，一定要成为一个强者，把所有敢欺负她的人都按在地上揍。正是这样的心态驱使，她来到我们学校后，成了女生中的"一霸"，成了没人敢惹的"女老大"。我问她如何看待学校的处分？她说，我不适合在学校里待下去，

学校开除我是对的，我对学校的处理没意见，毕竟自己入学以来犯了很多错误。

我是个感性的人，是个极易动感情的人。听了她的一番话，我已经感动得不行了。一个被学校除名的"坏学生"，还能够如此理解学校，如此分析自己，这样的孩子不是很可爱吗？这样的孩子难道不能再给她一次机会吗？如果我们的老师、班主任从她一入校就了解她的过去，倾听她的故事，然后引导她把精力和才干用在学习上，她会发展到这一步吗？

教师和学生的关系，简单地说，就是教师和镜子的关系。你对学生真诚微笑，你换来的一定是学生由衷的喜爱；你蹲下身来倾听他们的故事，你得到的一定是无比的信任；你发自内心地期待学生成长，你看到的一定是学生的惊人的变化。

3. 影响学生，职业价值就在其中

我们定位了学生和自己，倾听了学生的故事，接下来我们就要面对"我们能做什么"这个现实问题了。我知道，这也是困扰我们许多教师的一个非常现实的问题。

职校生绝不仅仅是被同情的对象，他们的兴趣爱好是广泛的，发展空间是很大的，也具有多种可能性。因此，对待学生，我们不能放弃，一个也不能放弃。能影响一个是一个，能帮助一个是一个。

怎样影响学生，我觉得要注意以下几点：

(1) 要顺应学生的天性，成全学生的生命，让学生成长为他自己。

在实际的教育教学中，我们很少考虑孩子的天性。我们的要求是统一的，教材是统一的，行为规范是统一的。为什么我们的教育现状不尽如人意？我想，我们没有找到教育的出发点，这就是一个主要原因。

教育不是让学生变得趋同，而是让不同的学生更加不同，让学生成为他最好的自己。

(2) 不能用管理代替教育。

据我了解，当前职业学校无不把工作的重心放在了管理上，放在了"预防"上，尽可能地不让"问题"发生。对于这种重管理、轻教育的做法，我很能理解。每天晚自习后，值班人员检查学生就寝情况，没有发现什么问题，就感觉松了一口气。每个学期下来，学生离校后，热闹的校园一下子变得十分寂静，做校长的都会长出一口气：这个学期平安度过了。

理解归理解，反思还是必要的。如果简单地用管理代替了教育，学校的性质不就发生了变化了吗？教育的属性不就远离学校了吗？学生在职校的三年是健康成长的三年，还是被管理、被约束、倍感压抑的三年，这对他们难道不

是最重要的事情吗？我们如何在教育的基础上加强管理，在管理的过程中渗透教育，从而让教育无处不在，让管理强化教育，这不是我们要研究、要解决的紧要问题吗？

(3) 影响学生不是说教，而是要相互寻找，对话影响。

我认为，"相互寻找，对话影响"这八个字，是我们职业教育工作者能够做好的、应该做好的。

既然是对话，就应该是相互平等的；既然是影响，就应该是潜移默化的。从目前情况看，这两点我们都没有做好。许多教师没有把自己放在和学生平等的位置上，从学生一进校，我们就把学生看做是被管理、被教育、被约束的对象。而且，作为学校管理人员、班主任，还希望看到立竿见影的效果。学校发一个文件，下一个通知，不让学生说脏话、不让学生上课玩手机、不让学生把饭菜带进宿舍、不让学生随意外出，等等。发了文件和通知，就立即安排教师和学生干部执勤检查。于是，大见成效。岂不知，我们看到的成效并不是教育的结果，而是管理的结果。

著名教育学者张文质先生说：教育不能追求立竿见影，所有立竿见影的做法都是反教育的。

我说这些，并不是反对学校制定一些校规校纪来约束学生。只要有人群的地方，都应该有纪律、有约束。问题在于，我们要把握好度，而且要简便易行、长期稳定，不能政出多门，朝令夕改。我总的感到，在我们职业学校，条条框框太多了，学校有规章制度，各个专业系部又有自己的规定，各个班级也有很多不成文的规定，随意性很大，宽严不一，疏漏很多。于是，职业学校就出现了这样的怪现象：一方面是来自学校各方面的严加看管，另一方面是学生违纪现象频频发生。这样的现象，应该引起我们的思考。

美国的中学也有校规校纪，而且内容不少，非常明确、具体。学生进校之初，学校就会把学校的"规矩"发给学生和家长。学生在学校的几年里，就靠这个"规矩"发挥作用。哪个学生违反了哪一条，该受到什么样的处罚，"规矩"里写得清清楚楚。学生一旦犯了"规矩"，自觉接受惩罚。因为如果不接受，后面还有更大的惩罚等着呢。他们的"规矩"也是按照学生的身心特点制定的。比如，有一项处罚是：犯了"规矩"的学生在课外活动时间，被罚站在操场边的一个圈子里，一个小时或更长一点时间。虽然无人监督，这个学生也只能老老实实地呆在里面，看着同学们在操场上玩。从这些小事当中，我在思考，民主法制社会就应该是这样的。充分讲民主，但一切有法度。学校如此，社会也是如此，国家也是如此。学生在潜移默化中就得到了教育。

4. 真心投入，一生幸福就在其中

陶行知说过："真教育是心心相印的活动。唯独从心里发出来的，才能打到心的深处。"

(1) 有了行为上的真心付出，才会有情感上的触动感动。

常有职校教师对我说：工作提不起兴趣，打不起精神。看看职校教师的QQ 个性签名，就可以知道他们的心情如何了。"终于盼来小长假了！""暑假即将来临，心情大爽！""又到技能大赛时，哎！""不想上班！""累""快开学了，焦虑中"等等。

我们常说"兴趣是最好的老师"，这句话用在学习上是有意义的。工作不是学习。有兴趣也好，没有兴趣也好，我们都要干。既然都要干，叫苦叫累也是干，心情愉快也是干，我们为什么不选择后者呢？有学者研究，真正能激发一个人热情的，多数不是兴趣，而是付出。也就是说，当你在某一项工作中付出很多时，慢慢地就会对这项工作产生兴趣、产生感情。今天功成名就的画家、作家、演奏家、工程师、学者，哪一个没有经历过这个过程？

著名教师、学者吴非说过一句话："当一种职业成了你的生命，当你在从事这项工作时有宗教情结，你就不会容忍任何玷污它、亵渎它的行为，你会用生命去保护它的纯洁。"试问，从事职业教育，我们有宗教情结吗？

(2) 学会"放下"，是产生幸福感的重要源泉。

放下，是一种舍弃，也是一种收获。舍弃的是身外的功名利禄，收获的是内心的宁静充盈。说得通俗一点，我们不要总想着从生活中索取什么。所有外在的功名利禄都是外在的、短暂的，只有宁静充盈的心态，才是内在的、永久的。

一个杯子里装满了橙汁，我们会说这是橙汁，装满了啤酒，我们会说这是啤酒，当一个杯子什么都不装的时候，我们才会说，这是一个杯子。这个比喻告诉我们，当我们想要的东西太多时，往往也就丢失了自己。反过来说，当我们放下一些不必要的东西时，我们才能找到我们自己。

据说美国土著人有个习惯，每逢外出旅行，走两天，就要停下来休整一段时间。用他们的话说就是，走得太急了，怕自己的灵魂跟不上来，所以要"等一等自己的灵魂"。这个说法很有意思。当代人中有多少人丢失了自己的灵魂呢？我们要不要思考一下这个问题。我认识一个职校的同行，前几年一见到我就要重复一句话：我要评教授！后来终于评上了。我有一种感觉：他虽然评上了教授，但恐怕他的灵魂已经找不到了。

许多教师放不下。要争优秀教师、要争优秀班主任、要评职称、要赚钱、

要换好房子、要换好车，等等。放不下的心态，责任主要不在教师，在社会、在体制。比如现在正在搞的"国示范"、"品牌专业"，就是典型的行政驱动、典型的权利对教育的强奸。所有的"示范"、"品牌"都应该是长期奋斗、不断积淀的结果，一句话，应该是干出来的。现在的"示范"、"品牌"是评出来的、做出来的。这里的"做"不是做事情，是对着条条杠杠做材料。评上了学校有地位、经费有支持。面对这样的诱惑或者说现实利益，哪个校长不想争取？还有一种见怪不怪的现象，"国示范"、"品牌专业"等都是有数量规定的。进入这个数量之内的就成了"国示范"，就成了"品牌"，在数量之外的就没了机会。想想真是荒唐！过去老百姓熟知的"老字号"、"百年老店"，哪一个是评出来的？谁有这个权利用数量去框定他们只能产生多少？所有这些都不是理论，都是基本常识。违背了常识，也就违背了客观规律，违背了客观规律，也就远离了真理。

在一个功利主义盛行的社会里，要独善其身，的确是非常困难的。但是，作为我们职校教师个人，我还是想强调：只有不断"放下"，才能真正向幸福靠拢。

这里，我要说明的是，放下，不是劝教师们无所作为，更不是希望大家碌碌无为。相反，追求卓越，做最好的自己，是个人幸福的必由之路。我说的"放下"，简单地说，就是放弃对名利的追求。甚至可以这样说：我们与名利距离的远近，就决定了我们幸福指数的高低。

德国哲学家叔本华说："心灵的宁静正是人类幸福的根基。"

古希腊哲学家亚里士多德说："幸福意味着自我满足。"

放下评奖的念头，一门心思做好自己的创作，奖项可能不请自来。许多优秀的作品都不是为了评奖而产生的。像何占豪、陈刚的《梁山伯与祝英台》、像陈丹青的《西藏组画》，像柳青的《创业史》，等等。

周国平说过一段话，我印象非常深刻，也非常有道理。他说："一个人可以为自己树立很多目标，但第一个目标应该是优秀，成功只是其次的目标，应该把成功看成是优秀的副产品。首先让自己成为一个优秀的人，成了优秀的人，你可能成功，也可能在社会的意义上不太成功，但是不管怎么样，你的人生是有意义的。如果你是一个平庸的人，你最多只能得到渺小的成功，因为你始终在混日子。平庸者只有职业，优秀者才有事业。一切伟大的成功者必定是优秀者。"

(3) 读书，让我们成为世界上最富有的人。

读书的好处是说不完的。

读书让人心地善良、精神丰富、灵魂高贵。

读书让人更加深刻地体会到生命的美好。

读书让人在很大程度上提高对幸福的感受力。

一个人的精神发育史实质上就是一个人的阅读史。

举两个小例子来说明读书的重要性。

弗雷德里克·道格拉斯还是个小黑奴的时候，他的女主人开始教他读和写。许多年以后，道格拉斯成为美国黑人最重要的人物之一，成了几任总统的顾问。这时，他还记得当年男主人怒气冲天的情景。男主人咆哮着："要是你教会了他读和写的话，那就留不住他了。他将永远不适合当奴隶了。"道格拉斯说："平日里，女主人耐心的教导并没有从根本上打动我，倒是这些话深深地打入了我的心。它一下子就点亮了我的心灯，触动了我沉睡着的感情，一个深刻的认识产生了：原来'读和写'是由奴役通向自由的通道。"

吴尔芙夫人在《普通读者》书中说："我往往梦见在最后审判那天，那些伟人——征服者和律师和政治家——都来领取皇冠、桂冠或永留青史的英明等奖赏的时候，万能的上帝看见我们腋下夹着书走近，便转过身子，不无欣羡地对彼得说："等等，这些人不需要奖赏。我们这里没有任何东西可以给他们。他们一生爱读书。"

苏霍姆林斯基说过："无限相信书籍的力量，是我的教育信仰的真谛之一。"他还说过，学校，首先意味着书籍。"一所学校什么都没有，只要有了书那就是学校了，相反，可能一个学校什么都有，但假如没有为师生的精神发展准备的图书，那它不能称之为学校。"

"如果你的学生感到你的思想在不断地丰富着，如果学生深信你今天所讲的不是重复昨天讲过的话，那么，阅读就会成为你的学生的精神需要。"

综上所述，一个不读书的教师，肯定不是一名优秀教师。即使当上了教学名师，也是一个名不副实的教学名师。有的教师强调工作太忙，没有时间读书。这个理由就像没有时间锻炼一样，经不起反问和推敲。

(4) 爱好，让你的生活充满生机。

有爱好的人是快乐的，是幸福的。

我常常问我的学生，你喜欢什么：很多学生会说：我喜欢玩。学生的回答让我觉得悲哀。他们不仅思想是贫瘠的，连情趣也变得庸俗乏味。每到周末的晚上，没有回家的学生在教室里看电视：我巡视一圈下来，几乎百分之百地都在看一些搞笑的综艺节目。七八千人的学校，没有一个学生在读书，没有一个学生在发展自己的爱好。学生的这种现状，和我们教师有没有关系呢？我看是有的。大家都知道，有什么样的班主任，就会带出什么样的班级来。有着个人癖好的教师总会影响几个学生。我设想，如果我们每个教师都是情趣高雅、爱好丰富的人，我们无论从教育的角度，还是从做人的角度，我对所有具有爱好(最好是癖好)的人都充满了敬意。

(5) 写作，通往教学名师的必由之路。

有一个教师的成长公式被大家所认同，即教学＋反思＝教师成长。优秀教师(教学名师)也有一个公式，即教学＋反思＋表达(写作)＝优秀教师(教学名师)。正如余秋雨先生所说："一个不被挖掘、不被表达的灵魂是深刻不了、开阔不了的。"

许多教师很少进行教学反思，所以优秀教师是少数；在优秀教师中，多数不善于写作、不喜欢写作，所以教学名师是少数。

周国平说：灵魂是一片园林，不知不觉中会长出许多植物，然后又不知不觉地凋谢了。我感到惋惜，于是写作。写作使我成为自己灵魂园林中的一个细心的园丁，将自己所喜爱的植物赶在凋谢之前加以选择、培育、修剪、移植和保存。

这就是说，我们不仅要勤于思考，还要善于表达。具体地说，我们要善于把教学体会、育人心得、思考结果表达出来。

最后解释一下讲座的题目：《周易》中说：大人虎变，小人革面，君子豹变。

"大人"，指的是"王"、"统治者"，大权在握，想怎么变就怎么变；"小人革面"，是指靠着变脸讨生存；"君子豹变"，指的是刚出生的小豹子很丑陋，但逐渐会变得雄健而美丽。这个过程不像化茧成蝶那样迅速而惊人，但却会在人们不知不觉中成长。教师的成长过程犹如豹变的过程，随着教学能力的提高、修养素养的增加、文化品位的提升，逐渐由一个青年教师成长为优秀教师、教学名师、教育学者。

2014 年 8 月 14 日至 8 月 17 日

生命影响生命，人格铸就人格

——丰县中等专业学校教师培训

(2014年8月30日上午)

大家知道，学校是依托学生而存在的。没有学生，也就无所谓学校，学生才是学校的本源。但颇为滑稽的是，在实际工作中我们常常忘了这个常识，甚至忘了学生的存在对于我们的重要意义(招生时节除外)。

贵校把如何抓好学生工作作为本次培训的重要内容，我认为是抓到了点子上，抓到了关键处。

作为教育工作者，我们要时刻清醒地认识到，学生不仅仅是一种身份符号，而是一个个鲜活的生命，学生在学校接受教育的过程，不是被动的被灌输，被教育的过程。他们的生命是流动的，是动态的。当然，教师的生命也不是静止的，也是流动的、动态的。所不同的是，教师是成年人，其生命的流动已经成型，基本有了规律，而学生是未成年人，其生命的流动具有不确定性。于是，学校的存在就有了意义，教师的存在就有了意义。

我认为，对学生生命流动的特点持有什么样的看法，也就成为优秀学校、优秀教师和劣质学校、普通教师的分水岭。

一、当前学生工作面临的突出问题

我知道，现在职业学校教师中没有几个人愿意做学生工作。这话说出来不太好听，但实际情况就是这样。教学工作虽然也难做，但不负责任的教师可以应付、敷衍，"当一天和尚撞一天钟"。但做学生就不同了，学生工作是无法应付的。一个学校几千名学生，不定哪一会就出问题。一旦出了问题，有关领导的第一反应就是：把班主任找来，把学生科的人找来！

所以，教师宁愿多上几节课，也不愿意带班主任，这是教师队伍中的普遍心态。教师有这种心态，就说明学生工作面临着一些难以解决的突出问题。

(一) 教师存在严重的畏难情绪和挫败心理

我在一篇文章中，曾经把职校教师的生存状态概括为以下几个方面：学生没动力，人生没方向，工作没激情；学校要求多，考核指标多，身心付出多；缺乏成就感，没有归属感，毫无幸福感。在这样的状态下，要想让教师做好学生工作，纯属天方夜谭。所以，要解决学生的生命状态，必须首先解决教师的生命状态。教师和学生的关系，就是一个人的生命影响一群人的生命。教师的生命状态会直接影响到学生生命状态的流动，我想，这是不言而喻的。

(二) 对学生工作的内涵，理解不一，把握不准

学生工作是一个非常笼统、含糊的说法。大家都在说学生工作的时候，很有可能说的就不是一码事。

比较统一的认识是，学生工作主要包括以下几个方面：① 对学生的管理，这句话可以包罗万象的，不必细说；② 组织学生活动，包括学生会、团组织的、社团的等；③ 班主任队伍的建设与管理；④ 招生就业。

这种比较统一的认识是正确的吗？非也。我的看法是，把学校工作分为教学工作和学生工作这两大块，本身就是谬误。这是对教育的肢解，使得教育的完整性不复存在，学生的发展被碎片化了。教学工作负责学生的学习，德育工作负责学生的思想，试问，一个人的灵与肉或者说物质生活和精神生活能截然分开吗？教学过程中没有学生的思想活动吗？德育工作脱离了学生的学习生活，还有存在的必要和可能吗？

所有这些都是常识，但我们就是这样坚持不懈地犯着常识性的错误。

(三) 学生管理人员、教师队伍参差不齐

教师是不是一个专门化的职业？教师职业需要不需要门槛？这两个摆在桌面上，大家可能觉得，教师职业当然是专门化的职业，当然需要设定门槛，这不是个问题啊？但是，我们可以联系实际加以对照，现在在教师岗位或学生管理岗位的，是不是都具备"专门化"的本领？是不是都达到了门槛要求？

如果对教师职业的理想性、崇高性、复杂性、艰巨性缺乏清醒的认识，怎么可能做好学生工作？

毫无教师职业的训练和准备与教师职业的特定要求之间出现了深深的矛盾。

这个矛盾不解决，学校不满意、学生和家长有意见、教师本人也不快乐。

(四) 学校评价体制的导向：教师的精力不愿意放在学生身上

教师对待教学任务的态度是：能少干，就少干；对待担任班主任的态度是：能不干，就不干。

教师为什么不愿意当班主任？这是每一所职业学校都会遇到的问题，都要面对和解决的问题。我曾经从三个方面对此进行过分析。一是管理不当。即学校把班主任当作看管学生的工具，学生一旦出事，班主任罪无可逃，因此，班主任感到"亚历山大"。二是职责不清。学生工作千头万绪，哪些是班主任应该做的、哪些是任课教师应该做的、哪些是管理部门应该做的，这些本来应该十分清楚的事情，几乎每一所职业学校都没有完全理清楚。在不清楚的情况下，班主任就成为"第一责任人"。三是导向不对。大家常说"教师是个良心活"，其实班主任工作更是如此。但我们现在对班主任的考核评价机制，恰恰对"良心"那一块缺少有效关注和补偿，对不用"良心"、"情感"就能做好的一些外在的工作却高度关注，而且量化考核，比如考勤、卫生、违纪人数、欠费人数、签到、各项比赛等，这样的导向把班主任的注意力引向了何方？

在我看来，在职业学校里，班主任工作具有特殊重要的意义。班主任工作的重要性，怎么强调都不过分。但非常遗憾的是，我们现在的班主任工作机制与充分发挥班主任的重要作用相去十万八千里。比如，由于前面说的几个原因，教师不愿意做班主任，于是，班主任工作成了摊派任务。我认为，这是对学生极端不负责任的做法。

从育人的角度说，有资格担任班主任的，必须是作风正派、为人师表、富有爱心、善于育人的教师。把担任班主任作为任务摊派下去，这种行为本身就是对班主任工作的不看重、不尊重。通常情况下，什么样的班主任就会带出什么样的学生。你随便走进一个班级呆上半个小时，就能领略这个班级的班风如何？透过班风，你也就能猜测到这个班的班主任大体是一个什么样的人。

从学生和家长的角度说，如果遇到一个不负责任、缺乏爱心、自私狭隘、目中无人的班主任，岂不是贻害无穷吗？倘若真的遇到了，学生和家长又有什么办法呢？想到这个问题，真让人感到揪心害怕。

二、做好学生工作的基本路径

(一) 树立正确的学生观，是做好学生工作的前提

我在多个场合都讲过，做好职业学校教育教学工作的前提，是要树立正确的学生观，即我们如何看待、对待学生？讲多了未免会有些重复。谎言重复千遍，就有可能变成真理，但真理重复千万遍依然是真理。因此，真理不怕重复，真理越辩越明。

我们应该如何看待、对待学生，不仅是指学生的现在，还包括学生的过去和未来。现在最大的问题是，我们非常漠视、无视学生的过去，这是很要命的

一件事。我曾经对职业学校的课堂教学打过一个比方，不管顾客的口味如何，我只会做西红柿炒鸡蛋，吃不吃随你。不管学生过去的经历如何，在他们进校以前，我们早已准备好了一切，只需要学生单方面地适应即可。学生固然有适应新环境、新规矩的需要，但我们不是也应该考虑如何适应学生的发展需要吗？因此，漠视、无视学生的过去，必将导致行政化、一刀切地对待学生的未来。漠视、无视学生过去的背后，是教育的失控、失职和失败。钱理群教授在《做教师真难，真好！》一书中精辟地指出："失败者的生命发展完全被忽视与牺牲，而胜利者的生命在残酷的角逐中也被严重扭曲，这两个方面都造成了对青少年的摧残，从根本上背离了教育的本质。"

除了漠视、无视学生的过去外，我们对学生未来的考虑也是单向的、单方面的、缺少了学生参与的。比如，教师在课堂上说得较多的是，你们将来会如何如何，意思是说，你们现在要做的是为将来做准备的。这种看问题的出发点貌似正确，实则错误。美国教育家杜威有一个著名论点：教育即生长，在生长之外别无目的。我国著名教学学者朱永新在《过一种幸福完整的教育生活》一书中也指出："我们一直认为，教育是一个培养人的事业，是一个通过培养人，让人不断走向崇高，生活得更加美好的事业。因此，教育最重要的任务，是塑造美好的人性，培养美好的人格，使学生拥有美好的人生。判断教育的好坏，应该从这样的原点出发；推进教育的改革，也应该从这样的原点开始。我们主张，应该让教师与学生过一种幸福完整的教育生活，就是基于这样的考虑。……教育不仅是为未来的幸福作准备，教育生活本身就应该是幸福的。这样的幸福不是简单的感官的快乐，而应该是完整和谐的。"

如果把杜威、朱永新的话翻译成大白话，他们表达的应该是这样一个简单、朴素的道理：学生在今天、在现在就应该过得幸福。用这样的教育思想审视我们的职业教育，就能看出差距有多大。

(二) 生命感动生命，人格铸就人格

新东方提出了三个感动。这一段话很长，但我还是愿意说给大家听听。

> 只有让自己感动的生命才能感动别人；只有让自己感动的课堂才能感动学生；只有让员工感动的企业，才能感动世界。怎样让自己的生命感动？你只有做了崇高的事情，才会让你自己生命感动。你吸毒能让自己生命感动吗？你偷懒能让自己生命感动吗？你投机取巧能让自己感动吗？你斤斤计较能让自己感动吗？不可能。所以，要让自己感动，你就要做好事，做崇高的事情。努力、奋斗、挣扎，想方设法让自己的生命更加光辉。运动员拿到金牌的那一刻，在领奖台上热

泪盈眶的时候，你就会发现什么叫令自己感动的生命。怎样能够拥有让学生感动的课堂？你对孩子的爱，孩子能够看得见，能够感觉得到，如果你不喜欢学生，你就不应该当老师。当老师不是一种职业，而是一种事业。你自己愿意跟学生打成一片，你自己看到学生的每一个进步都从心里感觉到非常愉快和欢喜，你才能让自己感动，也才能感动学生。学生都是明察秋毫的人，你是否真的是一位好老师，不需要你自己表白，学生心里自然会有评判。只有让员工感动的企业，才能感动世界。我一直希望新东方是一个让员工和老师感动的教育事业，但我们还没有真正做到。和学生对老师的态度一样，一个机构是不是真正值得员工骄傲、真正让员工有归属感和荣誉感，由不得这个机构来说，员工们自然心知肚明。新东方现在还有很多没有做到位的地方，希望我们能够不断改进做到。

新东方的三个感动，首先感动了我。这一段话，说出了教育的真谛。我总觉得，我们的工作中太缺少感动了。随处可见的，都是与生命感动无关的事情。我听过一些语文课、声乐课、舞蹈课、美容课，我列出这些课程名称的意思是，这些课程本应能够做到让学生感动、感触的，但感动、感触似乎成了稀缺资源，在课堂上不见踪影。当教师毫不动情地朗读课文、唱歌、跳舞、化妆的时候，学生看到的只有技艺，没有情感，只有冷冰冰的技能，没有暖融融的温度。这种情况正是新东方所说的自己的生命本身就没有感动。对生命没有感动的教师来说，职业仅仅是谋生的手段，和自己的生命并没有真正联结起来。而教育工作的特殊性就在于，它需要教师融入生命，需要教师用情感给学科知识"加温"。正如前苏联教育家赞可夫所说："课本知识如果没有经过教师情感的加温，那么这种知识传授越多，你的学生将变得越冷漠。"

优秀教师、教学名师与一般教师有很多区别，其中，生命融入和情感投入的多少，恐怕是最大的区别之一。但凡在三尺讲台上取得成就的人，无不是视讲台为生命的。著名教育学者吴非在《致青年教师》一书中说过一句非常经典的话："当一种职业成了你的生命，当你在从事这项工作时有宗教情结，你就不会容忍任何玷污它、亵渎它的行为，你会用生命去保护它的纯洁。"宗教，使我们联想到信仰、敬畏、虔诚、净化、纯净、坚守……作为一个教育人，不应该有这样的"宗教情结"吗？

这样的"宗教情结"孕育出了与之相适应的高贵的人格。而教师高贵的人格对学生的影响力是非常巨大的。美国著名教育家威廉·亚瑟沃德说过："平庸的老师，说教；好的老师，解说；更好的老师，示范；伟大的老师，在于他品格的力量。"朱永新在《新教育之梦》中满怀激情地阐述过："生活阅历赋予我们成熟，社会经验赋予我们练达，文化知识赋予我们修养，人生挫折赋予我们机智……但是，对真善美的执著追求，对假丑恶的毫不妥协，火热的激情，正直的情怀，永远是教育者的人格力量！"

我在给教师的讲话中，也曾经提出过教师的三个境界。第一个境界是让学生接受你，这是最基本的要求；第二个境界是让学生喜欢你，能做到这一点已经很不错了；第三个境界是让学生敬重你，这才是教师的最高境界。前两个境界在当下即可判断出来，第三个境界往往要经过较长的周期，甚至要在若干年以后才能显现出来。

就当下而言，只有让学生敬重的教师，才能深刻地影响学生。而影响学生正是教育该做的事情，也正是教育的力量所在。

青年教师万玮写了一本《班主任兵法》，在教育界广为流传。在这本书中，万玮举了一个例子，阐释了什么是教育的力量。我和大家分享一下：

教育的力量——父亲的惩罚

我 16 岁那年的一个早晨，父亲说他要去一个叫米雅斯的村子办事，一路上可以把汽车交给我驾驶，但条件是在他逗留于米雅斯村期间，我要替他将车子送到附近的一个修车铺检修。要知道，我当时刚刚学会开车，但却极少有实践的机会，而到米雅斯村有将近 20 英里，足可以让我狠狠地过一把开车的瘾。在修车铺的师傅检修车子时，我去附近的一家电影院看电影。我接连看了四部，出了电影院，我一瞧手表，已经六点钟了，比我与父亲约好的时间迟了两个小时！

我知道，如果父亲得知我是由于看电影而迟到，一定会生气，可能因此就不再让我开车了。于是，我心中编了瞎话，告诉他汽车需要修理的地方很多，所花时间也相应地长了。他向我投来一瞥："贾森，你为什么一定要撒谎？""我没有撒谎，我说的是实话。""四点钟的时候，我给修车铺打了电话，他们说车早就检修好了。"我的脸羞得通红，我向他承认了看电影的事实，并解释了撒谎时的想法。父亲认真地听着，脸上蒙上了一层阴霾。

"我非常生气，但不是生你的气，而是生我自己的气，我想，我是一个不称职的父亲，我让你感到对我撒谎比说实话更有必要，我要步行回家，好在路上深刻反思自己这些年来子女教育方面的失误。"

不论我如何恳求，如何抗议，如何道歉，他都置之不理。父亲大步踏上了乡村崎岖的泥路。我赶紧跳上汽车，驱车跟在他后面，希望他能回心转意。我不停地央求他，不断地自我批评，但均无济于事。将近 20 英里的路程他就是这样走过，平均每小时走了 5 英里。

看着父亲承受着疲惫和痛苦，作为儿子，我却无能为力。这是我生平有过的最难受的经历，也是最让我刻骨铭心的一课。从此以后，我没有对父亲说过一句谎话。

(三) 提高教师队伍素养，是做好学生工作的保证

教育大计，教师为本。这句话是至理名言。树立正确的学生观也好，生命影响生命也好，都需要一个前提条件：教师是向善的、向上的。世界知名咨询顾问公司——麦肯锡公司通过对 50 多个国家教育系统的研究发现，新加坡、芬兰、韩国等拥有优秀教育系统的国家，其师资全部来源于成绩最好的大学毕业生。麦肯锡公司对世界上最优秀的教育系统进行分析后，发现了一些共同特征，其中最重要一条就是：教育系统的质量不可能超越教师的质量。

师资队伍建设是学校工作永恒的主题。对做好学生工作来说，尤其如此。

日本的所有中小学教师都须持证上岗。获得教师资格证后，还要通过教育行政机构举办的录用考试才有机会任教。录用考试竞争激烈，在获得教师资格证的人中，只有不到 10% 的人最终能走上讲台。我们想想看，日本的教师队伍是这样组成的，其对教育的高质量、国民的高素质起到的促进作用，不应该值得我们学习和借鉴吗？

提高教师素养，教师个人要付出努力。每一位教师都要做一个酷爱读书的人，情趣高雅的人，追求卓越的人。

提高教师素养，学校要付出努力。学校要树立"教师第一"的理念，要帮助教师的个性化成长，要关注教师的隐性付出，要让每一位教师都感到：我很重要！

2014 年 8 月 28 日完稿

班主任工作门外谈：铁肩担道义，真情著文章

——学校班主任培训班讲座

(2012 年 9 月 3 日)

我校每年都举行班主任培训，我从未讲过话。今年学校安排我作一个讲座，我感到压力很大。因为我只做过很短时间的班主任。我想，给班主任作报告，报告人起码要是一名班主任，并且做得还比较优秀。这两条我都不占，所以，底气不足。因此，我讲话的题目前面加上一个帽子"班主任工作门外谈"，这不是客套话。

作为"门外"汉，我谈的一些想法未必对大家有帮助，仅供同志们参考。

一、班主任工作所面临的大环境

要了解班主任工作的大环境，首先要从班主任的历史沿革说起。

班主任是建立在班级基础上的，没有班级，也就无所谓班主任。但反过来说，有了班级，未必就有班主任。班主任是教育历史发展的产物。班级授课制起源于 16 世纪欧洲，兴起于 17 世纪。在我国，班级授课制起步较晚，19 世纪末，20 世纪初，才得以推广。开始的时候，和班级授课制相配套的是"级任制"，设立一个级任教师，负责一个学级全部或主要学科的教学工作和组织管理工作。

1938 年又把中学的级任制改为导师制，负责班级组织教育工作的教师称级任导师。

中华人民共和国成立后，在中小学里一律设置班主任。

由此可见，在很长一个历史时期内，班级管理是由学生组织和校方共同来完成的。

外国的学校有没有班主任呢？对此我缺乏了解。但据说美国小学(一至四年级)是有班主任的，但从初中(五至八年级)起到高中(九至十二年级)就不设班主任了。

从班主任的历史沿革和美国的做法看，在职业学校设不设班主任，本身就

是一个值得研究的问题。这个问题先放下不说，我们面临的现实情况是，职业学校不仅设立了班主任，而且还给班主任赋予了神圣的职责。《中学班主任工作暂行规定》中对班主任任务作了明确规定。班主任的基本任务是："按照德、智、体、美全面发展的要求，开展班级工作，全面教育、管理、指导学生，使他们成为有理想、有道德、有文化、有纪律、身心健康的公民。"仔细推敲这段话，我觉得很沉重。我们怎么可以在班主任的肩膀上放置如此的重负呢？如果班主任真的能做到上述要求，职业学校的德育工作岂不是非常简单了吗？

同为班主任，幼儿教育和基础教育的班主任和职业学校的班主任就有很大的不同。幼儿教育和基础教育的班主任，其地位、其霸气、其优越感是不可撼动的。所有的学生家长可以不认识校长、不认识教务主任、德育办主任，甚至可以不认识学科教师，但唯独不可以不认识班主任。有一个成语叫"命悬一线"。对于家长来说，孩子的命运之线，似乎就由班主任牵在手中。班主任不放手、不放弃，孩子就有希望，一旦班主任放手、放弃了，孩子也就彻底完了。于是，无论家长地位多高、工作多忙，班主任一个电话，就能叫家长乖乖地在指定时间到学校，听取班主任的"教诲"。

而职业学校的班主任，则是家长发难的对象。孩子在学校里犯了错误，不少做家长的第一反应是，班主任对我孩子怎么了？我孩子怎么会犯错误，还不是班主任对我孩子不关心、工作不到位？于是，班主任成了家长的出气筒。班主任在家长那儿受了气，还敢怒不敢言。

我不禁要问，同样是班主任，为什么差距这么大呢？

我认为，这就是职业学校班主任工作所面临的大环境。

二、职业学校教师为什么不愿意当班主任

我的"理论"也许是荒谬、错误的，但却是自成体系的。

弄清了第一个问题，这个问题也就不难理解了。

班主任责任最大，作用最大，但权利最小；班主任事情最多，但自主权最少。

我们提出教书育人、环境育人、管理育人、服务育人，我们还提出全员、全过程、全面管理，但一旦育人和管理方面出现了问题，领导的第一反应就是：哪个班的？把班主任找来！

教师不愿意当班主任，固然有"累"的因素，但我觉得，主要的因素还不是怕累，而是上述因素所导致的。

三、做职业学校班主任，只有"弘毅"，才能幸福

"弘毅"出自《论语》："士不可以不弘毅，任重而道远"。现在有人把"弘毅"称之为一种教育思想，我以为不无道理。我理解，"弘毅"的教育思想，强调的是教师和教育工作者要有担当起历史重任和使命的勇气和气魄。也就是我们常说的"铁肩担道义"。

这方面的大道理我不多说了，大家比我知道得多。我想说，任何事物都是相对的、辩证的。班主任工作最辛苦、最劳累，但与此同时，班主任工作也是最重要、最光荣、最具成就感的。无论是学生，还是家长，在他们的心目中，排在第一位的不是校长、不是其他领导和老师，而是孩子的班主任。特别是学生毕业后，用不了多长时间，就把许多老师都忘记了，但班主任是他们永生难忘的。

教师一旦从班主任工作中尝到了甜头，体会到了自己的人生价值，就会焕发出极大的工作热情，再苦再累，都无法与自己从工作中享受到的快乐相比。有一个优秀班主任曾经说过一句令我深深感动的话：只要给我一个班级，就足够了！

四、班主任的"职业倦怠"，应如何破解

(1) 在班级常规管理中注入智慧和艺术，注入教育科研。

每一个普通教师，经过个人坚持不懈的努力，都有可能成为教育学者、教育专家、教育家。但是，距离教育学者、教育专家、教育家最近的不是校长、不是一般教师，而是班主任。理由很简单，因为班主任距离学生最近，距离学生的变化成长最近，距离教育的本质最近。

但是，为什么大多数教师没有成为教育学者、教育专家、教育家呢？我觉得，最直接、最重要的原因就是班主任陷入了事务堆里，丢掉了班主任工作的"魂"，只剩下了班主任工作的"皮囊"。日复一日、月复一月、年复一年地重复自己。

解决这个问题的唯一出路，就是班主任要在工作中注入智慧和艺术，注入教育科研。这个过程不能讨巧、不能偷懒、不能走捷径。只能下苦功夫、笨功夫、硬功夫。用我的话说，就是把自己的生命时光与学生的成长变化融为一体，每一天都是新的，每一天都要有拥抱新的太阳的感觉。

(2) 在处理具体事务中，把育人作为核心，把引领学生的健康成长放在首位。

我所强调的是，做教师也好，做班主任也好，眼里一定要有人，不能见物不见人。见物不见人，是教育领域所有工作的大忌。这个道理我不多讲。

但是，在实际工作中，见物不见人，往往能获得"实惠"，"眼里有人"往往吃力不讨好。这是学校管理者应该警惕的一个现象。比如，对班主任来说，只要班级不扣分，学生不出事，参加活动能获奖，班级考核就能得高分。这会带来一个效应：每一个班主任都会以完成任务为目标，以约束学生为己任，以不来烦我为欣慰，以不出乱子为原则。在这种情况下，引领学生的健康成长就自然被班主任抛到九霄云外去了。

我们要深深地认识到，每一个生命都是一个奇迹，每一个学生都有很多故事。每一个教师，对生命都应该充满敬畏，对每一个故事都应该充满同情和理解。

(3) 主动协调好与各科教师的合作关系。

教育工作需要合力，这是不言自明的事。职业学校尤其如此。我发现，不仅班主任工作需要协调好各科教师的关系，形成教育的合力。就是任课教师，也需要得到班主任、其他学科教师的配合和支持。

有一个教师在网上给我留言：

我在中等职业学校教政治。政治课本和教参中有一些小故事很有教育意义，我想让学生编成课本剧，但是因为没有成功的范例可以参照，改编成剧本很难，有些老师建议我要多指导，可我也是外行，如何改进呢？改编成剧本，是语文老师的特长，可以帮助我们解决这个问题。

国外有几个老师一同上课的情形，这样老师就不用事事都通，可以和其他老师合作完成一个任务。

我觉得，语文是一种工具，需要和其他学科结合，才有利于发挥工具的作用。

对这位教师的留言，我是这样回复的：

您说的这种情况引起了我的极大兴趣。第一，学科之间需要形成合力；第二，政治课如何上好、上活，这是个有益的探索；第三可以主动邀请语文教师加盟；第四，如果他们不愿意，我倒觉得可以组织学生自己动手改编，自己表演。这是一举多得的事情。

教师之间尚且需要合作，班主任和教师之间就更不必说了。

(4) 建立一个良好的班集体，是做好班主任工作的关键。

建立一个好的班集体，不仅是教育学中的一个重要概念，也是班主任实际工作中具有决定性意义的一项重要工作。建立好班集体，等于营造了一个学生自我教育的良好环境，班主任就可以"运筹帷幄之中，决胜千里之外"。

建立一个良好的班集体，要做的工作很多。但其中有几点最为关键：

第一，选好班级干部。不是班主任亲自"选"，而是在教师的指导下，让学生中的"领袖人物"自然产生，让学生选举出他们最满意的"领导"来。教师的指导就是领方向，定调子，划圈子。让学生明确地知道，大家将要建立的是一个什么样的班集体。

第二，班级干部既不宜"终身制"，也不宜"走马灯"。要避开这两点，就必须在班级中营造既竞争又团结，既民主又集中，既紧张有序，又心情舒畅的和谐氛围。

第三，有了这样一个班集体，班主任要切记，你，也是这个集体中的一员，不能游离于这个集体之外。这个集体所追求的，也是班主任的工作目标，这个集体所约束的，班主任也在其中，"班主任犯法，与同学同罪"。

第四，在班级常规工作方面，班主任要适当"懒"一点。学生能做的，班主任坚决不做；学生能做但做不好的，班主任只指导不介入；学生能配合做好的，班主任只协调，不代替。

讲话稿的题目原为"铁肩担道义，奉献著文章"，经过思考，我把"奉献"改为"真情"。这是因为：奉献，要求奉献者不计报酬，不计得失，不求回报，我以为，这不是教育的真谛；而付出真情的教师，必然期望得到一种结果：用自己的真情换来学生的成长。我以为，后者更符合我们的工作实际。

走进学生心灵，改善职教生态

——连云港工贸高等职业技术学校教师专题讲座

(2012 年 11 月 8 日)

先说说题目的由来。这个题目是我近年来比较关注的话题。当前，职教领域成就很大，问题很多。成就不需要我们谈，新闻媒体报道的职业教育几乎都是形势一片大好。我是个忧患意识较强的人，我觉得谈问题、分析问题、解决问题，比唱颂歌、唱赞歌更有实际意义。

不唱颂歌、不唱赞歌，不等于不热爱职业教育。恰恰相反，正是由于"爱之深"，所以常常"恨之切"。这种看似矛盾的"忧与爱"，贯穿了我的整个职教生涯。

回顾自己 32 年的职业教育生涯，我概括为两句话：前二十年，政府管得不多，条件非常艰苦，但爱多于忧；后十二年，政府大力支持，条件非常优越，但忧多于爱。换言之，现实的状况与媒体的宣传形成了强烈的反差，构成了激烈的冲突，使我对职业教育领域一些说法、做法产生了质疑。

因为热爱，所以质疑；因为质疑，所以探究；因为探究，所以焦虑；因为焦虑，所以另类；因为另类，所以孤独。看到"所有的思想者都是孤独的"这句话，找到一丝安慰。

我所质疑的问题很多，涉及职业教育的方方面面。比如，职业学校教师为什么会产生职业倦怠？职业学校学生厌学情绪为何如此严重？职业学校发展有没有自己的战略性思考？职业教育的功能仅仅是经济发展的附庸吗？职业教育还是不是教育？是教育源于生命的发展需要，还是生命只有通过成绩而显示其存在？学校以教学为中心，教学以什么为中心？人是有机的整体，但学校为什么把教育和教学分割开来？技能大赛与促进每一个学生的发展究竟有多大关系？职业教育就是就业教育吗？包括贵校在内的大部分职业学校都建设了新校区，这种做法符合国情吗？一个县建一个职教中心，这种做法符合职业教育发展规律吗……诸如此类的问题归结到一点，使我有一个基本的判断：职业教育的生态出现了问题。众所周知，生态出了问题，所带来的危害是巨大的。而且危险性在于，生态问题带给人类的报应不是当下的，而是未来的。

生态恶化的直接后果是生物链的断裂，许多物种的灭绝，环境气候的恶化，最后的结局是，现有的物种也将陷入灭绝的境地。

良好的生态环境应该是什么样的？我以为，至少有以下几个特征：(1) 生态良好的基本形式是"物种"的多样性；(2) 生态良好的基本要素是多种生命形态的自由生长；(3) 生态良好的基本原则是各种存在形式相互依存。

多样性、自由生长、相互依存，在职教领域的生态中有所体现吗？

破坏职教生态比较容易，教育行政部门发几个文件，出台几项政策，基本上就可以达到目的。但修复、改善职教生态，则要困难得多，复杂得多，漫长得多。就目前的大环境而言，我似乎还没有看到从上到下要修复、改善职教生态的苗头。甚至可以说，职教生态是在朝着继续恶化的方向发展的。

因此，尽管孤独，尽管另类，我还是要发出自己的声音：改善职教生态，已经到了刻不容缓的时候！

改善职教生态，是个系统工程，需要各方做出长期、艰苦的努力。我们是最基层的普通职教人，"各方"中的大部分我们都管不了，我们唯一能做的，就是从自己的本职岗位出发，从每天的教育教学工作出发，凭着自己的良知，静下心来教书，潜下心来育人，善待我们所能接触到的每一个学生，走进他们的心灵，倾听他们的故事，理解他们的经历，赋予他们力量，影响他们的成长。

简言之，对于我们普通教师来说，立德树人，育人为本，是改善教育生态的唯一出路。

今天给我的时间有限，而且大家是上了两节课后来到报告厅的。我只能简要地谈几个问题。

一、我们的工作千头万绪，育人是根本

汉语中的"根本"有其深意，只是我们说多了、用惯了，就不太考究它的本意了。根，是最基础的，是生发一切的源头。为什么"树高千尺"也"忘不了根"？因为没有后者，也就没有前者。本，事物的本源，本质，本性，也是外力改变不了的属性。根本这两个字组成一个词，就代表了事物最主要、最重要、具有本源性质的特性。

教育的根本是育人。马克思说过，未来的新社会是"以每个人的全面而自由的发展为基本原则的社会形式"。教育是人类自身发展的需要；教育工作者是以培养人为根本目的的。因此，教育活动必须是心灵与心灵的沟通，灵魂与灵魂的交融，人格与人格的对话。

我正在写一本书，书名打算定为《从育人到教书，从教育到职业》。我认为，在我们职教领域，忽视了"教育"，只剩下了"职业"；在"职业"这一概念中，我们又忽视了职业素养和职业精神，只剩下了就业；在就业这一概念中，我们又忽视了就业品质、就业质量、就业竞争力，只剩下了技能。于是，职业教育就沦为为企业输送技能型人力的加工厂。

毫不客气地说，这就是当前职业教育的现状，尤其是中职教育，问题尤为突出。在这种情况下，我们需要的不是抱怨，不是职业倦怠，我们需要的是清醒，是救赎，是行动。

一位教育家曾经说过，我们留什么样的世界，关键取决于我们留什么样的后代给世界。当代教育学者朱永新也说过："孩子们今天的幸福，明天的命运，整个社会未来的可能性，全掌握在你们手中。我经常对老师说，你不要抱怨社会，事实上这个社会是我们建立起来的。今天你班上的学生，今后他很可能就是一位市长、一位省长、一位国务院总理，重大的决策将由他们制定。而他们的信念、他们的理想、他们的价值观念、他们的思想基础，都是在我们学校中开始形成的。"（朱永新《过一种幸福完整的教育生活》）

教育家和教育学者的话是对整个教师职业而言的，我们作为职业学校教师当然不可能承担全部。但我们毕竟是教师的一份子，我们应该有所担当，担当起属于我们的那一份责任。

二、育人为根本，要求我们要提高教书育人能力

首先我认为，教书和育人不是两件事，是一件事。脱离教书的育人不会有成效；脱离育人的教书不是教育。这个问题我不展开了。

教师同律师、医生一样，是个专门化的职业。没有经过专门的训练，是不能从事这一职业的。遗憾的是，我们现在还没有做到这一点。许多教师大学或硕士毕业就到了职业学校，直接走上了讲台。新教师往往会对学生说，我没有教学经验，希望同学们多多配合和支持。我们不妨设想一下，假如医生对患者及家属说，我刚刚从医学院毕业，还没有临床经验，请多多理解；假如飞机驾驶员对乘客说，我刚刚从航院毕业，没有驾驶经验，请各位乘客多包涵；试问，患者还敢让这样的医生做手术吗？乘客还敢乘坐这样的飞机吗？在我们的课堂上出现类似情况，大家（包括学生）都觉得很正常。事实上，这和前面的例子有什么区别呢？

这个问题我们暂且不去讨论。我要说的是，既然我们已经从事了教育工作，我们就必须把提高自己的育人能力放在重要位置。千万不能以为可以混下去就

不思进取，就自甘平庸。

在我们的教育实践中，教师们往往把提高自己管理、控制、约束学生的能力放在了首位。于是，管理代替了教育，知识的传授代替了人的发展，空洞的说教代替了教育智慧。教师年复一年地重复自己，职业倦怠必然产生。

相信大家都知道海伦凯勒的故事。人们常说，"海伦凯勒常有，莎莉文不常有"，在职业教育领域，更是如此。我甚至极端地认为，职业学校教师的榜样不是斯霞、不是于漪、不是李镇西、也不是张文质、钱理群这些教育名家和教学名师，而是莎莉文这样的把自己的终生都献给了海伦凯勒的奉献者。其实，你能说，莎莉文完全是一个奉献者吗？没有莎莉文，自然没有海伦的成功；但没有海伦，同样也就没有莎莉文充实而不平凡的一生。

我向大家推荐李镇西的两本书：《做最好的老师》，《素质教育手记》。读了李镇西的这两本书，大家一定会有很多收获与感慨。基础教育也有问题多多的学生，也需要教师要有强烈的责任感、使命感和高超的育人能力。

三、提高教书育人能力，要求我们要不断地充实自己、完善自己

1. 首先要懂教育，会教书

懂教育，会教书，说得直白一点，就是要备好课、上好课。虽然是大白话，却是我们得以安身立命的根本所在。

我在听课中发现，我们许多教师有一种满足的心态。就是说，觉得自己教书已经没有问题了。这种心态要不得。如果你打算在学校里混日子，混到退休，那就罢了，别人再说什么，你也听不进去。如果你想具有成就感、价值感，想做一名优秀教师、教学名师、教育专家，那么，自我满足的心态是要毁掉这一切的。据我所知，所有教学名师都是用一辈子来备课的。这当然指的是一种精神。但就是这种精神，成就了教学名师的事业。

著名的全国语文特级教师于漪老师说："我当了一辈子的老师，我一辈子学做教师；我上了一辈子的课，我上了一辈子令人遗憾的课。"于漪老师说这些话的时候，已经是 80 多岁高龄了。我理解，于漪老师的这番话不是出于谦虚，而是发自内心地表达对教学艺术的敬畏。

美国教育家杜威在 90 多岁的时候还在感慨："教育是一门神秘的艺术。"

2. 懂学生，善育人

为什么于漪老师说自己上了一辈子令人遗憾的课？为什么杜威感慨"教育是一门神秘的艺术"？我个人的理解，这一切都源于教育工作的本质，即教育

不是教师自己的表演，而是要最大限度地促进学生的成长。

打个比方。京剧名家唱戏，他们不需要研究观众的爱好和口味，只要自己做到唱念做打俱佳就算演出成功了。当然，但凡京剧名家也是用一辈子来练习的，从来没有满足过。教育的复杂性在于，教师不仅要"唱念做打俱佳"，还要根据观众的需要随时做出调整。因此，教师必须懂学生，懂得学生成长的规律，懂得学生心理发展的规律，而学生成长也好，心理发展也好，本身就是极为复杂的。有的时候甚至连学生自己都不知道自己到底需要什么？从这个意义上说，教育不是一门神秘的艺术吗？

不懂学生，不研究学生的教师是不可能取得成功的。即使他们取得了一系列外在的荣誉，那是一点意义也没有的。因为其中没有"教育"的存在。

在实际工作中，我发现许多教师正在追求没有"教育"存在的成功。正因为如此，我们产生了一批又一批的骨干教师、教学能手、教学名师、学科带头人等，但我们的课堂还是老样子。这个现象不值得我们深思吗？

帕克•帕尔默在《教学勇气——漫步教师心灵》一书中，对什么是好的教师和不好的教师有一番精彩的论述，他说："真正好的教学不能降低到技术层面，真正好的教学来自于教师的自身认同和自身完整。好老师有一共同的特质：一种把他们个人的自身认同融入工作的强烈意识。不好的老师把自己置身于他正在教的科目之外——在此过程中，也远离了学生。而好老师则在生活中将自己、教学科目和学生联合起来。好的老师具有联合能力。他们能将自己、所教学科和他们的学生编织成复杂的联系网，以便学生能够学会编织一个他们自己的世界。"

懂学生，是善育人的前提，也是教学取得成功的先决条件。但懂学生又是一项艰巨的工程，没有大爱之心，没有追求卓越的高远之志，是不可能做好这一"工程"的。

职业学校的学生就非常值得我们研究。他们是怎么到职业学校来的？在应试教育中他们为什么失败了？他们现在想些什么？他们具有哪些潜能？他们有可能发展成为什么样的人？他们对我们的教育教学有哪些期盼？他们对自己的认识是否正确？这一系列问题，我们都能回答吗？这些问题回答不了，我们就很难说是懂学生的。

懂学生不是朝夕之功，需要我们真正深入到学生中去。我的做法是：一届学生进校，我首先要做的事情是和他们交朋友，然后尽可能地走进每一个学生的心灵。当我和学生心相通、心相连的时候，我就知道该怎么对他们施加影响了。

我的做法仅供大家参考。条条道路通罗马，每个人的性格不一样，影响学生的途径也不一样，不可强求一致，事实上也不可能一致。但有一点是我经常讲的，我以为是我们每一个职教工作者都要处理好的共性问题。即，我们每一位教师都应该成为学生天份的保护者、开发者、激励者，而不是破坏者、扼杀者、打击者。虽然这个要求超出了教师的专业界限，但没有超出教师的职业界限。

四、改善职教生态，需要我们尊重教师、依靠教师、善待教师

"走进学生心灵，改善职教生态"，对每一位教师来说，既是艰巨的任务，也是神圣的使命。能够担负起这一使命的教师，既需要技术技能方法层面的东西，更需要具有高尚的品格、高贵的灵魂和丰富的智慧。

美国著名教育家威廉·亚瑟沃德说过："平庸的老师，说教；好的老师，解说；更好的老师，示范；伟大的老师，在于他品格的力量。"

俄罗斯教育家乌申斯基指出："教师的人格对学生的影响是任何教科书，任何道德箴言，任何惩罚和奖励制度都不能代替的一种教育力量。"

我国教学学者朱永新说："对真善美的执著追求，对假丑恶的毫不妥协，火热的激情，正直的情怀，永远是教育者的人格力量！"

说过"给我一个班级就足够了"的优秀班主任薛瑞萍认为："人格教育，是一切理想教育的初衷和终极目标。此目的一旦实现，外在的训练将变为内在的学习，外力的鞭策将变为自发的奋进。智力发展，只是健全人格的副产品。"

由此可见，一个好老师，是可以影响学生一生的。

好老师队伍从何而来？是每一所职业学校领导班子应该认真思考的问题。对此，我有以下观点：

(1) 办人民满意、学生满意、用人单位满意的职业教育，没有错。但首先应该办教师满意的职业教育。只有具有幸福感、成就感的教师，才能培养出具有幸福感、成就感的学生。

(2) 教师的核心地位是否确立，教师职业是否有尊严，是职业教育是否有吸引力的主要标志。

(3) 从教育层面来说，可以强调"一切为了学生，为了学生的一切"，从管理层面来说，应该倡导"一切为了教师，为了教师的一切"。

(4) 教师队伍也应该建立退出机制。

(5) 校长的主要任务是提供良好的条件，营造良好的氛围，让素质优良、爱岗敬业的教师队伍尽快形成。

优秀的教师队伍形成之日，就是学校兴旺发达之时！

2012 年 11 月 3 日完稿

如何做一名优秀的班主任

——河南省农业广播电视学校教师培训

(2014 年 10 月 15 日)

这次来河南省农广校讲座，心情非常高兴。这不是客套话，因为河南是我的祖籍，我父母都是建国前从滑县到徐州的。至今，郑州、新乡以及滑县还有我的很多亲戚。我的两个姐姐也在河南，一个就在郑州，一个在老家滑县。所以，每次到河南来，都感到非常亲切。

学校给了我一个任务，让我讲讲如何做一名优秀的班主任。这个话题我在江苏讲过几次。江苏的职业学校我都是熟悉的，所以，在江苏讲，我可以结合学校情况，有针对性地谈一些看法，换言之，感觉心中比较有底。但这次来我们省农广校讲这个话题，就完全不同了。因为其中有几个不同，一个是地域不同，各个省的职业教育情况差别很大。我在山东讲座的时候就有这个感觉。第二个是学校类型不同。农广校和其他的中职学校在很多方面是不一样的。第三个更大的不同，是我们的教育对象不同。

尽管如此，我还是愿意来。主要的是想借此机会，以班主任工作为题，和大家共同探讨当前职业教育领域里的一些亟待解决的问题。另外，我讲的有些情况是以江苏的职业教育为依据的，或许起到一些参考、借鉴作用。

我认为，无论是基础教育还是职业教育，班主任工作是重中之重，班主任工作的重要性，怎么强调都不过分。

当下，职业教育领域出现了很多问题，其中一个非常大的问题就是见物不见人。所谓"物"，是指外在的、动用行政权利就可以解决的、上级领导可以直接看到的成绩，比如，招生规模、就业率、实训基地建设、基础设施建设、技能大赛等等。所谓"人"，主要是指学生和班主任。

公正地说，这几年，各级各类职业学校对教师尤其是专业教师的培训还是抓得比较紧的，有国培、省培、市培、校培等，且不说这些培训有多少效果，就是这样的培训，班主任也无缘参加。不仅如此，教师的培养培训是和职称挂钩的。而班主任是没有职称的。

这就出现了一个怪圈：一方面谁都知道班主任工作的无比重要性；另一方面，班主任队伍建设面临的许多问题又无人问津，最后就只剩下班主任自己在凭着良心干活。这种现象，既是不公平的，也是非常荒谬的。长此以往，对职业教育的发展是极其有害的。

最近看到一则新闻：

海口鼓励教师当班主任

班主任有了"专用钱"

本报讯(记者 刘见) 记者近日从海南省海口市教育局获悉，为进一步调动中小学班主任工作积极性，鼓励更多教师加入班主任工作行列，海口市决定从 2014 年起设立公办中小学班主任专项工作经费，并列入财政预算。

据海口市教育局有关负责人介绍，中小学班主任专项工作经费主要用于班主任与家长电话联系费用、家访交通费，以及班级开展社会实践、团队活动、德育主题活动等支出，不得以奖金形式发放给个人。从 2014 年起开始实施，经费每年按 10 个月计算，一年发放两次，非寄宿制学校班主任发放标准为每班每月补贴 300 元，寄宿制学校每班每月补贴 600 元。该市公办中小学约有 5000 名班主任教师，年度总预算需 1900 多万元。在经费来源上，市属学校由市本级财政承担，区属学校由市区两级财政按照 45：55 的比例共同承担。

据悉，首笔班主任专项工作经费共计 800 余万元，目前已下拨至各学校，全市受益班主任 4800 多人。

(2014 年 10 月 1 日《中国教育报》)

这一则新闻我看了以后"别有一番滋味在心头"。第一，为班主任开展活动需要提供一些费用这不是天经地义的事情吗？怎么成为新闻了？第二，班主任与家长电话联系、家访交通费、组织学生开展社会实践等，被列为"专用钱"的支出范围，试问，在没有"专用钱"时，这些费用是如何处理的？都是班主任自己掏腰包吗？第三，强调不能以奖金形式发放给个人，同时又说"受益班主任 4800 多人"，我想，受益的恐怕不是班主任，而是学校，班主任本来可以不干的活，因为有了"专用钱"就不得不干了。这是受益，还是受累？

所以，这则新闻我总觉得有点"四不像"，有点不伦不类。

新闻我们不去管它，回到我们的主题。这次我们河南省农广校举办这样的专题培训是非常有意义的。这项工作无论上级怎么看，我认为是抓到了点子上、要害处。

时间关系，我讲三个问题。

一、大背景、大环境、大挑战

1. 大背景：人类的"分裂症"，导致教育的功利化

教育的存在与发展是离不开社会大背景的。一定的社会背景，形成了一定的人与人之间的关系，而我们的生活就在各种关系中被赋予了基本的格调、样式、模式、形态。教育自然也不能例外。

我们生活在一个急剧变革的时代，也可以称得上是伟大的时代。这样的时代往往有着共同的特点：光明与黑暗并存，智慧与愚昧同在，前进的步伐和倒退的速度都非常快，科技的发达与精神的荒芜形成鲜明的对比，许多先进的东西从无到有与许多优秀的传统被肆意践踏同时进入人们的生活。正像狄更斯在《双城记》的开头部分说得那样，这是失望的冬天，这是希望的春天。

变革的时代导致了原有的各种关系的失衡。正如上海市虹口区教育局常生龙局长所分析的那样："是什么导致了上述各种关系的失衡？教育上的 GDP 主义以及分数至上的观念难逃其责。我们处在一个数据化的时代，政治人物需要 GDP 数据，企业家需要 GDP 数据，经济学家、律师、教授等社会阶层需要 GDP 数据，连教育也被彻底数据化了。但很显然，人的价值是不能数据化的，一旦数据化，人的存在就失去了意义。"

如果说分数是教育的 GDP，GDP 是官员的分数，职业教育的 GDP 是什么？

著名学者资中筠批评清华大学"聚天下之英才而摧毁之"。她说："我说摧毁在什么地方呢，主要是弄得人非常势利眼，因为当下清华最以出大官自豪，一天到晚讲出了什么大官……如果一个学校，不管多高智商的学生，他的注意力都是往这个方向走，那就完蛋了。就属于精神上的摧毁。酝酿的是一种趋炎附势、嫌贫爱富的精神，这是我们教育最大的失败。"

这就是我们教育面临的大背景。时间关系，不能展开。

2. 大环境：教育的功利化，导致职业教育的边缘化

大背景造就了教育的大环境，导致了教育的功利化。教育的功利化，又直接导致了职业教育的边缘化。资中筠说："中国现在的教育，从幼儿园开始，传授的就是完全扼杀人的创造性和想象力的极端功利主义，教育没有别的目的，就只是奔着'向上爬'。"职业学校学生就是没有爬上去的那一部分。换言之，职业学校学生是基础教育、高等教育剩下来的那一部分。

在发达国家，职业教育与普通教育相互渗透，相互融合，既有区别，也有联系，分流合流，顺其自然。不仅如此，在发达国家，掌握一定的职业技术、技能，几乎是每个人非常自然的爱好和追求。工人农民自不必说，许多领袖人物、学者教授也都热衷于某些技术技能，并且发展成自己的爱好。这方面的例子很多，我不一一列举了。这样的环境影响到教育，就使职业教育有了自己的地位。在加拿大，普通高中阶段会有很多学生热衷于学习掌握一些技术技能，在他们的高中毕业证上，除了学校印章外，还有一个个的职业培训印章，这些印章记录和反映了学生技术技能掌握的情况。许多大学非常看重这些印章，学生的这类印章越多，被大学录取的可能性也就越大。

反观我们的教育，能不能上高中、能不能上大学，就只看一样东西：分数。所以分数被称为教育的 GDP。

3. 大挑战：职业教育面临的形势非常严峻

职业教育的严峻形势我概括为四个方面。

(1) 学生厌学没有动力；

(2) 师资队伍职业倦怠；

(3) 教育属性所剩无几；

(4) 农业类中职教育的处境尤为困窘。

第(4)条是针对我们农广校之类的涉农学校说的。你们徐主任告诉我，农广校的生源来自农村，而农村的现状是"386199 部队"。开始我没弄懂，什么是"386199 部队"？徐主任解释后我豁然开朗，"38"指妇女，"61"指儿童，"99"（重阳节）指老人。我们生源结构的主体是面向"386199 部队"的，可以想象，我们农广校的办学该有多么艰难！

农村的现状是工业化、城市化、现代化带来的现实矛盾。发达国家已经开始反思、重视这个问题了。我看了一些书，在加拿大、英国、法国、德国等一些发达国家，不少人都在尝试着过一种慢的生活。用作家蒋勋的话来说，就是秉持一种"够了的生活哲学"。

二、职业观、学生观、生命观

1. 职业观：如何看待我们的职业

如何看待我们的职业？这是我讲的比较多的一个话题。结合我们农广校的实际，我认为两点最重要。一是，我们要深刻地认识到，职业教育是最接近教育本质的教育，因为职业教育是摆脱了枷锁和功利的教育。二是农业类职业教育践行习总书记的重要批示，大有可为。

2014 年 5 月 30 日，习近平总书记在教育部呈送的《关于我国职业教育改革发展基本情况报告》上，对职业教育作了 417 个字的重要批示，其中说到："要加大对农村地区、民族地区、贫困地区职业教育支持力度，努力让每个人都有人生出彩的机会。" 习总书记是把职业教育的发展回归到了人的发展上来。我觉得，我们的使命就是从学生身上寻找、发现、善待、创造这样的机会。

2. 学生观：如何看待我们的学生

我们平时所说的中职生都是初中应届毕业生，年龄小、基础差、难管理。农广校的学生有其特殊性，年龄悬殊大，文化基础差，个体差异大，而且学习方式需要多样，学习地点比较分散，学习内容需求多元等，所有这些，都构成了农广校学生的特殊性。

鉴于农广校的特殊性，我没有资格就"如何看待我们的学生"发表议论。但我想，一般中职校和农广校有两点共性的：第一，我们的教育对象都有悲情的一面。所谓悲情的一面，是指人生无法选择的、与生俱来的一些因素。据我所知，到目前为止，依然有些农村和边远山区以及少数民族地区是非常贫困的。有的农民甚至大半辈子都没有机会坐坐火车，都没有机会走出去看看。这种现状，不是他们自觉自愿的选择，是无法改变的命运。因此，我们对他们应该有悲悯的情怀。我想，就这一点来说，农广校和其他的中职校是一样的。第二，农广校学生的人生，同样可以演绎精彩。其实，广义地说，每个人的人生都有出彩的机会。教育或职业教育，只是一种助推力罢了。习总书记的重要指示，是在一定程度上强调了职业教育的重要性。因此，我们农广校的教师要有所担当。

3. 生命观：如何对待我们的生命

生命观，是我所有的讲座都要提到的。我觉得，一个人的生命观、对生命的态度，实在是太重要了。这个问题解决了，其他的都不是问题。联系今天的讲座，我认为，我们农广校的教师在如何对待自己生命的问题上，应该做到三点：一是要找到自己生命的联结点，即在平凡的岗位上，投入自己的生命热情。二是要把班主任作为事业。所谓事业，其实很简单，就是专注地、心无旁骛地做好一件事情。绝大多数人之所以不快乐、不幸福、不满足，问题主要出在不专注，尤其是不专注自己的工作。三是要把生命和学生的"人生出彩"融为一体，这个道理不用多说，大家都懂得。

在座的班主任，我想大致可以分为三类：

第一类：潜心育人，无私奉献，努力让自己成为优秀班主任；

第二类：不想争先，不愿落后，对得起工资，对得起良心；

第三类：深陷职业倦怠中而不能自拔，怀才不遇，怨天尤人。

对这三类班主任，我分别送给大家三段话：

对第一类班主任：你的生命是彩色的，你的人生是幸福的；

对第二类班主任：你的生命缺乏亮点，你的人生是平淡的；

对第三类班主任：你的生命是灰色的，你的人生是窝囊的。

三、如何做一名优秀的班主任

做一名优秀班主任的三条必经之路：

1. 走近学生，承担使命

我在讲座中经常讲的一个观点是：走进学生心灵，是了解学生的前提；了解学生全部，是有效教育的前提。结合农广校的实际，我想提出一个观点请大家思考：对待学生，我们应该抱有信心，技术、技能、技艺，再加上职业精神，绝对可以成就人生。

李克强总理在全国职业教育工作会议上，谈到了"职业精神"。我觉得李总理的观点特别具有针对性，特别具有时代感。

李克强在讲话中说，收到学生的获奖"作品"自己感到十分高兴，但更让他高兴的，是这位学生对他说的一句话："对不起，我这个零件还有一点瑕疵，比赛时我有点紧张。"李克强说："相比他的这件'作品'，我更欣赏他这种追求完美的职业精神。"

李克强总理强调，职业技能人才应该是高素质、全面发展的人才，更应该是有敬业精神加职业精神的人才。职业教育不仅要培养职业技能，更要培养职业精神。

什么是职业精神？我觉得，专注地做好分内的事情，没有最好，只求更好，力求完美，这就是职业精神。最近刚刚看过王迩淞的《奢侈态度》，里面说到了香奈儿的一些故事，我举两个例子与大家分享。

乡下老太太与香奈儿

在距巴黎一个半小时车程的村庄里，住着一位 75 岁的乡下老太太，她独自一人过着种草养马的田园生活。然而，每年时装发布会前夕，她都会接到香奈儿公司派专人送来的布料，请她为高级定制礼服制作织带。这位老太太有一手手工织带的绝活，是她自己摸索出的独特工艺。当年，可可·香奈儿见到她的工艺后，就指定由她来制作织带，并成为品牌的传统延续至今。

她所做的织带，就连卡尔·拉格菲尔德(香奈儿现任设计师)也不知道是怎么织出来的。老太太也从没见过卡尔设计的服装款式，她只要看到送来的面料，自然就知道该把织带做成什么样子。她会先把面料拆散，把不同颜色的经纬线分别抽出，再重新组合，最后用她自己发明的一种木头织机，做出独一无二的织带。

每当卡尔的裁缝们打开送来的织带时，都会由衷地发出满意的惊叹。一眼看去，这从服装面料衍生出的织带，就像是面料生出的漂亮女儿，与那件优雅的礼服摆在一起，既有一目了然的血缘关系，又有另一个新生命的迷人风采。

你完全无法想象，这份沉静而浪漫的美，竟然出自一位因长年粗重劳动而指节变形、身材佝偻的乡下老妇之手。

鞋匠马萨罗

他是个地地道道的手工鞋匠，严格来讲，是香奈儿公司的"御用"鞋匠。那不起眼的塑料袋中，就放着他为香奈儿制作的新款样鞋。每到各季时装发布会前的设计阶段，他就要天天这样，从自己的鞋店走到香奈儿公司，去向设计师交活。这条固定的线路他已经走了将近50年，过去是交活儿给可可·香奈儿，现在则是卡尔·拉格菲尔德。

他的鞋店不是一间严格意义上的店面，因为它并不临街，而是位于和平大街的一幢公寓楼内。店门总是关着，门外只挂了块再普通不过的铜牌，上面简单地刻着"马萨罗手工鞋匠"几个字。你完全无法想象，香奈儿所有的样鞋都诞生在这儿。

大牌如香奈儿，竟与个人小店长期合作，看重的除了手艺之外，当然还有老鞋匠的专注与专一。

马萨罗说："一切手工技艺，皆由口传心授。"父亲向他传授手艺的同时，也传递了耐心、专注与坚持的精神，这是一切手工匠人必须具备的特质。这种特质的培养，只能依赖人与人之间的情感交流和行为感染，这是现代大工业的组织制度与操作流程所无法承载的。

尊重工匠、尊崇手艺、承认价值，这是一种全社会的工匠精神，它同样依靠积累、源于传承，而无法瞬间取得，想要就有。

这两位手工艺人的坚守和追求完美的职业精神令人钦佩。除了给香奈儿公司提供织带和样鞋外，平时该干什么就干什么，绝没有拿谁一把的心态，更没有以此来显摆自己。我以为，这就是真正的职业精神。

我们的使命就是把这样的职业精神传递给学生，让每一个学生都能有一颗"技艺的心"，在追求完美的同时，成就自己的人生。

2. 增长智慧，追求卓越

班主任工作难做，这是人所共知的。但是大家可以想一想，凡是被赋予"光荣、伟大、艰巨"的工作哪有不难的？我们不要一方面要"光荣伟大"，一方面又要追求轻松愉快。因此，在座的各位要摆脱畏难情绪，努力加强对德育工作的思考和研究。

教育是一种成全，成全生命个体的健全发展。明确了教育的任务和使命，我们就知道自己的着力点在哪里了。

工作中，我发现有两种班主任：一种是举重若轻，从容淡定，遇事不慌，有条不紊；一种是举轻若重，疲于应付，焦头烂额，劳而无功。二者的主要区别在哪里？我认为，不是学历、不是能力、不是有没有爱心、事业心，而是班主任有没有追求卓越的人生态度，有没有丰富的教育智慧。

智慧和聪明是两回事。周国平说："智慧不是一种才能，而是一种人生觉悟，一种开阔的胸怀和眼光。一个人在社会上也许成功，也许失败，如果他是智慧的，他就不会把这些看得太重要，而能够站在人世间一切成败之上，以这种方式成为自己命运的主人。"

台湾著名美学家、文学家、画家蒋勋说："爱的本质是一种智慧，尤其是年龄越长时。你在二十岁以前可以依靠上天给予的青春、健康、年轻，这些不是你自己的，是上天给予的。而当你三十岁、四十岁、五十岁以后，你要如何保持自己的魅力？这就要靠智慧。"

"一张法律见证、双方盖了章的婚约是一种限制，两个人一起发誓说海枯石烂也是一种限制，但是这两种限制都不是真正的限制，真正能限制爱情的方法，就是彻底拿掉限制，让对方海阔天空，你故意让他出去，他都不想跑，这真的需要智慧。"

教育也不是限制，而是教师和学生之间的相互传递和影响。以智慧去激发智慧的火花，以心灵去点亮生命的心灯——这是班主任应该努力的方向。

2014 年 10 月 13 日完稿

走好转折点，踏上成功路

——山东济阳职业中专学生讲座

(2013 年 6 月 3 日)

亲爱的同学们，亲爱的朋友们：

你们好！

我非常高兴能有今天这个机会，同我们济阳职业中专的同学们见见面、说说话。我从事职业教育三十三年了，回顾我走过的道路，我的生命因职业教育而幸福，因学生而精彩。和学生在一起，是我最大的愿望。

至于为什么喜欢学生，我想，一半是天性，一半是使命。

在我们学校里，我有着很多粉丝，几乎每个班都有，有的班级还不止一两个。在和同学们交往、聊天的过程中我发现，许多同学生活在无聊、烦闷、苦恼之中。

职业教育的使命是什么？我认为，职业教育的使命首先就是把你们培养成正常的人、身心健康的人、培养成合格的社会公民。在这个基础上，我们再来谈我们的梦想和追求。

丢掉了人的培养，一切教育都是功利的。功利的教育即使让我们取得高学历、高收入、高职称、高地位，最终，必将让我们走向狭窄、走向自私、走向唯利是图。相反，有了健全的人格，有了自己的追求，即使是做最基层的工作，我们同样可以一生幸福。

既然职业教育的使命首先就是把你们培养成正常的人、身心健康的人、培养成合格的社会公民。那么，作为职业教育工作者，不应该把喜欢学生作为自己的天职吗？我爱我的学生需要理由吗？

在我的眼里，我们中职生都是非常可爱的。但我深深地知道，爱，并不等于教育；爱心一词，也过于泛化了。但是没有爱，就肯定没有教育。

今天我要讲的题目是：走好转折点，踏上成功路。

当前，人们在教育孩子和学生时常说：赢在起点、不能输在起跑线上等，我不太喜欢这些话语。我认为，人生处处是起点。无论做什么事情，只要你愿意开始，你就已经站在了起跑线上。然而正因为处处是起点，所以同学们反而不太珍惜。就像戒烟一样，"戒烟很容易，我已经戒了一千次了"。

但是，人生的转折点是不多的。就像柳青说的那样：人的一生是漫长的，但紧要处却只有几步。同学们从普通中学来到职业学校，或许是你们人生道路上的第一个比较大的转折点。当然也是你们人生中紧要几步中的其中一步。

大量的事实证明，每一个转折点，既是挑战，也是机遇。有的人在转折点上跌倒了，从此一蹶不振；有的人抓住了转折点新的机遇，有了更好的发展。

因此，在转折点上能否走好，将对你们的一生产生重要影响。

一、站在人生的转折点，同学们应该做一次深刻的反思

站在人生的转折点上，同学们应该做些什么，应该思考些什么？

我估计，在同学们中有三种情况。一种情况是从头再来，在哪里跌倒在哪里爬起来；第二种情况是走一步看一步；第三种情况是自暴自弃，混日子。同学们想过没有，你们今天所想、所做的一切，都与自己的未来有着密切关系，也有着因果关系。因为现在创造未来，未来决定现在。

我认为，站在人生的转折点上，同学们首先应该做一次认真、深刻的反思。
同学们要反思什么？
我建议同学们应该做的反思有如下几点：

第一，从小学到初中，乃至高中，我认为，都是一个人打基础的时候。正如顾明远先生所说，是为人的一生发展做准备的阶段。在这样一个打基础的阶段，同学们为什么跟不上了？除去环境、家庭和学校的责任外，你们自己有没有值得反思的地方？

第二，不知同学们想过没有，你们为什么缺乏自信心？为什么缺乏进取的方向和动力？不瞒你们说，这两个问题我也千万次地问过我自己。除去我早已分析过的原因外，我现在产生了一个新的认识：由于你们的基础没有打好，就像盖房子的基础没有完工，因此，在一个未完工的基础上盖什么样的房子都是有问题的。我想，这也是同学们缺乏自信心的一个主要原因。

对此，同学们是否应该反问自己呢？

第三，青少年时期既是长知识的时候，也是长身体的时候，这都是自然规律所决定的。

长知识的自然规律，使青少年充满了旺盛的求知欲；长身体的自然规律，使青少年贪恋体育运动和一切可以玩耍、取乐的活动。这两个规律在一个人生

活中安排得当，就会出现我们常说的德智体全面发展。安排不当，就会导致两个极端，要么成了书呆子；要么成了贪玩的孩子，导致学业的荒废。

同学们应该反思的是，在你们的初中生活中，是不是让贪玩懒惰占据了你们太多的时间？

如果同学们能对这三个问题进行深刻的反思，我相信，你就已经站在了成功起跑线上。

二、站在人生的转折点，怀揣梦想出发

我们常说，教育是农业、林业，不是工业。农作物或树木都是有生命的。所以，成长首先是你们自己的事情，一旦你们自己失去了成长的愿望，那是任何教育都无能为力的。同学们正处在十五六岁的年龄，这个年龄，应该是充满幻想的，应该是有着强烈的求知欲的，应该是有着自己的梦想的。

这里要说明的是，我所说的梦想既可以是所谓的远大理想，也可以是一个具体的职业或岗位。社会因此才得以发展，人生因此才得以丰富。假如这个梦想能实现，你会从中感到幸福，那么，这个梦想对于你来说，就是最好的、最有意义的。

从这个意义上来说，我不能相信，这个年龄的你们会一点梦想都没有。

(动员学生利用今天的机会说出自己的梦想，有不少学生举手，我随机挑选了五名学生，让他们上台来说了自己的梦想，并且都得到了我的奖励。)

刚才叫五个学生上台，这五个同学当着大家的面说出了自己的目标或者说梦想，说明了他们的决心和勇气。我们大家一起见证了这个时刻。当然，他们五个人的梦想能否实现，要到若干年以后才能验证。但是我相信，今天的场景会给他们留下深刻的印象，也会成为他们实现梦想的加油站。

当前，全国都在谈论"中国梦"。一时间"中国梦"成了最热门的话题。其实在我看来，所谓"中国梦"，是建立在"人民梦"基础之上的，"人民梦"又是建立在"个人梦"基础之上的。没有"个人梦"，也就没有"民族梦"、"中国梦"。

同样的道理，没有幸福的个人，哪来幸福的国家？

有梦想的人已经踏上了幸福大道的起跑线。然而，他们还算不上真正幸福的人。真正幸福的人是始终奔走在通往梦想的道路上的人们。

梦想是个好东西，但梦想需要一个好伴侣。没有这个好伴侣，梦想就会自生自灭。这个好伴侣就是——行动。

三、在路上，同学们的行囊里必须携带的几样东西

一个人在通往成功的道路上走得是否顺利，是否开心，能走多远，取决于多种因素。正如一个人去旅行，行囊中所带的东西就显得至关重要了。我觉得，同学们的行囊里至少要携带四样东西：第一是导航仪，第二是干粮，第三是水，第四是你的心上人。有了这四样东西，我敢保证，你会一路走下去，永远不会寂寞，永远不回停歇。

这四样东西都是比喻。

第一，导航仪是指你的方向。这里的方向有两种，一个是现实的方向，一个是理想中的方向。对于有的同学来说，这两个方向是合二为一的。这样的同学是非常幸福的，但为数不多。

现实的方向是眼前的功课和目标：顺利考取理想的大学；理想中的方向是你的兴趣爱好以及你一生的追求。

我们常常忘了自己从哪里来，现在在哪里，将要到何处去？

在职业生涯发展的道路上，重要的不是现在所处的位置，而是迈出下一步的方向。

程社明在《你的船，你的海》一书中说："当你处在成功的巅峰，如果搞错方向，多走一步就是万丈深渊；当你处在失败的谷底，如果找对方向，每走一步都有无限希望。"

因此，我希望同学们要过一种有目标的生活。新东方总裁俞敏洪说："金字塔如果拆开了，只不过是一堆散乱的石头。日子如果没有目标地过下去，只不过是几段散乱的岁月。但如果把努力凝聚到每一日，去实现自己的某一个梦想，散乱的日子就积成了生命的永恒。"(俞敏洪《生命如一泓清水》)

同学们有没有这样一种感觉：觉得自己没做什么事，一天就过去了；刚想做点什么事，一个星期就过去了；刚做一点有意义的事，一个学期就过去了。这是为什么？这是因为你的生活被你分割成了"几段散乱的岁月"，你没有"把努力凝聚到每一日，去实现自己的某一个梦想。"

说到目标，根据我对同学们的了解，我想有两种比较有代表性的情况。一种是没有目标。正如同学们常说的，我也想过一种有梦想、有目标的生活，问题是我不知道我的梦想是什么，我不知道我应该确定什么样的生活目标。第二种情况是，有目标，但距离自己的实际情况比较遥远，说得直接一点就是不那么切合实际。比如，有一个学生总是对我说，她要去墨脱支教，再苦再累都不怕。还有一个同学说，她的梦想是当一名舞蹈家。这样的梦想我不能说不好，

我只能说，要实现这样的梦想，可能比较困难。因为你要支教，首先要有教师资格证，然后要能够脱离家庭的羁绊，再然后还要能吃苦。同时具备这三条，的确不那么容易。至于说舞蹈家，更不是一般人所能做到的。因为学舞蹈容易，要想成为舞蹈家，必须从小学开始。到了同学们这个年龄，如果再想成为舞蹈家，恐怕是难以实现的。

这两种情况都给同学们带来了深深的苦恼。

对属于第一种情况的同学，我的回答是：既然你暂时还不知道自己的目标是什么，那么，你就可以选择做两件事：读书和挣钱，或者从中选择一个，即要么去读书，要么去赚钱。在读书或赚钱的过程中，寻找自己的目标。如果这两项暂时都不想选，就选择自己认为最有意思的事情去做。当然，这样的事情应该是有益于身心健康的。

对属于第二种情况的同学，我的回答是：你要么为自己比较遥远的那个目标奋斗终生，不要后悔。要么就重新找一个比较切合实际的目标。目标与目标之间，没有好坏之分，只有喜欢不喜欢之分，只有适合不适合自己之分。自己喜欢的同时又适合的，就是最好的。如果实现不了，那就退而求其次，选择适合自己的，也是比较喜欢的。

还有一个道理同学们应该知道，你的梦想并不一定是你擅长的，而你擅长的也许现在还没有发现。

法国少年皮尔从小就喜欢舞蹈，他的理想是当一名出色的舞蹈演员。可是，因为家境贫寒，父母根本拿不出多余的钱来送皮尔上舞蹈学校。皮尔的父母将他送到一家缝纫店当学徒，希望他学一门手艺后能帮助家里减轻点负担。皮尔厌恶极了这份工作，不但因为繁重的工作所得的报酬还不够他的生活费和学徒费，重要的是，他为自己的理想无法实现而苦闷。

皮尔认为，与其这样痛苦地活着，还不如早早结束自己的生命。就在皮尔准备跳河自杀的当晚，他突然想起了自己从小就崇拜的有着"芭蕾音乐之父"美誉的布德里，皮尔觉得只有布德里才能明白他这种为艺术献身的精神。他决定给布德里写一封信，希望布德里能收下他这个学生。

很快，皮尔收到了布德里的回信。布德里并没提及收他做学生的事，也没有被他要为艺术献身的精神所感动，而是讲了他自己的人生经历。布德里说，他小时候很想当科学家，因为家境贫穷无法送他上学，他只得跟一个街头艺人跑江湖卖艺……最后，他说，人生在世，现实与理想总是有一定的距离。在理想与现实生活中，首先要选择生存。只有好好地活下来，才能让理想之星闪闪发光。一个连自己的生命都不珍惜的人，是不配谈艺术的。

布德里的回信让皮尔猛然省悟。后来，他努力学习缝纫技术。从 23 岁那年起，他在巴黎开始了自己的时装事业。很快，他便建立了自己的公司和服装品牌。他就是皮尔·卡丹。

在一次接受记者采访时，皮尔·卡丹说，其实自己并不具备舞蹈演员的素质，当舞蹈演员只不过是少年轻狂的一个梦而已。

第二，干粮是指学习的动力。有了方向以后，就需要动力了。

动力比知识更重要。黄全愈先生说过：教育不是往车上装货，而是往油箱里注油。

中职生最大的问题就是动力缺失。这是让我最最痛苦的事情。面对学生的动力不足，我常常有很深的挫败感。学生在和我聊天时常常问我：老大，我什么道理都懂，可就是什么书都看不进去，我应该怎么办？我的回答是：没办法。就像树木不再生长，浇水施肥都是没有用的。汽车发动机坏了，加再多的油也没用。

说实话，到目前为止，我还没有找到有效的办法来解决同学们动力不足的问题。我怎么也想不通，同学们在这个年龄就一点前进的动力都没有了。就像一棵小树，刚刚长成形，就不愿意再生长了。你们就打算这样浑浑噩噩地过一辈子吗？你们这一辈子就打算做一个没有素养、没有知识、没有品位、没有追求的人吗？当你有了孩子，你如何向你的孩子述说自己的经历？当你老了的时候，你回忆自己的一生，会是怎样的心情？

因此，我不相信同学们会没有生长的愿望，不相信同学们会没有想过自己的未来。我想，可能是由于种种原因，让你们原有的梦想一点一点地消失了。

我曾经打过一个比方来形容人的一生。比如，唱卡拉 OK。在 KTV 歌厅，有这样三种人，第一种人是麦霸，尽管唱得一般，但他追求的不是别人的喝彩，而是自己的尽兴；第二种人，虽然唱歌有一定的实力，但比较腼腆；后来看看别人唱的也就那么回事，不比自己好到哪里去，于是，也拿起话筒唱了起来；第三种人是进了歌厅就迷迷糊糊的，自己不唱歌，别人唱歌他也不听。等到他醒悟过来想唱歌时，服务员过来了："对不起，先生，你们的钟点已到，请结账。"结果，第一种人心满意足地走出了歌厅；第二种人没有遗憾地走出了歌厅；第三种人带着无比的懊悔、遗憾走出了歌厅。同学们愿意做哪一种人呢？

我希望同学们勇敢地拿起话筒，唱出自己的声音，唱出人生的精彩！

第三，水是生命之源。在这里，水，是指你的毅力和勇气。

有了方向和动力，是不是就可以一直走下去呢？显然不是这样的。因为人的一生要面对很多困难和障碍。如果没有毅力和勇气，遇到困难和障碍就很容易退缩。

同学们知道，没有水，一个人的生命维持不了多久。同样的道理，没有战胜苦难的毅力和战胜自己的勇气，你走不了多远就会回头。

同学们都知道的商界英雄，阿里巴巴的马云，他考了两三次重点中学也没考上，考大学考了三年，找工作八九次没有一个单位录取他。用他自己的话来说："从各方面来看，我不像是一个有才华的人，无论长相、能力、读书都不见得是这个社会上最好的，为什么我有运气走到今天？" 他自己的回答是："我觉得我们可能是看懂了人性。人都有善良和邪恶的一面，希望灵魂不断追求好的一面，但如果不能把自己不好的一面控制住，把美好的一面放大起来，你不会成功的。"而我要补充的是，马云是凭借着自己永不言弃的精神和毅力，战胜了困难，一步一步走向成功的。

最后要带还有你的"心上人"。"心上人"显然也是比方，这里是指书籍。

我为什么把书籍比作你的"心上人"呢？因为爱情和读书有很多相似之处。同学们都知道，在爱情光芒的照射下，一个人的精神、情绪会发生很大的变化。简单地说，有了"心上人"，仿佛一切都变得美好了。再苦再累，你不觉得；再黑再暗，你不会害怕。

刘墉说过：爱和柴米油盐不一样，没有柴米油盐人活不了，没有爱，人能活，但活不好。柴米油盐负责我们的身体，爱，负责我们的灵魂。

读书的重要性丝毫不亚于爱情。

孟德斯鸠说："喜欢读书，就等于把生活中寂寞的辰光换成巨大享受的时刻。"

英国作家吴尔芙夫人在《普通读者》一书中说："我往往梦见在最后审判那天，那些伟人——征服者和律师和政治家——都来领取皇冠、桂冠或永留青史的英明等奖赏的时候，万能的上帝看见我们腋下夹着书走近，便转过身子，不无欣羡地对彼得说：'等等，这些人不需要奖赏。我们这里没有任何东西可以给他们。他们一生爱读书'。"

弗雷德里克·道格拉斯还是个小黑奴的时候，他的女主人开始教他读和写。许多年以后，道格拉斯成为美国黑人最重要的人物之一，成了几任总统的顾问。这时，他还记得当年男主人怒气冲天的情景。男主人咆哮着："要是你教会了他读和写的话，那就留不住他了。他将永远不适合当奴隶了。"道格拉斯说："平日里，女主人耐心的教导并没有从根本上打动我，倒是这些话深深地打入了我的心。它一下子就点亮了我的心灯，触动了我沉睡着的感情，一个深刻的认识产生了：原来'读和写'是由奴役通向自由的通道。"

腹有诗书气自华。我们常说某人的气质好，其实有没有气质，气质是否儒雅、高雅，在很大程度上取决于一个人是否热爱读书。从这个意义上说，我赞成林肯说过的一句话："40 岁的人要为自己的脸负责"。

读书的重要性不胜枚举。但是，我们的教育把学生培养成了不爱读书的人。这个现象令人堪忧。周国平先生说过："与灌输知识相比，保护和培育读书的愉快是教育的更重要的任务。如果一种教育使学生不能体会和享受读书的乐趣，反而视读书为完全的苦事，我们便可以有把握地判断它是失败了。"(周国平《各自的朝圣路》)

四、在路上，同学们必须放下的几样东西

第一，放下自卑。

自卑是一种不能自助和软弱的复杂情感。有自卑感的人轻视自己，认为无法赶上别人。年轻的时候有自卑心理是很正常的，但是，不能因为正常就可以放任，就可以不加改变。因为自卑心理，阻碍着我们前进的脚步。

同学们仔细想一想这样一个道理：人的一生是短暂的、单程列车的旅行。只要踏上旅途，就不可能回头。而且许多东西是父母一次性给定的，无可更改、无法挑选的。人生的这样一些特性，给了我们什么启示呢？我觉得有这样几点重要的启示：

(1) 我就是我，我是独一无二的。我既不可能成为别人，别人当然也不可能代替我。因此，无论穷富、丑俊、胖瘦，高矮、聪明或笨拙，我必须接受自己。在心理学上叫"悦纳自我"。悦纳自我，是大学生心理健康的指标之一。

(2) 我必须愉快地享受旅途的过程，也就是说，我必须幸福。

(3) 珍惜自己拥有的。我琢磨，自卑来自于比较。自卑的人就在总是与别人比较的状态下度过了自己的一生。当地球上只有你一个人的时候，你可能会寂寞，但你不会自卑。

仔细想想，这种来自于比较的自卑是多么的没有意义。我们从小就应该教育孩子，要自信，要阳光，不要自卑，不要看不起自己。

在 2012 年 6 月 28 日的《中国青年报》看到这样一段话"鸡蛋，从外打破是食物，从内打破是生命。人生亦是，从外打破是压力，从内打破是成长。如果你等待别人从外打破你，那么你注定成为别人的食物；如果能让自己从内打破，那么你会发现自己的成长相当于一种重生。"

自卑的人就是等待别人从外处打破你的那一个鸡蛋。

第二，告别懒惰。

在我国的传统文化中，对懒惰一直是持批评态度的。"业精于勤荒于嬉，行成于思毁于随"。

哈佛大学有一门课程叫《幸福课》，主讲的教师是塔尔宾·夏哈尔，哲学与心理学博士。这位博士在课堂上说："人生与商业一样，也有盈利和亏损。负面情绪是支出，正面情绪是收入。你是盈利了，还是亏损了？"

按照夏哈尔的观点，懒惰就不仅仅是支出了，简直就是在烧钱。

懒惰的人首先是不愿意做事。即使做事，懒惰的人也不能认真地去做，哪怕是一件很小的事情。而做事不认真，是很多人失败的真正原因。同学们可以回想一下，从小到大，你是否认真地做过、做好一件事情？如果你的答案是"有"，那么，你是一个很有希望的人，如果你的答案是"没有"，那么，你必须警惕了。因为在我看来，不能认真做过、做好一件事的人，注定是没有出息的。

我发现，懒惰的人总能给自己找到理由。让他去挣钱，他会说，现在挣钱不容易；让他读书，他会说，现在这个社会读书没什么用处；让他去学技术，他会说，我学会了又能怎样？总之，懒惰的人认为干啥都没意思。我的观点是，一个人在年轻的时候，必须勤奋，必须让自己多体验，多实践，多锻炼。

第三，抛弃狭隘。

我为什么会提到"狭隘"？因为我发现，许多同学不快乐的原因都与狭隘有关。狭隘是指一个人的心胸狭窄，气量小，见识短。狭隘的人因为被眼前的小事、琐事所羁绊，基本上是生活在不开心的状态下的。不仅如此，狭隘还会滋生出任性、嫉妒、报复、陷害乃至犯罪等不良心理和行为。

狭隘的另一面是宽广，是宽厚，是大气，是大度。

只有抛弃狭隘，才能生活在幸福之中，才能成就一番事业。

我希望同学们都能成为大气大度的人，都能成就一番大的事业。

2013 年 5 月 25 日完稿

走进学生心灵，和学生一起面对现在、创造未来

(江苏联合职业技术学院学生管理干部培训班上的讲话，2015 年 8 月 14 日)

学院安排几个同志，给大家谈谈五年制高职学生管理经验。这个任务让我有些尴尬：我没有具体分管过学生工作，何来经验分享？矛盾的是，我又非常愿意利用这几天培训的机会，和大家交流对学生工作(包括德育工作，下同)的一些思考。

一、我对学生管理工作的几点看法

我从事职业教育 35 年，尽管没有直接从事学生工作(只担任过半年的班主任)，但我从来没有离开过学生。我的基本观点是：离开了学生，我们谈职业教育还有意义、还有底气吗？因此，在我写的文章和出版的专著中，学生工作和德育工作占了一半的分量。远的不说，就拿今年为例，到目前为止，我发表了十篇文章，学生工作和德育又占了一半的比例。

(一) 学生管理工作任务重、付出多、压力大，但是，传统的学校运行机制是以教学为中心的

学生工作的"任务"、"付出"是刚性的，不客气地说，教学工作是有弹性的。教师队伍的职业倦怠尽管影响教学质量的提升，但不影响学校的正常运转。如果学生管理人员队伍职业倦怠，必将影响到学校的安全、稳定。因此，毫不讳言，鉴于目前职校生的实际，学生管理人员不能也不敢职业倦怠——因为肩负着巨大的压力。学生管理工作为职业学校的改革与发展做出了巨大贡献。

大家都知道，学生工作压力很大。什么是压力？为什么会有压力？压力，其实就是责任、就是风险。教学管理干部以及教师，只要下班离开学校，便可以做自己的事了。但学生管理人员(包括班主任)的手机随时都会响起，一旦有事，便立即奔赴学校。从经济学的角度看，高风险是和高回报、高收益挂钩的。而我们职业学校学生管理队伍只有高风险，没有高回报、高收益。我个人认为，这种状况难以为继。

全国闻名的优秀班主任薛瑞萍说："以爱和付出为职业的人，格外需要得

到关爱与温暖。你怎能期待一处从来只承受黑暗和寒冷冰冻三尺的所在，居然可以开出美丽的花朵？你怎能期待一个终年辗转于监防、疲倦、被动的磨盘之下，终年挣扎于同行竞争、家长苛责、学生顽劣、挣扎于荆棘丛中的人，竟然可以而且一直可以付出有力的爱？"

在职业学校，是以教学为中心，还是应该以学生为中心？这个问题涉及理论问题，我还没想好。但我的直觉，一是这个问题是可以讨论的；二是教书育人在职业学校应该倒过来育人教书。

(二) 学生管理工作的重要性是不言而喻的，但是，学生管理人员这支队伍的重要性以及受重视程度与学生工作是不相匹配的

我走了不少职业学校发现，没有哪个校长敢轻视学生工作。但是，学生管理人员同专业教师相比，缺少了很多发展的平台和提升的空间。当前职教领域轰轰烈烈开展的技能大赛、信息化大赛、两课评比、数字化校园、微课比赛、品牌特色专业评选、实训基地建设、重点专业建设、双师型教师队伍建设、学业水平测试、专业协作委员会，等等，都是属于教学口的工作。职称评定更是教师们的人生奋斗目标。我们学生管理人员有什么奔头？有哪些发展空间？

是什么原因导致了上述现象的产生？我思考的结果是，这种状况与领导层"想要什么"有着密切关系，而领导想要什么又和教育行政部门"想要什么"有着直接关系。

"楚王好细腰，宫中多饿死"。"基础教育有高考，职业教育有大赛"，技能大赛成绩已成为衡量职业学校办学质量的重要标志；评上"国示范"，投入两千万；评上品牌特色专业，既有利于招生，还有经费支持，"既好看，又好吃"……职业学校校长，不抓这些怎么能行？

习近平总书记对职业教育工作的重要批示中说："弘扬劳动光荣、技能宝贵、创造伟大的时代风尚，营造人人皆可成才、人人尽展其才的良好环境，努力培养数以亿计的高素质劳动者和技术技能人才。"要"努力让每个人都有人生出彩的机会。"习总书记的重要批示，既明确了职业教育的艰巨任务和发展方向，也准确阐述了职业教育的本质。但是，在实际工作中，我感觉，职业教育的发展出了偏差。具体表现在：

(1) 习总书记强调的是"人人"、"每个人"，职业学校及媒体往往更重视"掐尖"。

(2) 习总书记强调的是"人生出彩"，职业教育领域着重抓的是学校出彩、专业出彩。

至于学生管理工作，说得极端一点就剩下了三个字：别出事。

学生不出事，其他方面也就没有学生管理人员什么事了。

(三) 学生中出现的问题原因是非常复杂的，但板子只打在学生管理人员身上，这种做法是有失公允的，也是违背客观规律的

每学期开学，学生管理人员便进入了一级战备状态。其工作状态和内心世界可以说是提心吊胆，惴惴不安，如履薄冰，如临深渊。问题的另一方面，学生中每时每刻都有不安定的因素在酝酿发酵、暗流涌动。说不定何时地因何事何因就会爆发出来，或翻墙外出，或打架斗殴，或男女行为不轨，或破坏公共财物。遇到这类事件，学校的第一反应是学生工作部门召开有关会议，开展调查取证，研究处理方案。问题出的多了，班主任待遇会受影响，系部学生工作声誉乃至整个学校的学生工作声誉都会受到影响。

很少有人去深究，学生为什么会犯错误、出问题？

在很多时候，学生管理人员在品尝基础教育酿成的苦果，在为教学工作、后勤工作擦屁股。打个不恰当的比方，有人点了火，点火的人走了，需要学生管理人员第一时间冲到现场救火。灭不了火，是学生管理人员的无能。至于何时起火、起火的原因是什么、火源从哪里来的，等等，就无人问津了。这种现状对于学生管理人员来说是不公允的。

不仅如此，学校为了教学工作取得成绩，不仅有大的投入，还有重奖。学生管理工作也需要经费支持，但据我所知，不少学校支持的力度不大。不仅在经费上支持力度不大，出于安全稳定的考虑，学生工作中许多有意义的活动都被取消了。像北京育英中学、北京十一中学、清华附小、上海建平中学、台湾全人中学这样的学校，在职业教育领域有几所？

二、我对学生管理工作的几点思考

(一) 教育和教学分割，导致德育工作单薄

教育和教学犹如一个人的灵与肉、精神生活与物质生活，犹如车之双轮、鸟之两翼是无法清晰分割开来的。不可思议的是，我们国家成功地把二者分成了两项工作、两个体系、两套机构、两套人马。教育教学分开来的直接后果就是：德育工作变得势单力薄。

(二) 教育和管理混淆，导致德育工作单一

教育和管理的关系应该是你中有我，我中有你的关系。没有教育的管理是生硬的，没有管理的教育是软弱的。如果硬要分开来说，那么，我认为，教育的着重点是"攻心"，管理的着重点是"攻城"。自古以来的道理是"攻心为

上，攻城为下"。

成都武侯祠有一副对联："能攻心则反侧自消，从古知兵非好战；不审势即宽严皆误，后来治蜀要深思"。这副对联是清代赵藩撰写的，流传很广。据说毛泽东、邓小平、江泽民都非常喜欢这副对联。

我琢磨，这副对联用于德育工作也非常恰当。德育即育德，德是品德、是德性，都关乎人的内心世界。德育工作不入脑入心，怎么会有成效呢？

不少职业学校大有管理代替教育之势。我们说的口号是一切为了学生，为了一切学生，为了学生的一切。而实际上是一切为了管住学生，为了管住一切学生，为了管住学生的一切。所以才有了全员管理、全过程管理、全面管理的"三全管理"。"三全管理"被称为无缝隙管理。我对这些口号是有所质疑的。古人云："水至清则无鱼，人至察则无徒，政至察则众乖。"如果管理学生到了无缝隙的程度，学生就要不顺从、不听话、反抗、逃避、逃离了。

(三) 教育和生活脱离，导致德育工作单向

大家知道，"生活即教育，社会即学校，教学做合一"，是陶行知教育思想的核心。而我们职业教育的现实是：教育远离生活、学校远离社会、教学做分离。反映在德育工作中即为，德育目标代替了德育功能，政治德育代替了生活德育。于是，管理代替了教育，森林代替了树木，就业代替了办学水平，技能代替了办学质量。所有这些都违背了教育，远离了教育。

三、我的两点具体做法

没有什么经验可谈，但我可以谈谈我的两点做法。

(一) 走近学生身边，感受学生的喜怒哀乐，和学生一起面对世界

陶行知说："你若变成小孩子，便有惊人的奇迹出现；师生立刻成为朋友，学校立刻成为乐园；你立刻觉得是和小孩子一般儿大，一块儿玩，一处儿做工，谁也不觉得您是先生，您便成了真正的先生。"

我始终认为，到学生中去，和学生成为朋友，这是每一个做学生工作的都应该找到的位置。

我走近学生的方法有很多，具体可以参考我的文章《我是这样走近学生的》。

(二) 走进学生心灵，了解学生的酸甜苦辣，和学生一起分担分享

光是走近学生还不够，还必须倾听学生。

每一个学生背后都有故事，越是问题学生，故事越多、越曲折、越复杂。

在学生没有敞开心扉说出自己的故事之前，我们实施的教育基本上不会有任何效果。

学生一旦把你作为"自己人"，便会有奇迹出现：你就成了学生的精神导师。

教育在影响一个人方面能做的事情不多，到了"自己人"这一步，教育的那一点点作用就可以发挥出来了。

2015 年 7 月 28 日，7 月 29 日修改，8 月 8 日再修改。

附：《我是这样走近学生的》

我是这样走近学生的

经常有职教同仁问我这样的问题：刘校，你的学生粉丝为什么这么多？你和学生的关系为什么这么好？我常常是笑而不答，因为我无法用三言两语回答清楚。

我于 2013 年 3 月退二线，至今已经快两年了。退二线后，我的 QQ 就不再更新，我的想法是逐步退出学生的视野。之所以有这个想法，是因为我怕和学生如此频繁地接触，会有意无意干扰学校的工作(在职的时候就出现过类似情况)。但直到现在，依然有学生和我保持着联系，他们遇到困难，依然会找我咨询或倾诉。

夜深人静时，职教同仁问我的问题，我也会拿来问自己。经过思考和梳理，我的回答是：和学生在一起，是我最愉快的时候，是最接近教育的时候，是我对教育工作的热情被激发出来的时候。因此，与其说是学生喜欢和我接触，不如说我是在利用各种机会走近学生。我想走近每一个学生的内心世界，寻找他们成长的轨迹，感受他们的喜怒哀乐，然后和学生一起面对眼前这个现实的世界。我也许无法解决学生面临的问题(事实上，学生遇到的许多问题我们都是爱莫能助的)，但在他们成长的过程中，我和他们站在一起，倾听他们的故事，分享他们的快乐，分担他们的痛苦，同时对他们又充满了善意的期待，我在无意中就担当起了教育工作者的神圣使命，赋予了教师这个职业伟大意义。

教师和学生的关系，简单地说，就是教师和镜子的关系。你对学生真诚微笑，你换来的一定是学生由衷的喜爱；你蹲下身来倾听他们的故事，你得到的一定是无比的信任；你发自内心地期待学生成长，你看到的一定是学生的惊人的变化。

我说自己"利用各种机会"和学生接触，主要的机会有哪些呢？回想了一下，一是值班时；二是听课巡课时；三是到食堂就餐时；四是一些偶然的机会。

我们学校领导每天有一个人值班，因此，我每隔三四天就要在学校住一个晚上。每次值班时，我常常走进一个又一个的班级，和学生近距离地接触。除去熟悉的班级外，我还不断开辟新的"领地"。熟悉的班级会盼望着我去看望他们。不熟悉的班级，我用十几分钟就可以"搞定"。开始的几分钟，由于学生不认识我，有些拘束。我会主动和学生"套近乎"，以打开僵局。我常常采用的做法是：一是主动问学生："你们认识我吗？""你们愿意认识我吗？"几个问题下来以后，学生就开始活跃起来。二是我会善意地隐瞒身份"欺骗"学生，自我介绍："我是学校的工人，我来教室，主要是看看你们的电灯有没有不亮的，你们的暖气有没有需要维修的？"这样的自我介绍完毕，学生中就会议论纷纷。有的学生说，学校的工人真不错，对我们这么关心；有的学生说，他不像个工人，像是个领导；还有的学生直接问我：老师，不对啊，我们开学典礼那天，您好像是坐在主席台上的吧？我笑而不答，同学们开始议论：这个人究竟是谁？我说，不论我是谁，既然我们认识了，就当我是你们的朋友，可以吗？学生开始兴奋起来，齐声回答：可以！我说："好，既然我们是朋友了，那我们就相互了解一下吧。请大家猜猜我的年龄、属相，凡是猜对的都有奖品。"正常情况下，这些问题显然有些无聊，但我们的职校生喜欢热闹，喜欢这类轻松的话题。学生听到我这样说，沉闷的晚自习一下子热闹起来。到了这一步，学生和我的距离就彻底拉近了。当有的同学猜对了我的年龄、属相后，我就叫他们写个条子给我，留下自己的班级、姓名。下次值班时，我一定买点小东西给这些同学送去。还有的时候，我会出个题目让学生做，比如，我在黑板上写下一个乘法，让他们用算盘将答案算出来(不能用计算器)，算得最快的同学也有奖品。我常出的一道题目是：$1\,953\,125 \times 512$，这个题目是珠算中的一个练习题，名曰"狮子滚绣球"，正确的答案应该是 $1\,000\,000\,000$，但在珠算乘法运算过程中，非常容易算错。正确的运算过程就像"狮子滚绣球"一样，不断地进位，最后在算盘上显示的是个"1"。算得最快的同学同样会得到我的奖品。最后，我临走的时候，会留下我的手机号、QQ 号。当我巡视完毕回到办公室时，我的 QQ 上已经排了长长的加我为好友的学生名单。当我下次值班再去这个班级的时候，学生一见我，就立刻爆发出热烈的掌声。类似的做法还有很多。

记得有一次，一个新生班级刚刚举行完班干部竞选演说。待他们演说完毕后，我走进教室，问参加竞选的几个同学一个问题："你为什么要参加竞选？"

几个同学的回答大同小异，基本的意思是"班干部可以锻炼自己"。我听了以后，觉得这样的竞选动机有些问题。于是，我在讲台上说了这样一番话："你们愿意竞选班干部是好事，起码说明你们是勇敢的、是愿意承担责任的。但是，你们的想法是不全面的。"我转身在黑板上写下了"义务"两个字，然后问大家："知道我为什么要写这两个字吗？"同学们沉默了，流露出若有所思的样子。我继续说："在我看来，当一个人愿意出来竞选的时候，首先要想到的，不应该是'这件事情对我有什么好处？'而应该想到'我能为大家做些什么？'只有把义务、把服务摆在第一位，你才能在接下来的工作中做得更好。义务和权利不单单是个顺序问题，其实，这反映了一个人的境界和素养。把权利放在首位的人，是以'我'为中心的，一旦出现不利于'我'的情况，就会立马退却；把义务放在首位的人，是以集体利益为中心的，在这样的人心中，集体利益高于个体利益，因而，这样的人才是班干部的合适人选。"我注意到，当我说这些话的时候，几个参加竞选的同学，有的低下了头，有的不断点头，表示赞同我的观点。我进一步引导他们："以自我为中心，张扬个性，是这个时代青年人的特点。但是，如果心中没有他人只有自己，恐怕就不是时代特点而是时代病了。如何让自己与时俱进，富有时代性，同时又要防止染上时代病，这是同学们应该认真思考的问题。"这个班级后来成为我的重点联系班级之一。

我校当时还有甘肃班、内蒙班、张家港班等，我对这些班级格外关注。因为他们远离家乡，刚刚到一个陌生的环境，肯定会有很多不适应。因此，每次值班尽管时间很紧，但这几个班级几乎是我必去的。当然，这些班级的学生也就自然成为我的铁杆粉丝。

上面仅仅是其中的几个例子。一学期下来，我和很多班级的学生成了朋友。有的时候我正在一个班级里和学生愉快地聊天，其他班级的班长会闯进教室，强行把我拉走，说是代表班级同学来的，非要我到他们班去。这个班的学生就拉着我不让我走。为了平衡，我每个班只能呆上几分钟。就是这样，依然有很多班级转不过来。还有的班级见我从他们教室外面走过时，就热烈鼓掌，希望我能进去随便聊一聊。时间关系，我只能招手致意。作为一名职业教育工作者，看到学生如此地需要你、欢迎你，一种职业幸福感油然而生。

我说这些，不是为了显摆自己多么受学生欢迎，而是想说明一个问题：只要你愿意，只要你真诚地和学生交朋友，你就会发现，我们的学生是多么地可爱，我们的学生是多么地需要教师的亲近和指导。当学生见到你就热烈鼓掌的时候，他们就已经把你当作"自己人"了。心理学上有"自己人"效应，意思是说，当学生把你当作自己人的时候，你对他们进行的教育，他们会欣然接受的。因此，我常常利用"自己人"的身份，对学生进行一些正面的教育，比如，我会给学生推荐一些书籍、电影，我会给学生聊一聊"什么是职业预备期"、"怎样利用好在校这几年"、"人与人的差距是如何拉开的"等话题。这些比较严肃的话题，学生听得津津有味，事后常常会有学生告诉我，他们听了我的话以后思考了很多很多。

有一次我到一个会计专业高职三年级的班级去，这个班级在各方面都比较优秀，是我常去的一个班级。那天晚上，学生围着我让我买奖品。因为我曾经答应他们，如果第一次通过"会计从业证书"的比例高于其他班级，我就奖励他们。正常情况下，第一次考证的通过率能达到 30% 就不错了。但我对这个班的要求比较高，希望他们能有所突破。结果，这个班的通过率超过了 50%，只有少数同学没有通过。看到学生兴奋的状态，我一方面表示，君子一言，驷马难追，一方面在黑板上写下了四个字：人文关怀。同学们看到这四个字，一时没有反应过来。我严肃地对全班同学说：你们问我要奖品没有错，我不会食言的。但是你们想过没有，你们这样兴高采烈的表现对少部分没有通过的同学来说，是不是一种刺激？同学们顿时安静了下来，开始思考这个问题。我借这个机会，对他们因势利导。我告诉他们，在一个集体中，一定不要忽视他人的感受。稍一疏忽，就容易把自己的快乐建筑在别人的痛苦之上，尽管这不是你的本意。当你习惯了顾及别人的感受时，你的许多做法就会有所不同，你的境界就会提高很多。我们平时说的比较多的素质、素养，就体现在这些细节中。说完这些话后，我拿出了 200 元钱，交给了班长，让他给每一位同学买一份小小的奖品，对通过的学生是奖励，对未通过的学生是鼓励，鼓励他们加一把劲，争取下次一定通过。

以我个人的经历，我觉得，要走近学生，一点都不难。关键看我们是否有一颗真诚的心。

我曾经写过一篇文章《进酒吧，就是坏女孩吗》，这篇文章被新浪网放在了博客首页，一天之内就有一万多人点击浏览，也有很多留言好评论。这篇文章中所说的"女孩进酒吧"是发生在我们学校的实例。学校的处理结果是，有的被除名，有的被处分。被除名的女孩我认识，平时见了我总是很亲切地挽着我的胳膊。离开学校前，她还专门到我办公室来辞行。我猜她的背后肯定有故事，就直接问她，可以告诉我你小时候的故事吗？果然不出我所料，她是家里"超生"的孩子，一生下来，就被送到了亲戚家寄养。从小没有母爱和父爱，经常受人欺负，男孩子常常把她按在地上打。幼小的她就想过，何时自己长大，一定要成为一个强者，把所有敢欺负她的人都按在地上揍。正是这样的心态驱使，她来到我们学校后，成了女生中的"一霸"，成了没人敢惹的"女老大"。我问她如何看待学校的处分？她说，我不适合在学校里待下去，学校开除我是对的，我对学校的处理没意见，毕竟自己入学以来犯了很多错误。

我是个感性的人，是个极易动感情的人。听了她的一番话，我已经感动地不行了。一个被学校除名的"坏学生"，还能够如此理解学校，如此分析自己，这样的孩子不是很可爱吗？这样的孩子难道不能再给她一次机会吗？如果我们的老师、班主任从她一入校就了解她的过去，倾听她的故事，然后引导她把精力和才干用在学习上，她会发展到这一步吗？

在每天巡课听课时，我会见缝插针地到一些班级去，和同学们随便聊一聊。比如，我看到一个班级没有老师上课，我会进班级了解一下情况。一方面，我了解到了一些教师随意调课的现象，另一方面，我会利用这个时机，给同学们"上一课"。所谓"上一课"也就是随便挑选一个话题，和同学们展开讨论。如果是新生班级，我会聊一聊如何适应新环境的话题。如果是毕业班，我会聊一聊有关面试、实习、就业等问题。

我们学校没有教工食堂，教师和学生都在大餐厅就餐。利用这个时机，有时我会和我不认识的学生一起就餐，边吃边聊。我知道，学生之间都是有相对固定的"饭友"的，饭友可以是两人、三人，也可能是更多。我会挑选既有饭友又有空位的地方坐下吃饭。这些不认识我的同学会感到很奇怪：这个老师为什么不和其他老师在一起吃饭，跑到我们这一桌来吃？我常常使用我的老伎俩，随意地问学生："认识我吗？"学生直摇头，说不认识。我说，那你们猜猜吧，我是干什么的？他们首先猜我是老师，然后猜我是学生家长。我说不对，我是学校的工人。学生们说，看着不像啊！我说那我像什么？他们要么说我就是老师，要么说我像领导。还有的学生会说，虽然不认识您，总觉得在哪里见过您。我撇开这个话题，问他们是哪个系、哪个专业、哪个年级的？班主任是谁？各科老师是谁？然后我会对他们的系部、专业做出评价。往往就在吃饭的时候，会有我熟悉的学生和我打招呼，打过招呼，我的身份也就暴露了。我面前的几位学生会流露出既有些紧张又有些兴奋的表情。在一个七八千人的学校里，能和学校领导共进午餐，是他们没有想到的。一顿饭下来，我和这几位同学就成了朋友。随后他们会在 QQ 上加我为好友，开始网聊。

除了上面几个"机会"外，我还抓住一切可以和学生接触的机会，争取多认识几个学生。比如，我们学校每周都有一个班级劳动值周。我们校领导和校办所在的楼层也会安排两个学生。几乎所有值周的学生，都成为了我的朋友和粉丝。

和学生接触多了，学生拿我不见外，对我的称呼也就五花八门了。有叫我刘校的，有叫我老大的，有叫我老刘的，有叫我刘老大的，还有叫我刘大大的。后来看到有人管习总书记叫习大大，我还暗自高兴了一番。因为相比之下，学生叫我刘大大要早得多。

第一个叫我刘大大的，是会计电算化专业的一个男生。这个男生用他班主任的话说，是个调皮孩，喜欢"接话把"，喜欢与众不同，班主任说拿他没办法。记得第一次去他们班，他就"脱颖而出"了。当时同学们都在晚自习，看我进去，几乎没有反应。与众不同的他率先问我，老师，你是教什么的？我们该怎么称呼您？我说，我是一般工作人员，平时不上课，所以你们不认识我。至于叫我什么，随意吧，怎么叫都可以。他说，叫你爷爷可以吗？我故作生气地说，我有那么老吗？他说，那就叫你大大吧！我说甚合朕意。从那以后，我就成了他的刘大大。每次从他们班路过，他都在里面喊：刘大大！只要去他们班，我都要和他聊上几句。有一次去他们班，看到他不在班上。没等我问，班上同学就说，他不在，生病了，在宿舍睡觉呢。我从他们班出来就直接去了他的宿舍。晚自习期间宿舍是不供电的。黑漆漆的宿舍里，他蜷缩在床上。我问他，好些了吗？他说，刘大大，我好多了，你忙去吧，我睡睡就好了。我一摸他的额头还是很烫的，根本就没退烧。于是，我去了医务室，给他买了退烧药。想让他服药，宿舍里的几个暖瓶都是空空的（男生宿舍基本如此）。我又去办公楼给他打了开水，看着他服了药才回去。

以上就是我和学生接触的故事。

和学生如此频繁地接触，的确占用了我大量的时间，但同时也极大地丰富了我的精神世界。我的QQ总是处于爆满状态，进来一个学生，必须删除一个学生。通过和学生的聊天，我了解到了很多学生的故事。学生愿意把最隐秘的心理活动告诉我，然后征求我的意见。其中包括家庭问题、恋爱问题、同性恋问题、和老师的矛盾问题以及对前途命运的思考等。掌握了这些宝贵的第一手资料，我在工作中就掌握了主动权。

正是因为和学生的亲密接触，使我对职业教育产生了许多新的感想、感悟和感触。当我打开电脑写作"给职业学校学生一封信"系列文章的时候，写作"小花的故事"、"梦梦的故事"、"小禾的故事"等故事系列的时候，以及写作其他职教文章的时候，真的是文思泉涌，常常是一气呵成。有的时候是打字的速度跟不上喷涌而来的新想法、新思路、新故事……

黄达人提出了一个观点：要善待学生。而且他把善待学生作为中山大学三个核心理念之一。大学校长尚且如此，我们职业学校有什么理由忽视学生呢？

离开了学生，我们谈职业教育有底气吗？离开了学生我们谈课程改革，有意义吗？离开了学生我们谈校企合作，有价值吗？

就当前职业学校的情况而言，全身心投入到教书育人中去的一个非常重要的切入点就是，你必须走进学生心灵，倾听他们的故事，体会他们的艰辛和不幸，与他们一起寻找通往成功的人生之路。根据我的经验，每一个职校生的背后都有故事，而且越是"问题学生"，故事越多，越令人心酸。走进每一个学生的内心世界，你会发现，这个世界是那样地丰富，这个世界是那样地需要你。反过来说，我们也从学生的需要中获得了很多感悟，思考了很多问题，我们的生命因此而感动，我们的职业因此而精彩。

2015年1月22日写，1月24日修改，2015年2月26日再修改。

学 校 管 理 篇

让学生具有归属感，让教师具有幸福感

——盐城生物工程高等职业技术学校教师培训

(2012 年 8 月 24 日)

学校领导让我来给大家做个讲座，题目没有限定，但要求非常明确，即如何调动教师的积极性，如何让教师在工作中投入更多的热情。应该说，这个要求是非常高的。我的讲座显然不具有这个功能。但我愿意利用这个机会，谈谈类似的话题。

众所周知，当前职业教育面临很多难题。其中最为突出的是学生动力不足和教师职业倦怠。就这两个突出问题，我写了不少文章，而且也利用各种机会谈自己的一些见解和思路。目前，《中国教育报》正在连载的我的"破解中职校发展难题"系列文章，也是围绕这两个突出问题展开的。

我认为，解决职教难题，要找准切入点和着力点。为此，我尝试从不同的角度寻求突破。而且我感到，切入点和着力点未必就是一个，应该是多个。也就是说，从多个角度都可以触及到职教难题，寻求破解的路径。最近，我在探索一个新的切入点和着力点，即"让学生具有归属感，让教师具有幸福感"。

我所在的学校从 2006 年开始，就提出了"打好综合素质这张牌"的育人理念。这一理念不是我们的发明创造，也不是我们突发奇想，在办公室里拍脑袋想出来的。记得那时我们学校刚刚开始实行最后一年顶岗实习的做法，也刚刚开始关注学生就业质量。我们在与许多用人单位联系时，听到最多的一句话就是，专业方面没有什么过高的要求，但学生的素质要比较好。记得有一次，一个房地产开发公司的老总给我打电话，想要几个学生，没等我问具体条件，她脱口而出："什么专业无所谓，综合素质好一些的就行。"

用人单位不约而同地对学生的综合素质提出的要求，给了我们很大的启示，也使我们警醒！在此之前，我们不是没有抓学生素质的培养，但到了实习和就业环节，我们关注更多的还是学生的专业和技能。带着这样一个新认识，我连续召开了多次会议，鲜明地提出要注重学生综合素质的培养，抵制"技能至上"的潮流。也就从那时起，我们采取了一系列措施，如对文化基础课进行改革，增加了成功教育、礼仪、口语与沟通、普通话等校本课程，实行了校内面试制度，改进了学分制等。应该说，这些举措在培养学生素质方面起到了积极作用。后来，随着全省职业学校课程改革的深入，这些带有原创性的做法不得不让位于大一统的做法，统一教材、统一课程、统一课程标准。

今天不谈课改，回到我们的话题上来。今天我想讲的主题是：让学生具有归属感，让教师具有幸福感。

我坚持认为，真正的教育，应该是我们的所有行为始终指向具体的每一个学生，也就是我们常说的，要关注每一个学生的成长。不要看轻了这句话，因为我们更习惯的做法是与之相悖的。我们的教育传统更习惯于"批量生产"，而不善于一个一个地加工打磨。我们更习惯于就"森林"说事，而不善于对"每一棵树"端详。

比如，"为了学生的一切，为了一切学生，一切为了学生"，就有"批量生产"的嫌疑；"办人民满意的职业教育"也显得十分笼统。我们经常使用的一些词汇如"培养一批"、"造就一大批"、"输送了数以万计的毕业生"等，都是"批量生产"的表现形式。至于具体到一个个学生如"张三"、"李四"等，如果不是先进典型或处分对象，是没有多少人在意或关注的。

如果说办教育是为了人的发展，大概没有人会反对。但一旦进入操作层面，为了人的发展就变成了为社会经济发展培养人了。接着往下推论，就出现了办人民满意的教育，办社会满意的教育、办用人单位满意的教育这样的观念与口号。我们忽视了一个非常重要的方面：我们的教师满意吗？我们的学生满意吗？

作为职业教育，我觉得，应该提出办适合学生成长的职业教育，办促进教师专业发展的职业教育，而不是笼统地说办用人单位满意的职业教育。反过来说，如果真正做到教师幸福了、学生成长了，这样的学校培养出来的学生用人单位会不满意吗？

因此，如何让学生具有归属感，让教师具有幸福感这个问题就进入了我的视野。

一、让学生具有归属感

归属感是指个人自觉被别人或被团体认可与接纳时的一种感受。归属感还指心理上的安全感与落实感。

按照这个定义，我想问，我们的学生被学校接纳了吗？我们的学生有安全感与落实感吗？我们的学生观是否正确？

我们准备好了教室、宿舍、师资，就可以开学了吗？如果是这样，学校教育和社会培训又有什么区别呢？

我以为，让学生更具归属感，必须做到以下几点：有足够的空间，促进学生成长；有足够的魅力，影响学生阅读；有足够的耐心，等待学生醒悟；有足够的大爱，成全学生发展。

1. 有足够的空间，促进学生成长

我们的学生正在成长之中，这一过程我们都经历过。但随着岁月的磨损，我们或许渐渐忘记了：我们也曾年轻过。我们以为，孩子们的成长是自然而然的事情。其实，他们的成长伴随着快乐、苦恼、痛苦与挣扎。少男如此，少女也是如此。我说得极端一些，这一阶段的青少年，集纯洁与邪念于一身，集理智与欲望于一身，集进取与堕落于一身，集成熟与幼稚于一身，集顺从与叛逆于一身，真的是复杂得很。我们每一位教师都要意识到这个复杂性。否则的话，就很难成为一名称职的教师。

按道理说，我们职业学校是最有条件给学生生长的权利和空间的，但是，我们做到了吗？

2. 有足够的魅力，影响学生阅读

这里说的魅力，是指教师的魅力，是指教师影响学生阅读的魅力。

说到阅读，有几个问题始终困扰着我：我们的学生为什么不喜欢读书？我们怎样做才能让学生喜欢读书？我们的教师读书吗？我们的教师酷爱读书吗？

如果教师酷爱读书，课堂教学就充满了智慧，教师就充满了魅力，学生就充满了期待；如果教师不爱读书，课堂教学就失去了生长，教师就没有了情趣，学生就充满了失望。

阅读对教师来说实在太重要了。

钱理群说："阅读所建立起来的，是一切尚未开始的生命和几千年人类文明积淀下来的意义世界之间的联结，这就可能为他们的生命成长奠定一个宽广、深厚的精神底子，并使他们自身潜在的生命力量获得健康的引导和高强度的激发。"

周国平说："与灌输知识相比，保护和培育读书的愉快是教育的更重要的任务。如果一种教育使学生不能体会和享受读书的乐趣，反而视读书为完全的苦事，我们便可以有把握地判断它是失败了。"

在一本书上看到过废奴领袖弗雷德里克·道格拉斯读书的故事，让我久久

不能忘记。弗雷德里克·道格拉斯还是个小黑奴的时候，他的女主人开始教他读和写。许多年以后，道格拉斯成为美国黑人最重要的人物之一，成了几任总统的顾问。这时，他还记得当年男主人怒气冲天的情景。男主人对女主人咆哮着说："要是你教会了他读和写的话，那就留不住他了。他将永远不适合当奴隶了。"道格拉斯说："平日里，女主人耐心的教导并没有从根本上打动我，倒是这些话深深地打入了我的心。它一下子就点亮了我的心灯，触动了我沉睡着的感情，一个深刻的认识产生了：原来'读和写'是由奴役通向自由的通道。"

3. 有足够的耐心，等待学生醒悟

一个人的成长自有其规律，一点勉强不得。所有拔苗助长、过度教育的做法都是对孩子成长的伤害。这当然是对成长中的青少年来说的。如果学生到了一定的年龄，比如过了十八岁依然不知悔改，那就不是等待醒悟的问题了。所以，我同意这样的观点：对于有些人来说，教育的作用是微乎其微的；对于一定年龄的人来说，教育就连一点作用也没有了。

我们的学生是应该等待、值得等待的年龄。他们还有时间来矫正自己的行为，虽然时间不是很多了。正因为时间不多，我们才应该有责任感、紧迫感、使命感。所以我在一篇文章中写道：中职生的过去，应该由社会、家庭和教育负责；中职生现在向何处走，我们责任重大；中职生的未来，他们自己必须担当起责任。

关于等待，我国教学学者张文质先生另有一番独到的见解。他在《生命化教育的责任与梦想》一书中指出："等待"所信奉的是人"自然成长的规律"，而"期待"则具有更多的教育意味。期待是希望人变得更为美好的一种意愿，期待让人感受到信任与祝福。期待总是乐观的，期待虽然是将自己的意愿"投诸"被期待者身上，却很少出于一己的偏私，因为期待总是一种精神的诉求，它远离了卑俗的贪欲，因而也具备了更多鼓舞人心的力量。教师也往往因为"在期待之中"而有了一种神圣的光泽。

读张文质先生的著作，我受到了启发，感到了震撼。是的，等待和期待，一字之差，韵味、内涵、境界皆不相同。

如何教育学生？我认为可以概括为十六个字：付出爱心，平等对话，积极影响，充满期待。

4. 有足够的大爱，成全学生发展

具有大爱之心，是教师的最高境界。这样的教师会关注每一个学生的成长，会尊重每一个学生，会善待每一个学生。这样的教师是真正意识到每一个

生命都是独一无二的，都是具有无可替代的价值的。

这里说的大爱，不是我们日常说的爱心。什么是大爱？我查词典没有找到答案。我理解的大爱应该是，发自内心的、内化为生命一部分的、不为其他因素所动的一种仁爱。

二、让教师具有幸福感

现在不少刊物都在谈论教师的幸福感问题。教师的幸福感来自于哪里？我觉得来自于教师自觉的追求、精神的丰富和灵魂的高贵。

1. 教师幸福的源头

教师幸福的源头在于自己对教师职业的认识和认同。如果不把教师职业当作值得自己一生为之付出的事业，教师的幸福感就成了无源之水。

有人对搞教育的人说了四句话：要把教育当作一件事来做；一个人一辈子只能做一件事；这一件事也不一定能做好；重要的是尽力去做，从具体的小事做起。这几句话说得实在，说得深刻。

我通过和许多教师接触发现，有不少教师认为自己是热爱教师职业的，但他们抱怨受到的干扰太多，精力都让琐碎的事情耗尽了，因此，缺乏幸福感。对此，我的看法是，真正热爱教师职业的，是全身心投入的、不由自主的。没有干扰当然更好，有了干扰，只会激发自己更加珍惜在课堂上的分分秒秒，只会更加看重和学生在一起的点点滴滴。打个比方，就像我喜欢读书一样，各种杂事的干扰的确很耽误时间，但只要给我十分钟的时间，我很快就会进入读书状态。正是因为时间被无端地浪费很多，所以才更加珍惜可以用来读书的点滴时光。

2. 教师幸福的特征

一个人的生活大致可以分为两类，一类是平面的，即日常生活；一类是立体的，即精神生活。具有幸福感的教师，一定是二者兼有的。

一个人的幸福感，在很大程度上与物质生活关系不大。

马克思认为：你所从事的劳动，是"外在"于你的，还是你"自己"的？换言之，你是被迫的，还是自愿的？前者是"异化的劳动"，后者是"自由劳动"。

只有自由劳动，才是自我生命自由发展的需要，劳动才真正成为一种享受和愉悦。

教师职业的特性决定了真正喜欢这个职业的人一定是幸福的。因为教育是面向未来的。鲁洁教授在《超越性的存在——兼论病态适应的教育》一文中指出："教育本来是面向可能生活的，它的功能是，要为人揭示更加好的、更值得过的可能生活。"这样的职业性质使得教师在多数情况下是生活在理想之中的。因而，也是生活在幸福之中的。

3. 教师幸福的个性

我曾经在教师会议上讲过一句话："统一思想是做不到的，人的思想怎么可能统一呢？"同样，每个人的精神生活也是丰富多彩、各具特色的。因此，教师个人的幸福，也必然彰显着个性色彩。

教师幸福的个性是建立在共性基础上的。这个共性就是教书育人。离开了这个共性，教师的幸福感就无所依附。

4. 教师幸福的艰难

职业学校教师的工作是艰辛的，酸甜苦辣是不足与外人道的。这是因为：

(1) 我们的教学对象是"等待成长"的未成年人；

(2) 我们的职责是播种、是耕耘，而不是收获；

(3) 我们的工作环境还有许多不尽如人意之处。

有了上述酸甜苦辣，我们就可以退却吗？我们就可以无所作为吗？不，绝不！柏拉图在《理想国》中说："教育是把一个人从黑暗引向光明！教育是把一个人从低谷引向高尚！教育是把一个人从虚假引向真实！"我们身在其中，我们正从事着这样的劳动，这样的劳动在赋予我们使命感的同时，也将幸福感慷慨地赐予了我们。因此，尽管艰难，我们依然无怨无悔。

魏书生说："这世界上，如果由于自己的存在而多了一颗真诚、善良、美好的心灵，那我便获得了生存的幸福，有了一分生存的价值。"我希望，我们每一位教师都获得这样的幸福和价值！

2012 年 8 月 16 日完稿

追求科学管理，提升教育教学质量

——盐城市职业教育教学管理人员培训

(2013 年 7 月 29 日)

今天上午，大家听了王亮伟校长的报告，我虽然没有能够聆听，但我相信，王校长的报告一定很精彩，一定给大家很多启迪。我这样说有几点理由：第一，王校长所讲的正是他所思所想所做的事情，因此，他的报告一定是胸有成竹、如数家珍的，也一定是感慨万千的。第二，王校长讲话非常有艺术性，思路清晰，详略得当，重点突出，没有废话。他每次在联合学院的院务扩大会上的发言都非常精彩。第三，王校长的嗓音富有磁性，是非常好听的男中音。

我和王校长是老朋友了。2010 年 12 月，我去常州刘国钧高职校验收省级实训基地，在王校长的陪同下，参观了新校区，感慨良多。参观后，我写了一篇文章《校长的思想和有思想的校长》，来表达我激动和感动的心情。

参观新校区为什么会激动和感动呢？缘由是：近年来，在职业学校发展的问题上，我非常关注两件事情：一件事情是新校区建设；另一件事情是新校区建设和一把手校长之间的关系。

近年来，职业教育大发展，职业学校纷纷抓住机遇建设新校区。我在参观新校区时，总是自觉不自觉地把新校区建设与一把手的风格联系起来。因为在中国目前的政治体制下，一把手校长的处境也是非常尴尬的，一方面在学校内部，一把手的作用被无限放大，一把手校长的话几乎无人质疑，更没有人反对；另一方面，在上级有关部门的重压之下，一把手校长拥有的自主发展权几乎被剥夺得一干二净。

一把手校长处在夹缝中间，面对新校区建设这样的艰巨任务，一把手校长如何施展自己的才华呢？这是我感兴趣的问题，我觉得也是值得研究的问题。

客观地说，几乎所有一把手校长也对新校区建设倾注了大量心血。在我看来，一把手校长与新校区之间的关系，大约有三种情况：

第一种情况，校长自己没有主见，更没有思想，一味地追求所谓的档次。岂不知现在的设计人员本身就缺乏个性、缺乏独创精神。这样的校长、这样的设计思路所建设的新校区，显然属于我们司空见惯的、千篇一律的、相互雷同的、大而无当的校园。这一类校长不在少数，这也是造成新校区建设千人一面的主要原因。

第二种情况，校长有着强烈的个人好恶，并且把这种好恶贯彻到新校区建设中去。说得极端一点，新校区建设成了校长个人的事情。这种情况不是绝对地不好，但潜伏着很大的危险。任何事情依赖个人的头脑总是不安全、不稳妥、不全面的。新校区毕竟不是校长自己家里的后花园，只有个人意志，没有集体智慧，总归不是那么靠谱的。

第三种情况，新校区建设体现了校长的思想。校长把自己的思想贯穿到新校区建设中去，使自己的办学理念变为凝固的建筑物现实。在这种模式下建设起来的新校区，往往富有浓厚的个性化色彩和文化氛围。我以为，这是新校区建设达到较高水平的重要保证。

体现校长的思想，固然值得肯定。但不是没有问题。我觉得要警惕的是这样几个方面：校长的思想就一定是具有前瞻性的吗？就一定是符合学校实际情况的吗？就一定是经得起历史的检验的吗？换言之，体现校长的思想，更多地是落实校长个人的审美标准和理念追求。准确地说，这不是校长本人的问题，这是我们的国情使然。新校区建设中的重大问题，校长不拿主意谁拿主意？而且校长为官一任，自然就想着造福一方，建设新校区也想着尽善尽美。因此，在规划新校区的时候，一般不会留下一寸土地，角角落落都要规划好、建设好。这本身没有任何问题。

然而，我们必须看到潜在的问题：一任校长一个风格，下一任校长上任后，面对建好的新校区就无所作为了。所以我认为，一把手在建设新校区时，一定要有历史感，一定要有"过客"的意识。而历史感和"过客"意识，恰恰是一个有思想的校长必须具备的。

所以，新校区建设体现校长的思想，实际上是给校长提出了更高的要求。历史感和"过客"意识，说起来容易做到难。但不管怎样，校长在领导新校区建设时，必须如履薄冰、如临深渊，必须把自己作为薪火相传的一个"火炬手"，既担负着历史重任，也必然有着历史局限。换言之，一个有思想的校长，考虑更多的是如何对学校负责，如何对历史负责，如何对未来负责。一个有思想的校长，不仅自己会深思熟虑、殚精竭虑，他还会集中智慧、察纳雅言，听取各种不同的声音。国外的许多建筑都非常重视听取市民的意见。当然国内也有类似的程序，听证会、城市规划展览等，但相比较而言，国外的公民是真的提意见，他们的政府也是真的听取公民的意见。举个例子：德国柏林市中心的三个教堂就是一个很好的例证。原来的教堂在二战时期被炸毁了，但还没有倒掉。征求公民意见后，保留了下来。在原教堂的旁边又建了一个新的。教堂建好后，市民不愿意了，说这个新教堂从远处望去像一只口红。柏林市政府没办法，在这个新教堂旁边又建了一个比较低矮的教堂，以平息市民的意见。建好后，市民还是有意见，说这个教堂像一块粉饼。

有了以上这些过程，可以让校长更加清醒。在这种模式下建设的新校区，既体现了先进性、前瞻性、时代性，又有所顾虑、有所保留，而这种顾虑和保留，不是当断不断、魄力不大，而是为学校今后的发展预留了极大的空间。

我建议，我们不妨用欧洲国家建设大教堂的心态来对待新校区建设。欧洲一些国家的大教堂，一建就是几百年甚至是上千年，大的框架有了，细部的追求完美却是一代又一代人传承建设下去。像法国的巴黎圣母院、德国的科隆大教堂、奥地利维也纳的圣斯特凡大教堂和圣史蒂芬大教堂一直都是未完工的教堂。有了这样的心态，我们可以少一些浮躁、少一些失误。

反观我们的做法，往往喜欢一步到位。这种心态值得警惕。

参观刘国钧高职校，通过一草一木，一砖一瓦，我既看到了校长的思想，更看到了一个有思想的校长。

新校区建设不是我今天报告的重点。我今天要讲的题目是"追求科学管理，提升教育教学质量"。但是，前面讲的新校区建设不是废话，不是题外话，而是话题的切入点。从新校区建设我谈到了校长的作用、校长的思想。那么，无论是科学管理、科学发展，还是提升教育教学质量，都和校长的作用和思想有着密切联系。省教育厅在《关于进一步提高职业教育教学质量的意见》中明确指出：校长是提高教学质量的第一责任人。

按照常规，讲提高教育教学质量，我应该讲课程体系建设、校企合作、教学团队、教学督导、教学评价、顶岗实习、人才培养模式、人才培养方案等热点问题，但我认为，这些问题固然重要，但如果没有优秀的校长、管理人员和教师，没有正确的教育教学理念，那么一切都是空的。

我手头正好有个例子：2005 年 10 月，美国科学院就如何使美国继续发展提出了建议。出人意料的是，建议中对于特定的学科领域只字未提，而是建议政府从现在起，培养 1 万名好老师，在每个老师的职业生涯中，培养 1000 名

好学生，这样美国就有救了。(2005 年 11 月 16 日《文汇报》)

因此，当前大家正在做的事情我不讲，我想讲一讲与教学质量有关的几类人员，在提高教育教学质量的工程中，都应该做些什么？具体地说，假如"追求科学管理，提升教育教学质量"是我们的努力方向和工作目标，那么，在这个目标的引领下，校长应该做什么？教学校长应该做什么？教学中层应该做什么？教师应该做什么？我想就这四个方面，谈谈个人的一些不成熟的看法。

一、校长应该做什么

作为一校之长，校长的工作可以说是包罗万象，日理万机。这里仅就追求科学管理，提升教育教学质量而言，我觉得校长的任务主要有以下几个方面：

(一) 校长要成为先进教育思想的领导者，先进教育理念的推行者

这个问题好像很浅显，其实很深奥。浅显是指，先进的教育思想和教育理念都是现成的，教育部、教育厅、教育局的文件精神就代表了最先进的教育思想和教育理念，校长只要贯彻落实好就可以了。深奥是指教育部、教育厅、教育局的文件精神并不等于校长的教育思想和教育理念，校长的教育思想、教育理念从何而来？我觉得应该是校长凭借着自己的个人修养、学识水平，对国家宏观政策的深刻理解和冷静应对，对所在学校发展战略做出准确判断，从而提出学校的发展方向和发展愿景。其中包括校风、校训、教风、学风等。

这里有几层意思需要强调：

(1) 对教育部、省教育厅的精神既要深刻理解，又要冷静应对。深刻理解是指，校长不仅要看上级要求我们做什么，还要思考，上级为什么会在这个时候提出这样的要求？其政策背景是什么？上级想要的结果是什么？冷静应对是指，作为校长不能做传声筒，不能简单跟风，不能生吞活剥，一定要从学校实际出发。教育部、教育厅说的都是对的，但拿到自己的学校就未必能实现，因此必须创造性地贯彻落实文件精神。比如，顶岗实习，会计专业真能做到顶岗实习吗？能做到跟岗实习就不错了。现在的会计专业学生顶岗实习都在做什么？有许多岗位跟会计是不沾边的。顶这样的岗能达到顶岗实习的目的吗？再比如酒店管理专业，都到最后半年顶岗实习合适吗？无论是企业的需求还是教学的需要，都不应该这样安排。所以，校长一定要根据校情审时度势，理性作为。

(2) 我一直强调，一所学校既要做好"规定动作"，又要做好"自选动作"。凡是能兼顾做好这两点的，就一定能成为职业学校中的佼佼者。"规

定动作"是指教育厅、教育局安排的必须要完成的工作任务,这个必须做好。"自选动作"是指学校从实际出发,为解决学校发展难题而主动去抓的一些工作。

为什么学校一遇到专业评估、星级评估、各项视导,整理材料这么难?我想,其中一个重要原因,就是我们没有自己的东西。如果在教育、教学、管理领域,我们都有"自选动作",而且做出了成效,形成了特色和亮点,我们整理材料就会变得非常容易了,因为我们有话要说,有话想说。

我理解,就是教育厅、教育局也是希望学校有"自选动作"的,不然就会形成千校一面的单一发展格局。每个学校都有自己的亮点和特色,这不仅是学校发展的需要,也是教育行政部门希望看到的。所以我的观点是:"规定动作"不失分,"自选动作"拿高分。

(3) 校长有行政级别,但我们不能把校长当"官"做。在现行的体制下,校长都是行政官员,这是客观事实,但同时这也是历史的过渡。去行政化,已成为教育发展的大趋势。因此,清醒的、智慧的、有远见的、有抱负的校长,不要把自己当成官员。

今年 6 月份,重庆大学原校长林建华调任浙江大学当校长,引起了一场不大不小的风波。表面上看是针对林建华本人的,但问题的实质还在于我们遴选校长的体制不透明、讲资历、行政化。浙大在各地的校友会为什么公开反对林建华?中央组织部、教育部为什么坚持这样的安排?背后的一些原因发人深思。

校长要争取做学校的精神领袖,而不只是行政上的领导。领袖和领导,一字之差,境界大不同。一个最明显的标志是,领袖有影响力,有追随者;领导有威慑力,有跟随者。前者,主要是个人魅力使然,后者主要依赖行政权力。

按照朱永新的说法就是,校长的角色没有实现从"职务校长"向"职业校长"转变。他还说,校长是上级任命的,必须看上级的眼色行事。校长不必有自己的理想,不必有自己的主张,岂止是不必,甚至是不能!

在世界上,中国校长的"寿命"是最短的,如北京大学 1898 年到 2000 年的 102 年间,有 27 位校长,平均每任不到 4 年,而 1869 年到 1971 年间(也是 102 年)哈佛大学只有 4 任校长,平均每任 25.5 年。(朱永新《新教育之梦》)

(二) 校长要做优秀的指挥大师,而不是熟练的乐器演奏者

一所学校就是一个小社会,麻雀虽小五脏俱全。校长不可能精通每一项工作，更不可能精通每一个专业领域和每一门课程。如果把学校的工作比作一个庞大的交响乐团，校长的目标是优秀的指挥大师而不是第一小提琴手。每一种乐器都代表着一个部门，校长要有敏锐的听觉和高深的音乐素养，哪一个部门"调子、节奏"不对了，第一个听出来的应该是校长，但校长不能亲力亲为。因为你取代了小提琴手，键盘乐器出了问题怎么办？钢琴出了问题又怎么办？所以，校长在听觉上要敏锐，在处理上要"迟钝"。当校长把这一支庞大的乐队都调教好、指挥好了的时候，自己就可以优哉游哉地干些别的事情了。所以，校长的精力应该放在排练上，而不是放在演出上。大家可以发现，炉火纯青的指挥大师，到了舞台上几乎没有什么大幅度的动作了。像小泽征尔、卡拉扬等指挥大师，有的时候就是抖抖肩膀，抬抬手指，整个乐队的演奏行云流水。

正如浙大校长林建华在就职讲话时说的那样："校长是个为社会和师生服务的岗位，不一定最有智慧，但一定应当善于集中大家的智慧；不是全才，但一定应当豁达乐观、知人善任；校长的使命是努力搭建平台，在这个平台上，人尽其才，和谐共生。"

高等教育中的教授治校、学术治校已是大势所趋。教授治校、学术治校不是什么新事物，早在二十世纪二三十年代，北京大学等名校就已经开始推行了，并形成了"思想自由、兼容并包"的校训和传统。无论谁接任北大校长，这个传统不会轻易改变。

指挥大师是演奏规则、演奏风格的制定者；校长是学校"游戏规则"的制定者；二者的确有很多相似之处。游戏规则就是学校的运行机制和治校方略。建章立制的工作校长们都在做，无需赘言。但我要强调的是，校长要真的"建"章，真的"立"制。我到一些学校视导时发现，许多学校的规章制度缺乏个性，甚至是照抄照搬其他学校的。说白了，这些规章制度不是用来管理学校的，而是用来应付检查视导的。

规章制度越是不健全，校长的权利运用就越是频繁和不可或缺。这不是好现象，校长们要警惕。如果校长出差十天半个月的，学校各项工作照常运转，就说明这个学校已经基本形成了管理套路，管理有了章法。遗憾的是，这样的校长为数不多，许多校长出门在外时，电话不断，遥控着学校的日常运行。每逢看到这种情况，我就觉得校长把自己降格到了管家婆的地位。

校长应该是董事长，而非董事长和总经理一肩挑。但不客气地讲，在现实情况中，"董事长"的校长是少数，"总经理"的校长是多数。

校长做了"总经理",副校长自然就降格为管理的中层,中层干部就降格为办事员,办事员就成了既不需要有思想,更不需要有创造性的简单劳动者。这样的学校虽然整天忙得团团转,但始终落后于其他学校。

(三) 校长要把握好的几件大事

1. 专业建设

专业建设的重要性是不言而喻的。现有专业要不要调整?新增什么专业?重点建设哪一个专业、建设几个专业群?这些问题都是非常重要的,因为一旦确定下来,紧跟着的就是经费的投入、教师的引进、招生的宣传等一系列工作。因此,必须慎之又慎。专业建设能不能交给中层去做?能不能交给专业系部、专业办去做?我的看法是,至少在目前情况下,把握专业建设的方向与格局,还只能是校长的活儿。因为校长考虑的是学校,是学校的长远利益,招生办考虑的是如何有利于招生,系部考虑的是本系部的发展壮大。我在分管教学工作期间,就不止一次地遇到这样的情况:增加专业时,系部负责人积极性很高,并且从各方面论证了新增专业的必要性和可行性。然而过了几年,这个专业办不下去的时候,系部负责人好像得了健忘症,把当初汇报的情况忘得一干二净,反过来又据理陈述不应该开办这个专业的种种理由。于是我发问:几年前增加这个专业的时候,你们不是经过调研论证了吗?怎么没过几年情况就发生逆转了?

因此,校长必须把握专业建设的方向与格局。专业结构不合理,开设专业很盲目,缺乏错位竞争意识,已是成为制约一个地区职业教育发展的主要瓶颈之一。比较典型的有数控专业、计算机应用专业、会计专业、汽车维修与运用专业等。这些专业几乎每个学校都在办,但很多学校都没有办好,不死不活地撑着、维持着。继续投入、继续发展吧,似乎看不到前景,不投入、不发展马上就会落在后面,局面十分尴尬。

2. 师资队伍建设

师资队伍建设的重要性校长们都很清楚,无需我赘言。但是在如何对待教师这个问题上,校长们的想法、做法、理念等恐怕就不那么一致了。我提出几个问题,请同志们思考:

第一,是否树立了"教师第一"的管理理念?李希贵校长写了一本书,书名就是《学生第二》。当然,他还有一本书,书名是《学生第一》,看似矛盾,实际上是统一的。他认为,在管理理念上,学校必须确立教师第一的指导思想;在教育理念上,必须确立学生第一的指导思想。

"教师第一"并不是处处宠着教师，而是指要充分认识到教师在教育教学工作中的重要地位和重要作用。

第二，是否形成了教师管理的退出机制？美国的教师是终身制的；德国的教师也是不能随便解聘的。起码校长没有这个权利。但是我们要知道，他们实行教师终身制是有着一整套的措施加以保障的，其中包括教师的任职资格、学生选课的自由、浓厚的人文氛围和学术气氛等。教师聘用的终身制，解除了教师的后顾之忧，有利于教师全身心地投入到教育教学工作中去，其积极意义是显而易见的。但中国的国情与西方国家不同，在现阶段，我们的教师队伍还是鱼龙混杂、良莠不齐的，有的不具备做教师的基本条件，有的缺乏做教师的基本素养，还有少数道德品质败坏的在毁坏教师职业在人民群众心目中的形象。因此，我坚持认为，没有退出机制，教师队伍的建设就存在很大隐患。

第三，是否关注了每一位教师的个性化成长？这个道理和关注学生的个性化成长是一样的。每个教师的特点不同、天赋不同、气质不同、发展路径不同、人生目标不同，我认为，正是这些不同，才可以让学生感受到学校生活的丰富多彩。然而，我们的规章制度往往不允许这些"不同"的存在，所有教师都必须按照统一的要求实现自己的专业发展。这样做的结果我们就会发现，有的教师得心应手，有的教师难以适应，有的教师则身心疲惫。我们不妨换一个视角看问题：让口若悬河、口才极佳的教师成为教学能手，让满腹经纶但口才欠佳的教师成为研究型教师，让动手能力强、实践经验丰富的教师成为真正的"双师型"教师，倘若如此，教师队伍就会出现百花齐放的局面。我相信，教师队伍的百花齐放，带给学生的一定是多元的、丰富的、立体的精神享受和影响。

3. 德育工作

每一所学校都会有几支队伍在从事德育工作，但我发现，许多学校的德育工作没有抓到点子上。看似忙得不亦乐乎，但缺乏实效，甚至是没有效果。最常见的现象就是把德育工作演变成了强制性的管理。换言之，德育工作没有做到入脑入心，但做到了入"规章制度"，入"校规校纪"，入名目繁多的"处罚办法"。

为什么会形成这样的局面？原因固然是多方面的。但有一个原因我认为是非常重要的，即学校的德育工作缺少一个"魂"。这个"魂"，应该成为学校全体师生员工共同的愿景。有了这个"魂"，就可以统领全校的其他工作。

比如，兼容并包，就是北大的"魂"。没有了包容，没有了民主和自由，北大就不是北大了。当年国学大师钱玄同不批改试卷的做法恐怕也只有北大能够容忍。

再比如，在美国派克中学招聘校长的广告中，排在前两条的是：

(1) 对学校发展的美好前景有清醒的认识，并且有能力实现它；

(2) 建立一种可靠的教学机制，使每个人都能达到完美。

由此可见，学校德育的这个"魂"主要应当由校长提出。如果一所学校已经有了这样的"魂"，那么现任校长就应该对此有清醒、全面、深刻的认识和理解，薪火相传，把它继承下去，并有所发展。真正有文化底蕴和优良传统的名校无不是这样的。

美国弗吉尼亚大学的"魂"是"荣誉体系"，这个体系的核心价值观就是诚信。

"我以我的荣誉担保，我没有说谎、欺骗和偷窃。"这是所有弗吉尼亚大学学生都要做出的最庄严的承诺。

荣誉体系，是该学校最为重要的一个项目。每个人，必须在该校之父杰弗逊的像前宣誓不得背叛荣誉体系。荣誉体系的执行者全由学生组成，每个学院选出两名代表成为学生法官，一旦发现学生有违反荣誉体系的行为(即说谎、欺骗和偷窃)，学生法官将会立即报告学校，请求学校将该生开除。

杰弗逊说："对于一些有意践踏他人对其信任的人丝毫不留情面的惩罚，正是为了保证所有弗吉尼亚的学生生活在一个充满信任的社区。"在弗吉尼亚大学生活久了，更是深深地体会到这种人们恪守信用、诚实的风气所带来的前所未有的愉悦和自尊。

平时的每份作业、论文或考试，在首页上部，都毫无例外写有一段誓言："作为学生我以我的荣誉起誓，我没有为了这份作业、这场考试给予或接受任何的帮助。"每个学生都需将这段文字手写一遍，然后庄严地签名，否则，教师不予批改。

教授们给予学生们誓死捍卫荣誉极大的尊重和信任。有位来自澳大利亚的女生在社会学的期末考试那一天要回家奔丧，教授将试卷交给她说："回去吧，在飞机上把它做完。"这位女生在飞机上把试卷在规定的时间内独立完成，然后将试卷封好交给了一空姐代为寄出。空姐在信封上写下了："林西·柏德小姐在旅程中用3个小时独立完成了这场考试，全体在美国国家联合航空公司第1433号民航客机的服务人员可以作证。我们可以以我们的名誉担保并祝贺弗吉尼亚大学有如此卓有成效的荣誉体系和信誉卓著的学生。"

荣誉体系使古老的弗吉尼亚大学焕发着勃勃生机，使其在美国享有着崇高的学术地位。

杰弗逊是个伟大的人物。他是美国独立宣言的起草人之一，第三任、第四任美国总统，本可以继续连任，但他坚决推辞，回到自己的家乡弗吉尼亚。卸任后，他规划并帮助成立了弗吉尼亚州立大学。他将老师们召集在一起，并帮助他们决定应该教授哪些课程。托马斯·杰弗逊同约翰·亚当斯同一天逝世，都是 1826 年 7 月 4 日，正好是他撰写的独立宣言发表 50 周年纪念日。杰弗逊亲自为自己撰写了墓志铭："这里埋葬着托马斯·杰弗逊，他是独立宣言的作者，弗吉尼亚州宗教信仰自由法案的作者，弗吉尼亚大学之父。"他甚至没有提及自己曾经是美国的总统。

一所学校的"魂"往往体现在这所学校的校训中。比如，

清华大学：自强不息，厚德载物。

上海交大：饮水思源，爱国荣校。

北京师范大学：学为人师，行为世范。

同济大学：同舟共济，自强不息。

复旦大学：博学而笃志，切问而近思。

让北大尴尬的是，北大至今没有正式的校训。据说蔡元培提出了"思想自由、兼容并包"八个字的校训，但后来，思想自由被拿掉了，只保留了"兼容并包"，而且也没有明确为校训。

二、教学副校长应该做什么、怎样做

从表面现象来看，教学副校长和教学中层应该做什么、怎么做，往往并不取决于他们自身，而是取决于一把手是一个什么样的领导？但从理论上来说，作为教学副校长和教学中层应该做什么、怎么做，还是有一些共性问题值得重视和思考的。

教学副校长这个位置用三句话来概括，即不好干、干不好、不干好。

不好干，是说工作任务繁重，焦点矛盾集中，近几年几乎所有的检查、评估、视导的具体任务都落到了教学口；干不好，是说我们常常感到力不从心，常常是挂一漏万；不干好，是说我们常常有逃离的想法，希望尽早从教学工作中脱身。

(一) 教学副校长应该有角色意识

角色意识也是一种自我定位。到位而不越位，当然是最高境界，但怎样做

才能到位，怎样做才算是不越位，实际上是很难把握的。

我所理解的角色意识，包含两个方面：

一是配角意识。配角意识，是指在领导班子中要甘当配角，要自觉维护校长的威信，要让聚光灯始终照射在校长身上。

二是担当精神，即要勇于负责，勇于承担责任。如果说校长是教学质量的第一责任人，那么，教学校长就应该是第一承担者。

简单地说就是，教学工作取得了成绩应该归功于校长，归功于领导班子，归功于下属，教学工作存在的问题，教学校长应该把责任扛在肩上。

喜欢事事都由自己亲自决定的校长不是优秀的校长，喜欢事事都汇报请示的副校长也不是一个合格的副校长。这是我的基本观点。

(二) 教学副校长应该是教学工作标准体系、评价体系的组织制定者

提高教学质量，是职业学校永恒的主题。而提高教学质量不能只是一句口号，要落实到教学工作的各个环节。教学副校长的一个主要任务，就是要建立起教学工作重要环节的标准体系和评价体系。比如，备课、上课的基本规范，课程设置的基本原则，教学内容的基本把握，教学督导的基本做法，评价体系的基本框架，对教师考核的基本标准，专业建设的基本格局等。教学副校长应该统筹安排、亲自主持这些工作。有了这些标准和体系，教学质量就从根本上得到了保证。

(三) 教学副校长应该充分发挥承上启下的作用

承上启下，是教学副校长执行力的具体体现。在日常工作中，我们常常对中层干部提出这样的要求。但根据我三十多年的经验，我认为，在中职学校里，真正起到承上启下作用的不是教学中层而是副校长。这可能和学校的规模、层次有关系。可以设想一下，对于一把手校长而言，如果几个副校长都很得力，都能充分发挥承上启下的作用，校长就可以腾出精力来筹划学校发展的大事、大计，甚至出差十天半个月的都会非常轻松。但如果副校长不得力，即使中层比较强，校长依然不能从具体的事务中超脱出来。因此我说，在中职学校里，副校长是最能体现承上启下作用的。

承上，就是要清楚地知道学校的发展目标是什么？校长想要的是什么？因为副校长是领导班子成员，参与学校政策制定的全过程，最了解学校的意图和校长的想法，因此也最有利于"承上"。

启下，就是要带领教学中层和全体教师，努力实现学校的工作目标，让校长想要的东西变成现实。"启下"是个系统工程，涉及教学工作的方方面面，但作为副校长，重点要抓好三个方面：

(1) 要善于设计"施工图"。

"施工图"是指要把学校的目标和校长的意图变为可操作的工作方案、工作程序。以技能大赛为例，学校确定了要在某个项目上有所突破，这是学校的奋斗目标。作为教学副校长就应该把这个目标分解为校级技能大赛方案、选拔选手办法、集训工作方案、强化提高的具体措施等。这些工作当然不是要教学副校长本人去做，而是指教学副校长要主持做好这些工作。

我们常见的情况是，教学副校长陷在大量的具体事务之中，无暇顾及"施工图"的设计。看起来忙的都是正事，比如上课、听课、布置任务、检查落实情况等。但我以为，教学校长必须腾出时间来做两件事，一是多做点案头工作，比如"施工图"的设计，近期工作的统筹安排，学期重点工作的检查落实步骤等；二是读书，提高理论水平。教学副校长在教学思想、教育理念上要高于一般教师，不能做到高于，也要树立"努力提高"的榜样。在此基础上，适当上点课、尽量多听课。

(2) 要抓好团队建设。

要抓好包括教学中层、专业负责人、学科带头人在内的教学团队建设。要充分发挥他们的作用，充分调动他们的积极性。没有这样一支团队，纷繁、繁重的教学任务就无法完成。

(3) 抓好教学中层、骨干教师、教学名师的培养。

一般的培养措施谁都知道，不用我多说。教学副校长培养骨干教师、教学名师，最有效的办法是关注、是欣赏、是鼓励。你眼中值得关注、欣赏、鼓励的教师越多，那么，教师队伍的成长也就越快。我认为，这是培养教师最直接、最奏效的办法。打个极端的比方，即使一个教师什么培训都没有机会参加，只要受到教学副校长长期的关注、欣赏、鼓励，我相信，这个教师也会提高很快的。这是知识分子的特点，希望被关注、被欣赏、被鼓励。如果一个教师感到在教学校长眼里他很棒、他很有发展前途，他就会焕发出极大的工作热情，把更多的精力投入到教学科研中去。教学副校长要努力做到，关注每一个教师的成长，让每一个教师都感到"我很重要"，那么，教学工作就会不断上台阶、上水平。

教学副校长在培养教学中层、骨干教师、教学名师的过程中，要有宽广的胸怀，要有高尚的品德，把个人的名利置之度外。要鼓励他们不断超越自己、追求卓越。最终要形成这样一个局面：能够接替你的职位的不是一个两个，能够担任教学中层的也不是一个两个，同样的道理，有潜质成为骨干教师、教学名师的也不是一个两个，那么，整个教学工作就会生机勃勃、"英雄辈出"。有了这样的局面，教学质量自然就会不断提高。

三、教学中层应该做什么、怎样做

(一) 教学中层应该是教学基础管理和常规工作的领导者、组织者和责任承担者

教学中层可分为教学行政、教学业务两大类。教学行政中包括教务工作、科研工作、督导工作等，教学业务可以分为专业办、实训办、电教中心等。无论这些部门怎么设立和划分，一个共性问题是，他们分别是自己分工那一部分工作的第一责任人。明确这一点，对于提高教学质量来说是非常重要的。既然是第一责任人，就应该赋予他们足够的权利。开始他们可能不太会使用权利，甚至会滥用权利，这是学校管理转轨变型必须付出的代价。

这里遇到一个十分敏感、十分棘手的问题，即教学行政处室和专业办的权力划分和关系处理问题。我的观点是，凡是应该由专业办去做的，教学行政处室要逐步放权。凡是单个的专业办办不到的，应该由教学行政统筹协调。比如教学任务的分配、教学常规的检查、教师的教学业务考核、教学设备的管理与维修等，都应该逐步由专业办负责。而涉及全校性的教学工作，则应该由教学行政处室出面组织协调。比如校级技能大赛、全校性的综合教学检查、学分制的实施与管理等。

据我了解，职业学校现在的状况是，教学行政处室统得过多，专业办感到有职无权。教学行政处室的尴尬之处在于，如果不越俎代庖，仅仅依靠专业办，就无法达到工作要求，校长和分管校长就会毫不客气地予以批评。这是客观事实，我们既不能批评专业办不做事，也不能批评教学行政多管事。解决这个问题的唯一出路，就是坚定不移地推进二级管理。我在前面用了"逐步"这个词，意思是说，推进二级管理不是一日之功，不能一蹴而就，它需要一个过程。这个过程短则两到三年，长则需要三到五年。这三到五年，既是理顺工作关系的需要，也是专业办负责人成长、成熟的需要。这是我们必须付出的代价。

(二) 教学中层应该是教学工作标准体系、评价体系的执行者

在教学工作标准体系和评价体系的制定过程中，教学中层应该也必须是参与者，然而一旦标准体系和评价体系建立起来，教学中层就应该不折不扣地贯彻执行。

我常常把教学中层比喻为前线指挥部。前线指挥部有三个特点：第一，必须坚决执行上级命令，而且要努力把学校的意图变为教师的自觉行动；第二，必须具有临危不乱、随机处理突发事件的能力；第三，必须勇于承担责任，因为专业办主任与教师面对面，不敢承担责任，遇事推诿，回避矛盾，难题上交，就不是一个称职的专业办主任。

当前，教学中层一个突出的问题是喜欢推脱责任。好人谁都愿意做，得罪人的事谁都不愿意做。这虽然是人之常情，但教学管理不能这样。教学中层在这方面的问题主要有以下几种表现：

(1) 这件事不是我定的，是某某校长的意见。你要是想不通，可以直接向校长解释。

(2) 把问题上交，让校长或分管校长拿意见。校长或分管校长一旦有了意见，他们在处理问题时就又回到了第一条。

(3) 不自觉地做了群众的代言人。以群众意见的名义向领导施加压力。我常对教学中层说，你有反映教师意见的义务，但你不要忘了，中层干部是校长聘任的，不是你所属部门的选区代表。你不能以选区代表的身份自居。

(三) 必须把培养教师作为工作的重中之重

无论是教学行政处室还是教学业务部门，都应该把培养教师作为工作的重心。在现实工作中，我们往往把使用教师、管理教师、考核教师作为工作的重点，我想，这是无可非议的。我要强调的是，我们不能把使用教师、管理教师、考核教师与关心教师、培养教师、激励教师对立起来。从科学的角度说，二者之间不是对立关系，而是辩证统一的关系。说得通俗一点，我们要在使用教师、管理教师、考核教师的过程中，实现关心教师、培养教师、激励教师的工作目标。也就是说，使用教师、管理教师、考核教师的终极目标不是为了让教师驯服，而是帮助教师实现专业发展。反过来说，不使用、不管理、不考核，也不是真正的培养教师，而是对教师的不负责任。

在培养教师方面，我有两个观点：

(1) 从根本上来说，优秀教师不是我们培养出来的，而是他们自己成长起来的。当然我们并不是无所作为，我们能做也应该做的是，为教师的成长提供良好的环境，营造宽松和谐健康的氛围。

如果认为优秀教师是我们培养出来的，我们就很难做到公平公正地对待每一位教师，也很难做到关注每一个教师的成长。这种心态是十分有害的。

(2) 关注每一位教师的专业发展要像关注每一个学生个性化成长一样，要区别对待，有针对性地加以引导。

在实际工作中，我们教学中层往往偏好整齐划一、统一要求，而教师们是各有所长的，教师们的心理活动也是非常复杂的，不考虑教师的个性心理特征和个人的具体情况，要求教师们"齐步走"，这样的做法合适吗？比如技能大赛，为了让青年教师参与到其中，就要求35岁以下的都要参加，不仅是技能大赛，包括做课题、信息化大赛等，总是喜欢提出统一要求。这样做的结果可能会立竿见影地出成效，但却是以一部分教师的痛苦和倦怠为代价的。长此以往，很不利于教师的专业发展。因此，我认为在培养教师这个问题上，我们应该确立这样一个观念：不是让教师们变得一样，而是让教师们各自发展特长；不是让教师们变得趋同，而是让不同的教师变得更加不同。

四、教师应该做什么、怎样做

要提高教学质量，教师是最微观的层面，最直接的实践者。因此，教师必须对什么是教育、什么是教学质量、如何提高教学质量等问题有清醒的、正确的认识。否则，我们前面讲的都是空的，都无法落到实处。恕我直言，课程改革所以成效不大，根本原因就在于没有转移到教师、课堂层面。但非常遗憾的是，我们的许多教师恰恰对上述问题没有清醒、正确的认识，这是提高教学质量的瓶颈，也是职业教育最危险的因素。

我征求了一些教师的意见，我提的问题是，在提高教学质量方面，教师应该做什么？多数教师的回答是：自己的专业知识、语言表达能力、课堂掌控能力、和谐的教学团队、课程建设、岗位实践等等。我对这样的回答只能给60分。

教学是一个人影响一群人的工作，这是教育教学工作的本质。而教师们认为，我们每天要上4至6节课，再加上备课、批改作业、处理班级事务等，哪能有这么多精力呀？让我感到不解的是，为什么我们的多数教师把上课、备课、改作业、处理班级事务看成是和影响学生毫无关系的事呢？教师当然要备课、上课，当然要管理班级，但所有这些不都是影响学生的大好时机吗？难道非要找学生谈心才算是影响学生吗？如果我们多数教师都是这样理解教书育人的，我们的教学质量又怎么能提高呢？我们提高的可能仅仅是考试的卷面成绩、考证的通过率、技能的熟练程度，而学生的学习动力、学习态度、学习习惯、职业素养、积极向上的人生观等恐怕就无从谈起了。这样的教学质量是我们想要的吗？是社会所需要的吗？显然不是。

什么是教学？教学质量体现在哪些方面？这些问题很专业，也很宽泛，三言两语讲不清楚。但不讲这些，教学质量就无所依附。

陶行知先生说过：好的先生不是教书，不是教学生，乃是教学生学。这句话我信服。教学生学，是教学的真谛。其他的都是手段，教学生学才是教学的目的。如果这句话是成立的，是真理，那么很明显，教学质量的高低主要体现在学生学得怎么样？学生是否掌握了应该掌握的知识？学生掌握了越来越多的知识后是不是学习能力更强了？更会学习了？这些方面才是我们检测教学质量的重点。我想，所谓"教学有法教无定法"说的也是这个道理。

在教学工作中，我们往往偏离了这个方向，偏离了这个目的，而是把工作的重点放在了教师身上，诸如教师备课是否充分、课堂管理是否有效、教学环节是否完整、教学语言是否规范等等。我要说明的是，这些方面是重要的，提高教学质量当然离不开教师的努力，但这些毕竟不是终极目标，而只是手段。如果我们把手段当成了目的，那就违背了教学规律，教学质量也就无法保证了。

学习说到底是学生自己的事情，学校教育只是为学生的学习提供帮助，无论这种帮助有多么重要，其性质仍然是帮助，而不是替代。因此我想强调的是，看轻了教育、教学和教师的作用当然是错误的，但如果撇开学生谈教育、教学和学习，那就是方向性、根本性的错误了。

那么，在提高教学质量方面，教师究竟应该做哪些事情呢？撇开具体的教学业务不谈，我认为，教师应该着重做到以下几点：

(一) 教师首先要做最好的自己

看起来教师要做最好的自己与教学生学有些矛盾，但事物之间的关系就是这样奇妙。在教学工作中，我们经常可以看到这样一种情况：有的教师非常负责任，一心扑在学生身上，想尽一切办法让学生学习，但学生无动于衷，甚至麻木不仁。有的教师很少督促学生学习，但只要是他的课，学生就非常认真，在他的课堂上，学生享有成就感、愉悦感。这是怎么一回事呢？

对此我进行了思考和研究。最后我得出的结论是：影响学生学习、激发学生学习兴趣和动力的因素有三个：

(1) 教师的爱心与责任心；

(2) 教师的学识水平和任教能力；

(3) 教师的个人魅力。

以上三点如果能集于一身，这个教师肯定是一位德艺双馨、深受学生欢迎和敬重的教师。另外我还发现，这三点对不同类型的学生产生的影响是不一样的。第一条对幼儿园和小学低年级的学生更为重要；第二条对小学高年级以及初高中的学生更为重要(因为他们要的是成绩的提高)；第三条对职业学校的学生更为重要。例如，在职业学校里，有些青年教师资历很浅，在我们这些教学管理人员看来，其任教能力的提高尚需时日，但学生测评结果往往使我们大为吃惊，这样的青年教师排名并不落后，有的甚至还比较靠前，而另外一些我们眼中的骨干教师却不能完全得到学生的认可。

作为职业学校教师，要力争将三者集于一身，这是教师的努力方向。一、二两条大家谈得比较多，做得比较实，因此我重点想强调第三条。

职业学校的学生没有了应试教育的束缚，分数不再是他们的"命根"，因此，他们对教师的要求和期望也就发生了变化。说得更直白一些，有爱心、有责任心、教学能力强的教师他们在初中时见得多了。客观地说，论教学水平，我们职业学校的教师与初中(特别是重点中学)的教师相比，恐怕并不占优势，尤其是文化基础课，恐怕还是有差距的。在初中的环境中，我们的学生是不被重视的、被忽略的、受批评的、甚至是被教师放弃的。因此，他们来到职业学校后，对教师有哪些期盼呢？我想，他们期盼的是尊重他们的、和蔼可亲的、风趣幽默的、能和他们打成一片的教师。另外，玩手机、上网在初中是被禁止的，他们想接触的时尚元素是无法接触到的，到了职业学校后，他们有了一种"解放"的感觉。在这种情况下，教师的言谈举止有没有时尚元素也就成为他们关注的一个重要方面。

在分析了以上情况后，我认为，作为职业学校教师，要关爱学生，尊重学生，努力提高自己的任教能力。与此同时，要努力让自己成为学识丰富的人、风趣幽默的人、情趣高雅的人、爱好广泛的人。这是增加个人魅力不可或缺的几个方面。

如果用一句话来概括，那就是，只有热爱生活的教师，才能培养出热爱学习、热爱生活的学生。

(二) 教师走进学生心灵，这是远离职业倦怠，找到职业幸福感的唯一通道

教师们常常向我抱怨说，我们每天要做那么多的事情，哪有时间走进学生心灵？能管住他们不出事就谢天谢地了。也有的教师说，教育不是万能的，教育对有的学生是无效的，你是校领导，高高在上，根本不了解我们的苦衷。还有的教师向我发难：请问，你当过班主任吗？如果你每天都要处理学生中的那些破事、烂事，你还会像现在这样高谈阔论吗？当然，也有不少教师善意地表达了自己的不同意见，他们说，刘校长，你是一个理想主义者，你适合做领导，不适合做普通教师。我们普通教师必须是一个现实主义者，不然，我们既完不成教学任务，也完不成班级管理任务。还有的教师对我说，你对职业教育的感情和激情可亲可敬，令人敬佩，但你要知道，你的良苦用心，既影响不了学生，也影响不了教师，你要反思，你的付出值得吗？

对于这些说法，我既不能同意，也不能接受。时间关系，我不能一条条地予以说明、解释、反驳，但我要陈述我的基本想法。

(1) 做不做职业学校教师，自己要做出选择。

有一种心态我很不同意，也很不赞赏，即一方面做着这项工作，一方面抱怨着工作，怨天尤人，满腹牢骚，让自己陷入一种不良情绪中。每逢遇到这样的人，这样的心态，我总是想告诉对方：何必这么痛苦呢？人生不长，何必把时间浪费在自己不喜欢的职业中呢？

我不否认，职业学校教师的处境是艰难的，但正因为艰难，所以才富有挑战性，正因为艰难，所以就有了神圣感。从事职业教育需要一种勇气，更需要一种底气。没有这种勇气和底气的人，是不适合在职业学校工作的。

我觉得，除非你是想跳槽，否则，你没有任何借口不做好自己的本职工作。对学校领导有意见，对学生的表现不满意，那都是为自己的无能找借口。道理很简单，无论是哪一位校长，都不会阻挠你潜心教书育人的。

(2) 如果愿意做职业学校教师，那么，走进学生心灵，影响学生成长，就是获取职业幸福的唯一途径。

如果你不打算辞职，继续在职业学校干下去，那么，你唯一的出路就是全身心地投入到教书育人中去。只要你真心投入了，我敢肯定，幸福就在其中。

就当前职业学校的情况而言，全身心地投入到教书育人中去的一个非常重要的切入点就是，你必须走进学生心灵，倾听他们的故事，体会他们的艰辛和不幸，与他们一起寻找通往成功的人生之路。根据我的经验，每一个职校生的背后都有故事，而且越是"问题学生"，故事越多，越令人心酸。尽量走进每一个学生的内心世界，你会发现，这个世界是那样的丰富，这个世界是那样的需要你。反过来说，我们也从学生的需要中获得了很多感悟，思考了很多问题，我们的生命因此而感动，我们的职业因此而精彩。

陶行知说过："如果你不肯向你的学生虚心请教，你便不知道他的环境，不知道他的能力，不知道他的需要；那么，你就有天大的本事也不能教导他。"我把这句话改一下：如果你不走进学生的心灵，你就不了解学生的内心世界，那么，你就是有天大的本事也教育不好他。

(3) 教育，说到底是为了明天的事业。

有一个观点，大家都知道，这个观点就是：教育即生长。这个观点是法国教育家、哲学家、文学家卢梭提出来的。所谓教育即生长是指，我们要为学生提供良好的环境，让学生在这个环境中正常生长，全面发展。对卢梭的观点，美国教育家杜威做了进一步的阐发，他说：这意味着生长本身就是目的，并不是在生长的前头另外还有一个目的，比如说将来适应社会、谋取职业、做出成就之类。

适应社会、谋取职业等不是不重要，而是我们不能功利化地把职业教育办成只是为了让学生适应现在，只是为了让学生有一份工作的培训。我们首先应该把学生培养成合格的社会公民，在此基础上，力争把学生培养成优秀的人。一旦学生成为合格的社会公民，成为一个优秀的人，其他的目的都会不期而至，都是副产品。

教育学者吴非的观点是："教育是为明天的社会培养合格的人，所以教师必须要有理想；教育的最终目的是为了让未来的社会超越今天的文明，这就是理想。"

鲁洁教授的观点是：教育本来是面向可能生活，它的功能是，要为人揭示更加好的、更值得过的可能生活。(《超越性的存在——兼论病态适应的教育》)

康德的观点是："人的天性将通过教育而越来越好地发展，而且人们可以使教育具有一种合乎人性的形式。这为我们显示了一种未来的、更加幸福的人类前景。"

(三) 教师必须是一个酷爱读书的人

酷爱读书是实现前两者的最有效的保证，最可靠的支撑，最长久的动力源泉。

关于读书的重要性，我想在座的各位都比我清楚，无需我赘言。但是，读书对于教师而言，又具有特殊的意义。因为读书既是教师能过一种"幸福而完整生活"的根本保证，也是影响学生成长，帮助学生成功必不可少的动力源泉。

苏霍姆林斯基《给教师的建议》一书中说："把每一个学生都领进书籍的世界，培养起对书的酷爱，使书籍成为智力生活中的指路明星——这些都取决于教师，取决于书籍在教师本人的精神生活中占有何种地位。如果你的学生感到你的思想在不断地丰富着，如果学生深信你今天所讲的不是重复昨天讲过的话，那么阅读就会成为你的学生的精神需要。"

对苏霍姆林斯基的这一番话我深有同感。学生中出现的所有问题几乎都可以在教师身上找到原因。学生厌学，和教师的职业倦怠没有关系吗？学生精神空虚和教师的缺乏情趣没有关系吗？学生不读书，我们的教师有没有读书的习惯呢？

许多教师为什么对学生的厌学、贪玩、不守纪律束手无策？经验、阅历等固然是很重要的原因，但读书不多，精神生活贫瘠恐怕是主要原因。正如苏霍姆林斯基所言："教育——首先是关心备至地、深思熟虑地、小心翼翼地去触及年轻的心灵。要掌握这一门艺术，就必须多读书、多思考。你读过的每一本书，都应该好比是在你的教育车间里增添了一件新的精致的工具。"

每一个教师都应该有自己的"教育车间"，都应该努力增添更多更好更管用的"工具"，并且熟练地使用它们，倘能如此，那么，教师影响学生成长的办法也就取之不竭了。

最后我想说，作为一名普通的职教人，我原本没有资格对校长、副校长甚至教学中层说三道四的。但我崇尚一个原则：作为一名知识分子，无论何时何地，无论处在何种环境，都必须坚持自由之思想，独立之人格。正是出于这一考虑，我必须说自己的话，必须发出自己的声音。如有谬误，欢迎批评指正。

2013 年 7 月 20 日至 26 日，7 月 27 日修改。

形 势 任 务 篇

影响职业教育教学质量深层次的原因是什么

——在全省职业教育教学工作调研座谈会上的发言

(2011 年 10 月 11 日于淮安)

首先，我想表达的心情是：作为基层职业学校的代表，作为一个从事职业教育三十多年的职教工作者，对职业教育有着深厚的感情，所以，我非常愿意参加这个座谈会，心里有许多话想一吐为快。

我准备了两个发言材料：一个是正常的工作汇报，工作汇报的套路大家都明白，无非会说一些自己学校的做法。而现在职业学校的教学工作，无非是基础管理、课程改革、专业建设、校企合作、科研工作、实训基地建设、技能大赛以及师资队伍建设这八件事。谈这八件事，恐怕很难谈出什么新意，省里的这次调研恐怕也就很难达到目的。我准备的第二个发言材料，是想谈一谈自己对当前职业教育问题的一些思考和看法，又担心这些思考和看法有些不合时宜。刚才领导鼓励我们讲真话，谈实情，提建议，于是打消了我的顾虑。下面我就用第二个材料，作一个简要的发言。

"十一五"期间，职业教育得到了前所未有的迅猛发展，这是不争的事实。在肯定成绩的同时，我们不能不看到，职业教育正面临着危机。危机的主要表现是职业学校教育教学质量不高，不能培养出社会满意的技能型人才，职业学校的吸引力不大。

我理解，这次会议的主题是要分析影响职业教育教学质量提升的原因并探究其成因。这个话题很大，需要大家共同探讨，需要集中大家的智慧。

影响职业教育教学质量的原因很多。有表象的，也有深层次的。从表象上看，可以从生源素质、专业设置、课程改革、实践教学等方面去寻找，这样的寻找很容易，铺天盖地的文章都在探讨这些问题，但职业教育质量不高的问题始终没有得到解决。然而深层次的原因却很少有人讨论。

深层次的原因究竟有哪些？我也没有成熟的意见。但我一直在思考，一直想理出个头绪来。由于能力和水平都有限，我只能谈一些在实践中遇到的、感觉到的、觉察到的现象，既没有理论依据，也没有数据考证。

我觉得，比较重要的、影响职业学校教育教学质量的深层次原因主要有以下几个方面：

一、职业教育需要行政驱动，但行政干预过多，对职业学校造成很大冲击

为什么要谈这个问题？作为基层职业学校，我们期盼着能沉下心来办学，静下心来教书。而现实情况，这恰恰是很难实现的。

沉下心来办学，静下心来教书，并不意味着学校和教师就不思改革、不思进取了。

行政驱动是个敏感的话题。因此，我首先要声明的是，职业教育离不开行政驱动，没有行政驱动，没有各级政府的大力支持，也就没有职业教育的今天。当前，职业教育受到政府的重视不能说是绝后的，但肯定是空前的。

政府关心、支持、扶持职业教育的发展，就必然要落实到具体的工作中，因此，一些检查、视导、评估等也是必不可少的工作抓手。但是，我想说的是，如果检查、视导、评估不能把握好度，就会过多地干预职业学校的工作，对学校正常的教育教学造成冲击。

这些年来，各类检查、视导、评估很多，几乎每个学期都有，作为学校领导，需要花费全部精力来应付这些检查、视导、评估，很少有精力再去考虑学校自身迫切需要解决的问题，更谈不上沉下心来办学了。

这里好像有个误区，上级部门是不是有这样的心态或者说思路：如果上面不抓专业建设、不抓课程改革、不抓校企合作，职业学校就会乱来，就会不负责任地办学。果真如此吗？我以为不是这样的。在市场经济条件下，职业学校最终要受到市场的检验和评判。一所职业学校如果专业设置不能满足用人单位的需要，学校管理混乱，没有实训条件，没有充足的师资队伍，培养的学生没有动手能力，没有职业道德，不能融合社会，这所学校的学生如何就业？学生无处可去，还会有人报考这所学校吗？所以，我觉得，职业学校和社会其他行业一样，有个物竞天择、优胜劣汰的过程。作为政府部门，采取必要的措施，尽量缩短这一过程，是非常正确也是非常必要的。我想说的是，我们现行的一些做法，不是缩短这一过程，而是不能容许有这样的过程。有了这样的指导思想，我们习惯的做法是：领导想要什么，就制定什么标准，比如，示范专业、优秀专业等，同时限定名额。这些标准颁布以后，职业学校必然趋之若鹜，争相建设达标，然后是组织验收。而经过验收，又鲜有不达标的。这就形成了一个封闭的循环：制定标准的部门，也是验收的部门，验收都达标了，双方皆大欢喜，然后就可以颁布下一个标准了。接下来又是一个这样的循环。

一个奇怪的现象是，在职业教育领域，我们听不到不同的声音。不像普教，一个"新课改"标准，从酝酿、征求意见到出台，争议之声不断。而职教领域，无论上级颁布什么新方案、新标准，绝对没有哪一所学校、哪一位校长提出不同意见、批评意见，这也造成了一种不良的后果，好像所有关于职业教育的政策、做法都是正确的，都是不需要讨论的。这是不是违背了事物发展的客观规律？

有人说，教育是农业，还有人说教育是林业，农业也好，林业也好，都是表达一个意思：教育是个慢活，不能搞短平快。因此，我要说明的是，我绝不是反对必要的评估、示范、视导、检查。像我们省最近在搞的"五课教研"和"两课评比"以及"三项管理规范"的检查，这些工作都抓到了点子上，深受基层学校的欢迎。我是想说，要警惕在这些工作中暴露出来的浮躁心态。浮躁的典型表现就是不容许有过程，不能等待事物发展的自然过程。

我有一个担心：如果有关部门不把教育当成一个慢活，说得直白一些，如果有浮躁心态的话，那么，造成的影响将会是巨大的，而且是在短时期内很难消除的。道理很简单，"上有好之，下必甚焉"，"楚王好细腰，宫中多饿死"。职业学校为了应付各类检查，已经形成了一套"非常熟练"的"迎评机制"，我给这个机制起个名字叫"材料盒"现象。不管上级检查什么，职业学校都可以做到迅速地"达到要求"，也就是说，你要什么，材料盒中就有什么，至于这个"有"，是真正的有，还是编造的有、下载的有，就只有"天知地知你知我知"了。

对此，我的建议是：(1) 有关部门对学校的检查、视导、评估等要扎口管理，不要过于集中。(2) 对技能大赛要加以研究，如何既让全体学生受益，又保证学生出成绩？(3) 我们的关注点、兴奋点应回归学生、回归课堂。

二、职业学校招生形成恶性竞争，造成抢生源、买生源，给正常的学校管理埋下了不良的种子

招生的恶性竞争现象，我称之为"买学生"现象。这个问题大家都心知肚明，我不再赘言。我想补充一点：要高度重视在招生工作中的地方保护主义现象。地方保护主义不仅搅乱了招生秩序，而且保护了一些后进学校，保护了落后，掩盖了问题。更为严重的是，可以操纵、实施地方保护主义的，都不是基层的职业学校，而是一些权力机关。

对此，我的建议是：(1) 出台文件，对地方保护主义予以真正的打击。(2) 根据生源情况，对各类学校的招生统筹规划、统筹管理。(3) 对职业学校要作一番结构调整，将一些专业没有特色、没有吸引力、招生困难、规模不大、

就业不畅的学校予以调整改造或合并。

三、职业学校教师的门槛过低，造成了职业学校的教育教学改革推进困难

很少有人讨论这样一个问题：职业学校教师岗位是专业技术岗位吗？是教育专业工作者吗？职业教育的现状在无声地宣告一个事实：什么人都可以登上职业学校的讲台。

为什么会出现这样的状况？这里面的原因很多，社会大环境的影响无疑是个重要原因。我们在有意无意之间给职业学校做了这样的定位：学生到了职业学校，只要能够学一技之长能够就业就可以了。这个看法是短视的、是有偏差的。实际上，凡是有远见的、有文化的、有品位的企业，需要的不仅仅是简单的劳动力，而是有良好的综合素质的员工。

当前职业学校教师队伍存在着滥竽充数和无所适从并存的现象。所谓滥竽充数，是指一批不具备教师条件的人补充到了教师队伍中；所谓无所适从，是指原本一些比较优秀的教师现在也变得不知道自己该如何努力了。教师队伍整体面临着艰难与困惑。

对此，我的建议是：(1) 提高职业学校教师入门门槛；不仅是学历的门槛，更主要的是教师素质的提升。同时提高教师资格证的难度。(2) 引进教师应该有多元化的标准，对高校毕业生和对能工巧匠的引进，标准应该有所不同。这需要配套的政策支持，比如，评估的学历标准、评职称的标准等应从实际出发，激励职业学校引进一些能工巧匠和专业技术人员来校任教。 (3) 我有一个设想：能否成立一个教师教育或培训学院，专门从事对新教师以及现有教师的培训。少则一两个月，多则要三五个月，提高教师的基本素养。改变现在这种考几门课就可以拿到教师资格证的局面。

四、顶岗实习的问题需要重新审视，现在的顶岗实习存在"放羊"现象

顶岗实习有许多问题值得质疑：是不是需要一年？是不是每个专业都能做到"顶岗"？是不是必须放在最后一年？在同一时间这么多的学生都去顶岗，是否现实？

顶岗实习政策的初衷是加强学生的实践动手能力，强化实践教学环节，但现在的顶岗实习已经变味了、变质了。中职三年、高职五年的教育教学在缩水，学生等于利用最后一年去找工作，学校也可以腾出教学资源。 这样的顶岗实习，既没有"顶岗"，也不是实习。这已是人所共知的事实。

说到实践教学，我顺便说说实训基地建设。国家、学校花了这么多的钱用

于实训基地建设，但我感到，学生距离实践、距离企业越来越远了。我最初是学会计的，那时候哪有什么实训基地，学一段时间、学一个单元，就到企业去实践、去实习，会计课学完，不知到过多少企业，整个学习过程都是和企业、实践紧密相连的。最后，还到企业真正实习了几个月。学以致用，效果非常好。所以，我们要反思，建设了实训基地是否就万事大吉了，就不需要和企业"密切接触"了？实训基地和到企业去实践，二者的关系应该如何处理？这些问题，都值得我们思考。一个现实的情况是，过去的师生比是比较低的，可以说是精加工，现在的师生比很高，可以说是批量生产，学校的确没有精力多次组织学生到企业去实践。不仅如此，学校也没有精力加强对顶岗实习的管理。

自从实行了最后一年顶岗实习，请问，哪所学校还能举行正常的毕业典礼？而毕业典礼对于教育、对于学校、对于育人来说，原本是多么隆重的事情啊！多么好的育人时机啊！

对此，我的建议是：必须调整对顶岗实习的规定，允许不同专业有不同的做法。顶岗实习的时间可以是一年，也可以是半年，甚至也可以是三四个月。顶岗实习的时间，既可以放在最后，也可以在教学的过程中穿插进行。

五、职业教育存在着功利化的倾向，不利于职业教育的健康发展

职业教育本来是教育的一个类型，但现在的职业教育越来越像培训机构。职业学校本来具有双重任务，一是为社会培养合格的公民，二是为用人单位培养合格的技能型人才。但在实际工作中，或者说在我们的理念和指导思想中，忽略了第一个方面的任务，把职业教育看成纯粹是为"职业"而举办的"教育"。

沿着这个路子走下去，职业学校的功能越来越窄，学生的适应性越来越差，越来越不受企业欢迎，专业设置以及课程体系越来越不重视夯实基础。

在这样的形势下，素质教育在职业学校里没有了位置。教育的主要功能变成了管束学生，教学的主要任务变成了技能的传授，教育教学形成了两张皮。

在这样的形势下，职业学校逐渐放弃了学校教育应该具有的功能，把自己沦为培训机构，强调无缝对接，强调用职业资格证书代替专业主干课的教学，强调一切为了就业，强调用人单位需要什么我们就教什么，等等。

职业学校的学生为什么上岗快、下岗快、转岗慢、职业稳定性差、迁移能力差？我认为，无不与职业教育的功利化有关。

在功利化的影响下，一些简单的道理、一些常识问题都被我们忽略了，比如，学会计、学护理的，如果单纯从上岗的角度说需要五年吗？之所以需要五年时间，主要是为了素质培养的需要、人格发展的需要、人的全面发展的需要。

对此，我的建议是：要警惕职业教育功利化的倾向，把素质教育摆在重要、突出的位置，要加强对职业学校如何实施素质教育的研究与实践。

六、在职业学校，打造"有效课堂"，实施"有效教育"的任务十分繁重，教师承受着多重压力

大家都在谈职业学校学生素质差、厌学等问题，我的看法是，停留在议论这些问题上，没有丝毫的意义。在可以预见的将来，这个现象不会有根本的转变。但不谈不等于我们不需要研究生源状况，研究生源状况是为了实施有效的教育。

一个人从幼儿园开始，在社会、家长合力作用下就一路瞄准"重点"，重点小学、重点初中、重点高中，然后力争让孩子考取重点大学，尽管这一系列"重点"是扭曲的、变形的，严重违背教育规律和人的发展规律的，但在应试教育暂时不能取消的情况下，基础教育到高等教育自成体系。在这样一支前行的队伍中，一部分学生被挤下来了，跟不上大部队了，这部分学生就是我们的生源。因此，我们的学生从普通中学到职业学校存在着几个转换：角色的转换、人生方向的转换以及心理的变化等。说得通俗一些，我们的学生来到职业学校不是自觉地调整，而是被动地遭淘汰。所以，进入职业学校的课堂，我们看到的普遍现象是：学生失去了目标，学习的积极性不高，厌学情绪严重。面对这样的生源，我们应该怎么办？

我以为，如何打造有效课堂，实施有效教育，是我们工作的重点。

对此，我的建议是：要努力提高职业学校教师的幸福指数。

七、关于专业设置与专业选择问题

专业是职业教育的核心。现在的问题是，要防止专业分工过细、就业岗位群过窄的倾向。这方面是有历史教训的。

学生选了专业后，"一选定终身"，无法调换。就是本科院校还有专业调整的可能，职业学校却统得很死。中职学生到职业学校来，绝大多数对所学专业没有认识，不是出自兴趣爱好自由选择的，因此，有的学生对所学专业完全找不到感觉。我们都知道，不同专业对人的素质、能力、性格特点的要求是不一样的，职业教育也是可以做到顺应学生发展需要的，但现在的政策不允许。

对此，我的建议是：出台政策，允许部分学生调整专业。

由于时间关系，关于技能大赛、学分制等问题就不再讲了。座谈会给了我们宽松的氛围，我也就知无不言了，谬误之处，在所难免，敬请各位领导、专家谅解、指正。

忧与爱：我的职教情思

——江苏模特艺术学校教师培训

(2012 年 6 月 15 日)

今年江苏省高考作文的题目是"忧与爱"。我的小女儿也是今年的高考生。在高考前，我判断，今年的作文题目一定和社会责任、人类危机、个人忧患有关。我告诉女儿，你重点准备这方面的材料。当语文考试结束我知道了作文题目后，多少有些欣慰。虽然猜题不是十分准确，总是沾了一点边。

忧与爱，是一个问题的两个方面。所以忧，源于爱；因为爱，所以忧。

这个作文题目，恰恰是我的职教情思的最集中的体现。我在准备今天讲稿的时候，并没有考虑题目。我的写作习惯，是先把要说的话写出来，然后找一个合适的题目来命名。套用艾青的一句诗，为什么我的眼里常常饱含泪水，因为我对职业教育爱得深沉！所以，把心里话写出来后，我自然地想到了"忧与爱"这个题目。

我从事职业教育 32 年了。在有些行业，越老越值钱，但职业教育不是。作为一个老职教工作者，近年来，我遇到了很多问题，也产生了很多困惑、忧虑，可以说是老革命遇到了新问题。在这种情况下，我应该怎么办？

我选择了"一个中心，两个基本点"的工作方式和生活方式。一个中心指的是：作为一名知识分子，我时刻提醒自己，必须坚守"自由之思想，独立之人格"的做人准则。两个基本点指的是：我选择了走近教师、走近学生；我选择了读书、思考、写作。前者成为我基本的工作方式；后者成为我基本的生活方式。

我愿意把我的一些想法、体会与收获与大家交流与分享；我也愿意就当前职业教育领域存在的一些问题、困惑与危机和大家一起去面对与研讨。

今天我要讲的主题就是：我对职业教育领域一些问题的基本看法。

从表象上看，今天的职业教育可以说是空前繁荣的。但是在空前繁荣的背后，我看到的是种种弊端。我的基本看法是：职业教育生病了，而且病情很严重。其临床表现是：职业教育的行政性，职业教育的功利性，职业教育的工具性。

先说说职业教育的行政性。

我所说的职业教育的行政性，主要是指职业教育的发展完全依赖于行政驱动。我认为，如果职业教育的发展完全依赖于行政驱动，是不健康的。一所学校的发展动力，无非来自于外部驱动(行政驱动)和内部驱动(自主发展)这两个方面。我的观点是，第一，成功的社会变革，其驱动力无不来自变革者内部；第二，当前职业学校的主要变革，其驱动力无不来自外部；第三，这样的变革驱动力，将使职业学校变革走向歧途。

我的观点源于对行政驱动的分析。行政驱动的套路有七个步骤：(1) 政府提出总体目标；(2) 教育主管部门规划方案；(3) 职业学校学习贯彻；(4) 教育主管部门进行检查评估；(5) 职业学校按照标准强势推行推进工作；(6) 通过检查评估的，既有名(各种荣誉称号)又有利(经费支持)；(7) 教育主管部门认为此项举措已经取得成功后，又提出了新的方案。如此循环往复，推动着职业学校的发展。

这个套路存在三个问题：

第一，这个套路存在着先天的危险性。以拍摄电影为例，假如某个公司集编剧、导演、审片于一身，要保证拍出来的片子没有问题，就只能寄托在这个公司所有行为的绝对正确。而在没有制衡力量的情况下，任何机构或个人，都不能保证自己是一贯正确、绝对正确的。

最初的合格学校、省部级重点、国家级重点评估，的确起到了"抓评估，促工作，上水平"的积极作用，不仅对学校建设有极大的促进作用，连同学校的主管部门都在评估标准的引领下，增加了对学校的投入，支持学校达到省部级重点或国家级重点的标准。

为什么后来的一些评估、检查、视导让学校感到是"受干扰、瞎折腾"呢？深入考察后我发现，凡是涉及硬件建设、学校基础条件建设的，都可以起到积极的标杆作用、导向作用、促进作用，都可以帮助学校树立标准意识、发展意识、质量意识。凡是涉及软件建设、内涵发展的，用原有的评估办法就不那么灵光了。原因很简单，凡是用钱能解决的问题，通过评估，的确可以促进学校加快建设，加快发展，凡是用钱解决不了的问题，用评估的办法也同样解决不了问题。

也许有人会说，即使涉及学校内涵建设，也可以用评估的办法，帮助学校明确努力方向，也是有积极意义的。这个道理是能说得通的，但是这样的评估需要几个必备的条件：首先，这样的评估必须立足长远，而不能限期达标。内涵发展需要时间，需要过程，比如学校特色，就需要历史性、积淀性、稳定性等。如果不给学校留时间，颁布了评估标准就检查验收，只能逼着学校弄虚作假。其次，这样的评估必须是由第三方来实施。颁布标准的一方，不宜作为检查验收的一方。最后，即使由颁布标准的一方来实施，专家的组成也应该与被评估的学校没有利害、利益关系。像现在这样从各个学校抽调人员组成专家组，存在这样的隐患：今天甲校长作为专家组成员去评估乙校长的学校，明天乙校长就有可能作为专家组成员去评估甲校长的学校，大家都是同行，相互会留面子，很难做到严格执行标准。不能严格执行评估标准，评估就失去了意义。

第二，这个套路忽略了学校的自主发展。职业学校无论是在招生、就业、技能大赛，还是在专业建设、课程改革、校企合作等方面，都存在着激烈的竞争。一所学校要想生存、发展下去，必须在激烈的竞争中占有一席之地。这也就是说，即使没有评估，职业学校也必须参与办学竞争，而要参与社会竞争，就必须不断地推动学校发展。我认为，每个学校都存在着发展的原动力。教育行政部门应该支持、鼓励学校的自主发展。如果所有工作都是依靠评估、检查来推动的话，学校只能疲于应付各种评估、检查。长此以往，职业学校就丧失了自主发展的能力。

第三，这种发展模式不利于"好校长"的产生。我相信，每个校长都是想把学校搞好的，区别在于，好的校长有思想、有理念、有办法、有能力。但目前这种发展模式，直接导致了优秀校长和不优秀的校长都必须放下自己的想法，都必须全力以赴地准备接受各种评估，迎接各种检查，争取各种荣誉，抢抓每一个发展机遇。这是不以校长的个人意志为转移的。

在强大的体制面前，校长个人根本无法与之对抗。比如，国示范的创建，有哪个校长敢轻言放弃？品牌专业申报，有哪个校长敢说咱们不要申报了？技能大赛，有哪个校长敢说，我们不参加了？这些事情累积起来，就成为学校每学期、每学年要抓的重要工作。所以，在考虑工作的时候，看看"上边"今年要抓什么？我们应对的措施有哪些？哪些工作要取得什么成绩？品牌专业要创建成功，技能大赛要取得突破，精品课程要有一到两门，实训基地要争取项目……就成为所有校长要精心筹划的工作。

所有的校长们都在抓着同样的工作，都在说着同样的话，优秀的校长如何产生？如果凭着工作业绩来看校长的优劣，那么，在优秀校长的业绩中，有哪些是校长个人的思想和理念？一个没有自己思想和理念的校长，我们能称之为优秀吗？

再说说职业教育的功利性。

要想说清楚职业教育的功利性，需要长篇大论才行，否则，就很有可能给人一种缺乏根据、以偏概全、断章取义的感觉。作为基层的职教工作者，我显然没有这么高的水平，我只能谈几点自己直观的感受。

《国家中长期教育规划发展纲要》颁布后，我进行了认真学习，当然我特别关注有关职业教育的内容是怎么表述的。通过与普通高中教育表述的比较，我感到了深深的失望。我在《研读"纲要"有感》一文中表达了这样的看法：

> 从文本表象看，第五章高中阶段教育写了三条，第六章职业教育写了四条。文字篇幅职业教育也明显多于高中教育。
>
> 从内容表象看，高中阶段教育是就教育谈教育，而职业教育则涉及"调动行业企业的积极性"、"强化省市(地)级政府统筹职业教育发展的责任"以及采取若干重大措施，"增强职业教育吸引力"等内容。
>
> ……
>
> 失望之二，《纲要》对高中阶段教育的表述，突出强调了"人的发展"这一教育本质特征，文字不多，但句句说到了点子上，切中时弊，切中要害，方向明确，立意高远。而在职业教育的描述中，"人的发展"不见了，"关键词"换成了经济发展、教育投入、政府统筹等。给我的感觉是，愈是强调这些，愈是反映出国家对职业教育的"另眼相看"。
>
> 比如，《纲要》指出："高中阶段教育是学生个性形成、自主发展的关键时期，对提高国民素质和培养创新人才具有特殊意义。"难道职业教育就不需要个性形成和自主发展了吗？为什么对职业教育无一字提到人的发展、个性发展、素质培养呢？我信奉这样的观点(来自联合国教科文组织)：职业教育一方面要向社会输送技能型人才，同时也是向社会输送合格的公民。

我也自问，这样分析《纲要》是不是带有对职业教育的强烈的感情色彩？我在文章里说，但愿自己是"杞人忧天"了。但为人做事要真诚，我对《纲要》的失望感是真实的，如果有一天事实证明我错了，我会勇于改正的。

从《纲要》回到现实，看看国家是如何"大力发展职业教育"的，我也有一些另类的看法。近几年国家始终在"大力发展职业教育"，这是不争的事实。但在发展的措施方面，我觉得有些举措值得质疑。

强调职业教育要重视学生的就业率和就业质量，毫无疑问是非常正确的。但是，把职业教育说成就是就业教育，是不是有些功利了？在全国范围内搞技能大赛，提升职业教育的声誉，营造全社会都来关心职业教育的氛围，的确有着多方面的积极意义。但是，说"普通教育有高考，职业教育有大赛"，合适吗？两者有可比性吗？经得起推敲吗？再比如，强调职业学校学生的"能力本位"是没有错的，也是应该引起重视的。但是，把技能、实践的重要性推向了极致，就有问题了。职业学校一定要和企业实行无缝对接，做到多方面的合一，我对这些说法都心存疑虑。如果职业学校和企业"无缝对接"了、"合一"了，我真的认为，这样的职业学校也就和社会培训相差无几了。甚至可以说，职业学校也就不成其为学校了，而变成了输送有技能的劳动力的"加工厂"！

最后再说说职业教育的工具性。

工具是器，是物，教育培养的是人，两者不能混淆。教育是人类自身存在和发展的需要，教育发展了，当然会有利于人类社会方方面面的发展和进步，反过来我们不能说，为了社会某一个方面的发展，所以我们才办教育。

我很推崇法国教育家卢梭的观点：教育即生长。人本身有许多先天的潜能，教育只是提供一个良好的环境，让它们正常地生长。对卢梭的观点，美国教育家杜威做了进一步的阐述，他说：这意味着生长本身就是目的，并不是在生长的前头另外还有一个目的，比如说将来适应社会、谋取职业、做出成就之类。

周国平先生对此作了进一步的分析。他说，用生长的眼光看，人生的每个阶段都有自身的价值，每个阶段的价值都应该得到实现。有一种流行的错误观点，就是把学生时代仅仅看做人生的一个准备阶段，它的全部价值似乎只是为将来走上社会做准备。我们今天的教育基本上是在这个错误观点的支配之下，以未来的名义无情剥夺孩子们的童年和青春。卢梭说：为了某个不确定的未来而剥夺现在，这种做法是残酷的。

这种教育模式培养出来的人才，钱理群称之为"精致的利己主义者"。

由"精致的利己主义者"组成的社会，会是一个健康的、可持续发展的、美好的社会吗？一个好社会必须是罗素说的那样，是"由本性优秀的男女组成"的。

正如德国教育家赫尔巴特所说："道德普遍地被认为是人类最高的目的，因此也是教育的最高目的。"

爱因斯坦也说过："用专业知识教育人是不够的。通过专业教育，他可以成为一种有用的机器，但是不能成为一个和谐发展的人。要使学生对价值有所理解并产生强烈的情感，那是最基本的。他必须获得对美和道德上的善有鲜明的辨别力。否则，他——连同他的专业知识——就更像一只受过很好训练的狗，而不像一个和谐发展的人。"

以上是我对职业教育"病症"的基本看法。从医学的角度说，光知道"病症"还不行，还要分析其"病理"。

我对职业教育"病症"的"病理分析"是：职业教育患的是体制病。这个体制就是快速发展的体制、追求物化的体制、忽视信仰的体制、忽视精神的体制。

在这样的体制下，患病的又何止是职业教育？又何止是教育？

南师大的鲁洁教授有一番话，读来感觉很深刻。她说：20 世纪的一切都说明人类患下了"分裂症"。在物质方面，人类已经达到造物主的水平，几乎已经无所不能，可以无所不为；但是在精神和道德方面，在自我认识、自我把握等方面，却是如此的发育不良，水平低劣。

我赞同鲁洁教授的观点，但我认为，除了"分裂症"，人类还患了"狂躁症"。狂躁，是不成熟的标志。对人，对社会都是如此。

在一个不成熟的社会里，"变换花样"会形成传染，传染到社会的各行各业。好像只有不断地变，才能说明自己是不落伍的，是最先进的，是时尚的。报纸在不断地改版、杂志在不断地推陈出新、商店在不断地改变经营模式、酒店宾馆在不断地装修……总之狂躁的综合表现就是不断地折腾。折腾的结果是什么，我们究竟想要什么，恐怕折腾的人自己也不清楚。

就在这种"变换花样"的过程中，一些传统的、公益的、具有历史感的、需要社会刻意维护的东西在不断地消失，同时，一些物化的、商业的东西却能够大行其道、畅通无阻。

最近的新闻报道，沈阳绿岛体育中心投入约 8 亿元，使用寿命却不到 10年，2012 年 6 月 3 日被爆破拆除。拆除的理由是，没有发挥应有的作用。那么当初建造的时候是如何论证的呢？诸如此类的事情恐怕是不胜枚举的。

我曾经写过一篇文章，题目是《我的家在城市》。文章说的是，在轰轰烈烈的"造城"运动中，城市的老建筑、老街道纷纷被拆除，取而代之的是现代化的高楼大厦。城市"现代化"了，但"个性"、"独特风格"没有了。我曾经假设，把一个人蒙上眼睛运送到某个城市的市中心，这个人如果不看文字标牌，根本分辨不出自己在哪里？他只能说，这是一座城市。

我们现在所做的一切，都在努力抹掉人们的记忆。西方国家所做的一切，都在努力保护历史的痕迹。两者做法的不同，说明了什么？值得我们深思。

"发展是硬道理"，"科学发展观要统领全局"，这些理论和论点都没有错。但为什么到了操作层面，就只要"发展"，不要"道理"，不要"科学"了呢？不要"道理"，不要"科学"的发展，自然就表现出对财富增长、发展速度的狂热追求，自然就表现出对精神、文化、信仰等非物质东西的"无暇顾及"。这样的发展是健康的吗？是可持续的吗？

在这样的大环境下，我们要求职业学校潜下心来育人，静下心来教书是不是有些苛刻了？

通过对职业教育"病症"、"病理"的分析，我的结论是：过多地批评职业教育是不公允的，盲目地颂扬职业教育是不科学的。

在目前的体制下，我们职教工作者是不是就无所作为了？我认为不是的。客观地说，在教育领域中，唯有职业教育，才有机会抵制现有体制对教育的影响。因为职业教育是在应试教育圈外的教育类型，是被边缘化了的教育。所以，我在一篇文章中曾经说过这样一个观点：职业教育是距离教育本质最近的一个教育类别。挣脱了应试教育的枷锁，师生都获得了自由。看清了这一点，我们不应该有所作为，不应该大显身手吗？

罗曼罗兰说过："在这些神圣的心灵中，有一股清明的力和强烈的爱，像激流一般飞涌出来。甚至无须倾听他们的声音，就在他们的眼里，他们的事迹里，即可看到生命从没像处于忧患时那么伟大，那么丰满，那么幸福。"

我以此自勉，并希望我们在座的各位共勉！

周国平说，人生最重要的两件事：第一，有自己真正喜欢做的事，并且努力把它做好；第二，有做人的基本原则，并且体现在每一个行为中。前者是人的幸福之所在，后者是人的尊严之所在。

愿我们在座的每一位教师，生活得幸福，生活得有尊严！

2012 年 6 月 8 日完稿

形势与任务 良知与使命

——徐州市财经商贸专业骨干教师培训班上的讲话

(2013 年 7 月 15 日)

职业教育的形势与任务这个题目应该由教育行政部门的官员或职业教育研究机构的专家来讲。我作为一名普通的职教人，的确很难胜任。我只能从自身经历和经验的视角来看待、分析职业教育的形势。这个角度显然是不全面的，也是缺乏高度的。

既然是命题作文，我就勉为其难地谈谈自己的一些思考和看法。另外，再加上一些"水分"，适当跑跑题，说一些我想说的话。

形势与任务，是命题作文；良知与使命，是跑题部分。

关于形势与任务，我想讲两点：

一、职业教育的形势：繁荣和隐忧并存

毫无疑问，当前我国职业教育的形势是繁荣的，其繁荣的程度恐怕也是空前的。大约在五六年前，江苏省教育厅原副厅长周稽裘先生曾经说过，职业教育遇到了历史上最好的发展时期。他当时做了"三潮合一"的概括。周厅长所说的"三潮合一"是指，第一潮，国家大力支持职业教育发展；第二潮，经济发展迅猛，出现了用人需求高潮；第三潮，应届毕业生处在高峰；这三潮又集中在同一个历史时期，对职业教育的发展来说，的确是百年不遇的。几年时间过去了，周厅长所说的"三潮"除第一潮继续保持外，第二、第三潮都发生了较大变化。大家知道，当前我国经济处在增长方式转变和转型升级阶段，由原来的高速增长变为下位运行，这给各行各业带来了很大压力，企业用人减少而且越来越挑剔。初中应届毕业生连续几年下降，目前已经跌到谷底，几乎所有的职业学校都面临着招生难的严峻局面。但是，任何事物都是辩证的。经济下行，使得企业新进人员减少，这是不利的一面，但企业的转型升级又在呼唤职业教育的大力发展，这又是利好消息。同样，初中毕业生减少，对职业教育的发展当然不利，连高职院也出现了招生困难。但另一方面，对职业学校练好

内功，打造品牌，提升社会美誉度，对搭建现代职教体系的立交桥，则是利好消息。

因此，周厅长所说的三潮合一，我觉得可以改为：

(1) 国家逐渐找到了一条发展职业教育的新路子。几年前，国家虽然高度重视职业教育，但还面对"如何办职业教育"这个问题。经过这些年的探索，国家逐渐找到了适合中国国情的、发展职业教育的套路。按照教育部葛道凯司长的说法就是："职业教育这几年的改革走出了一条不同于普通教育的发展道路，就是和经济社会紧密结合的发展道路。什么叫紧密结合，我们可以用'五个对接'来描述这种结合的程度。第一，专业与产业企业岗位对接。第二，专业课程内容和职业资格标准对接。第三，教学过程和生产过程对接。第四，毕业证书和职业资格证书对接。第五，职业教育和终生学习对接。"

国家顶层设计具有创新性、前瞻性，促进了职业教育创造性、突破性的发展。国示范建设、实训基地建设、师资培训工程、校企合作推进等都抓到了点子上，尤其是现代职教体系的建立，真的具有划时代的意义。

(2) 企业终于意识到粗放型的发展模式是不行的，必须转型升级。而企业要转型升级，就必须依赖高素质有技能的员工；学校终于意识到关门办学是没有出路的，必须大力加强校企合作，办学职业教育必须和社会需要对接。

(3) 学生和家长以及社会，歧视职业教育、看不起职业教育的局面正逐步改变。特别是现代职教体系的建立，消除了基础教育、高等教育和职业教育之间的鸿沟，使处在困境中的职业教育"柳暗花明又一村"。

虽然职业教育的形势可谓一片大好，但我还是感到有些问题。概括起来说就是：**繁荣之中有隐忧，繁荣与隐忧并存**。

下面，我想对招生、就业、办学、升学、待遇、评价等几个现象进行简要的分析：

一是招生。

繁荣的一面：2012 年，全国中职学校在校生有 2200 多万，占高中阶段教育的"半壁江山"。这个体量本身，就足以说明了职业教育的繁荣。

在 2200 多万的中职生中，农村户籍学生占在校生总数的 82%，近 70% 来自中西部，45.7% 的学生家庭年人均收入不足 3000 元。

隐忧的一面：这些数据说明了什么？一方面说明了中等职业教育的发展壮大，另一方面，我们从数据中可以看出，中职生源家庭以低收入家庭为主，其中不能排除的一个因素是，很多学生是迫于家庭经济压力，才选择低学费乃至免费的中职学校的。在农村，这种情况是比较普遍的。

另外一个容易被人忽视的问题：由于中职教育低学费甚至不收费，吸引了农村适龄学生报考。这些学生读了中职以后，有几个回到农村，参加新农村建设呢？现在的农村，还有多少真正意义上的农民呢？没有了农民，我们这个农业大国必然潜伏着危机。

二是就业。

繁荣的一面：就业率高，对口就业率高，起薪高。

2013 年 2 月，中国职业技术教育学会发布了《2012 中国中等职业学校学生发展与就业报告》。从 2007 年到 2011 年，中职学校毕业生总人数超过 3000 万人，就业率连续 5 年保持在 95% 以上，专业对口率超过 70%，半数以上毕业生起薪高于 1500 元。

高等教育中，就业最好的 985 学校，其次是高职高专。

隐忧的一面：

(1) 就业率变成了游戏规则。就业率是怎么统计出来的？就业率的统计以什么为依据？其中有没有水分？职教同仁在谈到就业率时，往往会心一笑，这会心一笑就很值得琢磨。

(2) 非常高的就业率与非常低的认可率(或者说吸引力)，形成了巨大的反差。

(3) 非常高的就业率和企业技能型员工的奇缺并存，这种现象说明了什么？

(4) 中职生上岗快、跳槽快，但岗位迁移能力弱、上升空间小。这是中职教育的隐患，不可不重视。

三是办学。

繁荣的一面：各级政府加大了对职业教育的投入。各级各类职业院校风起云涌。高职高专自不必说，县级职教中心纷纷重建，一个比一个漂亮。几年前，相当一部分职业学校破破烂烂、冷冷清清，没有一点看相，因而搞基础教育的看不起职业教育。现在的情况大为不同了。

隐忧的一面：在中国的国情下，职业教育应该怎么办？我们真的找到发展职业教育的新路了吗？对此，我表示怀疑。葛道凯司长所说的"职业教育和经济社会紧密结合的发展道路"，不是什么新提法，而是一种回归。我国在举办职业教育初期，就不是关门办学的，就是非常注重与经济发展相结合的。

还有一个问题是，职业教育由谁来办？由谁来管？这个问题并没有解决好。我以为，政府主导，行业主管，社会力量办学补充，是符合中国国情的。而现在的做法是，政府主导，政府也主管了相当一部分职业学校，社会力量办职业教育受到严重歧视、排斥和挤压。

我有一个看法：观察现有的职业学校，办得比较好的、像职业教育或真正办职业教育的，多数是行业主管的职业学校，比如财经类学校、医药卫生类学校、农业类学校、铁路交通邮电电力类学校，凡是由政府主管的学校多数都没办好，多数都不像职业教育，多数都不是真正地办职业教育。

我有一个思考：一个县办一所职教中心的做法是否符合中国国情？是否符合职业教育的发展特点和发展规律？我认为，职业教育应该是专卖店、传统老字号，是便民的各种杂货店、便利店，而不是沃尔玛、易初莲花。前者走的是顺应市场需求的、专业化、讲品味、有积淀的道路，后者走的是方便、快捷的道路。但据我观察，老百姓还是对前者情有独钟。

四是升学。

繁荣的一面：搭建立交桥，构建现代职业教育体系，满足了中职学生继续深造的愿望。职业教育出现了一片新天地、新局面。

隐忧的一面：渠道多了，注册入学了，甚至直升了，所有这些措施，刺激了中职学生学习积极性了吗？中职学生相当一部分是没有学习动力的，把这样的学生升入高等院校，是好事，还是坏事？是促进了职业教育的发展，还是破坏了职业教育的健康发展？我觉得要打个问号。现在许多职教中心热衷于办对口单招，甚至以举办对口单招为主，已经不是在办职业教育了。这个现象不值得警惕吗？

五是待遇。

繁荣的一面：近年来，我国出现了民工荒、技工荒。技术工人的待遇超过工程师、月嫂的待遇超过事业单位工作人员等现象已经非常普遍。应该说，这是一个利好消息，这样是一个社会发展进步的体现。尊重劳动，尊重技术，和谐共生，是一个文明社会的应有之义。

在香港，一个电焊工一天的工资3000港币，正常情况下一个月能收入6.6万港币。这个收入水平是银行行长的水平，而且是中高层行长的水平。

隐忧的一面：尽管一些蓝领的收入超过了白领，但我们要注意到其中的几种情况：一是领域行业有限，并不是所有领域行业里的技术工人都是高薪的。二是，如果我们仔细考察就可以发现，我国目前待遇高的一些岗位，很多是不需要经过职业学校培训的。比如，保姆、月嫂、门窗安装工等，只要肯吃苦、有技能就行。这个现象令人深思。三是即使有一些需要职业学校培养的技术技能型工人，真正能达到企业愿意出高薪聘用的仅仅是极个别的。

在美国等西方发达国家，技术工人的工资高于全国平均水平，其职业资格证书与普通学院教育文凭在地位上有对等关系。我国的国情不同于美国等西方国家，人民群众的生活还不富裕，对生活不可能有过高要求，价格低、实用性强，仍然是老百姓首先要考虑的因素。在这样的背景下，质量意识、标准意识、法律意识还远远没有树立起来。

真正高收入的蓝领岗位，要么不需要职业教育来培养，要么我们的学生上不去。这是目前真实的情况，对此，我们必须保持清醒。

为什么会出现这种情况？我觉得要从整个教育体制来分析问题。把板子都打在职业教育的屁股上，是不公平的。

发展职业教育要从基础教育抓起。基础教育抓不好，职业教育和高等教育都发展不好，这已经成为人们的共识。

六是评价。

教育部清醒地认识到，职业教育在评价改革的一个重要走向就是要推进第三方评价。职业教育办得好坏，不能完全听学校的，也不能够完全听教育部门的，要听第三方的意见，让社会各个方面都参与职业教育的改革中来。这些意见、想法是非常正确的，是具有战略意义的，但就目前情况来看，还远远没有做到。

目前情况还基本停留在教育部门出台政策、出台标准，教育部门组织检查验收的阶段。这样一个机制必然潜伏着危险。当然，我们也应该看到，教育部试图改变这种状况，比如，近几年，教育部成立了 59 个职业教育的教学改革指导委员会，全部由相应的部门和行业来牵头的。其目的就是每一个行业的职业教育办得好坏，办得标准不标准，相关的行业和企业说了算，他们具有指导这个行业的责任和义务。教育部还出台了一些领域的职业教育的专项政策，已经出台的有：推动有色行业职业教育发展的指导意见，推动水利职业教育发展的指导意见等。但是我们客观地评价，这些举措还没有起到应有的作用。

二、职业教育的任务：艰巨与盲目并存

对于我们而言，职业教育的任务具体地表现为职业学校的任务和职业学校教师的任务。应该说，我们的任务是艰巨的。比如，我们职业学校日常要做的工作(教学方面)我概括为"开门八件事"，即，课程改革、专业建设、校企合作、师资队伍建设、实训基地建设、基础管理、教科研、几项大赛。无论哪一所学校，无不是围绕这八件事开展教学工作的。"开门八件事"之外，我们还不断背上新的重负：国示范建设，数字化校园建设等。

八件事也好，十件事也好，哪一件事都不轻松，都很艰巨。因此，所有的

职业学校都在忙碌、辛苦之中。我相信，在座的各位都感同身受。

一所学校把八件事或十件事做好了，是不是就可以高枕无忧了？显然不是这样的。第一，一所学校不可能把上述工作全部做好，说实话，不是学校不愿意做，是的确没有那么多的精力；第二，即使都做好了，也不能高枕无忧，因为大家都在做着同样的事情，你做好了，别的学校可能比你做得更好；第三，上述工作不是静态的而是动态的，教育行政部门不断变化花样，变换名目，让职业学校永远别想消停。以专业建设为例，"十五"期间，开展了省市级的示范专业评估；到了"十一五"，全部推倒重来；到了"十二五"，不搞示范专业了，开始搞省市级的品牌专业、特色专业。这些名堂的变换，或许目的是为了促进工作，但客观上是在折腾职业学校。

上述任务我称之为规定动作，既然是规定动作，不做是不行的，做不好也是不行的。我的看法是，规定动作不能失分。但这里有一个问题，值得我们警惕：不分地区、不分学校，所有的职业学校都按一个模式发展，都按一个步调前进，这样的做法合适吗？据我所知，目前所有的职业学校都有这样的感觉：应付教育局、教育厅布置的任务就已经忙得团团转了，根本静不下心考虑学校的事情。这种情况就不正常了。正常情况下，学校怎么办、要抓哪些事情，取决于校长、取决于学校领导班子、取决于学校所在地的经济发展需要，而现实情况是，所有这些都不需要校长考虑了，教育行政部门已经替你考虑好了，校长只要抓好落实就行了。然而现实真的是这样吗？为此，我提几个问题，供大家参考：

一所学校有没有需要解决的难题？

人才培养方案高度统一了，学校如何打造自己的特色？

一所学校的发展战略究竟应该由谁来制定？

在行政驱动的发展模式下，还要求职业学校要创新发展、办出特色，有这个可能吗？

我总觉得这个模式有问题，其中一个问题就是层层的不信任。因此也就层层提要求，层层评比、评估，层层考核。

三、我们的良知与使命

我理解，良知，是一个人良心的觉醒，是一个人灵魂的清醒；使命，是一种责任，是一种自觉的担当。教育不同于其他行业，作为一个教育人，要时刻保持一份清醒，保持一份良知。教育人有了良知，就自然会产生一种使命感。教育人如果没有良知，后果是极其严重的。

我们常说，人，是要有点精神的。这里所说的精神，主要来源于使命感。一个有使命感的人，会产生强大的精神动力和坚韧不拔的毅力和勇气；反之，如果一个人缺乏使命感，那么工作就成了负担，成了换取报酬的筹码，这样的人就缺少一种我们常说的精气神。

那么，什么是人的使命感呢？所谓的使命感，就是对人生使命的认识。这种认识越深刻，他的使命感就会越强烈。

使命感是一种客观存在。马克思和恩格斯在《德意志意识形态》中曾说过："作为确定的人，现实的人，你就有规定，就有使命，就有任务，至于你是否意识到这一点，那是无所谓的。这个任务是由你的需要及其与现存世界的联系而产生的。"按照马克思和恩格斯的观点，每个人都是有自己的使命的，而且这种使命是客观存在的，不以人的意志为转移，无论你是否愿意接受，无论你是否意识到，是否感觉到它的真实存在，这种使命伴随人出生而降临到每个人身上。

遗憾的是，许多人并没有认识到自己的使命感。

我理解的使命感就是一个人对生命价值的追求，对自己存在意义的认同，担当起属于自己的那一份责任。

我认为，作为一个教育工作者，不能没有使命感。反过来说，没有使命感的人，就不是一名真正的教育工作者。

作为一名职业教育工作者，我们的责任是什么？我们的使命是什么？我认为是：培养人、影响人、教育人、关注人、鼓舞人、激励人。

然而，职业教育的现状却使我们的责任与使命变得模糊不清。说起来，没有哪一个文件不让我们培养人，不让我们关注人的发展，但落实到具体的工作中，"人"的工作不见了，剩下的都是关乎学校发展的大事、要事。与"人"的发展有关的只有一条，即就业。就业是职业教育的全部吗？如果是这样，何必要用三年、五年的时间来培养学生呢？一般来说，培养训练三到五个月，就足可以上岗了。

我们高兴地看到，国家已经开始关注"人的发展"这个本源性的问题了。不久前，教育部印发了《关于推进中小学教育质量综合评价改革的意见》，意见的主要内容就是要建立"绿色评价"体系，扭转考评学校只看考试成绩和升学率的倾向。这个文件的出台，被称为是一次对中小学的"全面体检"。

近日，教育部出台了《普通高等学校思想政治理论课教师队伍培养规划(2013—2017年)》，高校思政教师将通过全员培训、骨干研修、在职攻读学位、国内考察、国外研修等方式，得到培养与提升。

基础教育和高等教育的这些消息令我们振奋，职业教育存在的忽视"人的发展"的问题应该怎么解决？这当然是个系统工程。但我以为最主要的原因，还是对职业教育的功能、地位认识不清。

职业教育绝不是简单的就业教育。职业教育的功能或者说任务有三项：

第一，为学生的一生发展打底子；

第二，为学生的继续学习打基础；

第三，为学生的顺利就业做准备。

这三项是中国教育学会原会长顾明远先生的话(大意如此)，我觉得，结合目前情况，还应该加上两条：

第四，为学生的正常成长提供帮助；

第五，为学生的个性发展提供条件。

前三条是共性的，后两条是个性的。

职业教育的现状是：对前三条并没有兼顾，对后两条所做甚少。兼顾前三条，做好后两条，恰恰是我们职教工作者的使命。

我们应该从何做起呢？我的看法是：

1. 充实自己，丰富自己，让自己成为有魅力的教师

上面说的五条任务都是强调要为学生提供服务，而落实到具体做法上，我却强调要充实自己，丰富自己，二者之间是否存在矛盾？为什么我没有强调教师要关爱学生，要为学生奉献出我们的青春年华？这里涉及一些观念问题。我个人认为，充实自己，丰富自己，让自己成为有魅力的教师，这是作为一名职业教育工作者安身立命的根本所在。

我想通过对两个问题的分析，来说明我的观点。一个问题是，教师是红烛吗？另一个问题是，学生的兴趣是教师激发出来的吗？

(1) 教师是红烛吗？

长期以来，我们把红烛精神作为教师职业生活的写照。我们要反思的是，燃烧自己，照亮别人，是教师职业的本质吗？燃烧了自己，就一定能照亮别人吗？学生成功了，教师"蜡炬成灰"了，就是教师的成功吗？没有爱，就没有教育，但爱等于教育吗？这一系列问题都值得质疑。

我的观点也许有些偏颇，我认为，教师主观上必须把充实自己，丰富自己，放在首位。道理十分简单，一个医生要想为患者服务好，首先是要不断提高医务水平，同样的道理，教师要想为学生服务好，也必须要充实自己，丰富自己。一个人如果生活非常充实、精神世界非常丰富，那么这个人的一生就有可能是幸福的。只有具有幸福感的教师，才能培养出具有幸福感的学生。

另外，从学生的角度看，他们当然希望老师关爱他们，但他们更希望自己的老师是健康的、阳光的、富有生活情趣的、具有真才实学和个人魅力的。

(2) 学生的兴趣是教师激发出来的吗？

激发学生的学习兴趣，常常被作为工作要求向教师提出来。但对此我有不同看法。我经常说的两句话是：优秀的教师并不完全是学校培养出来的；同样，优秀的学生也并不完全是教师培养出来的。教师也好，学生也好，他们本身就有发展、成长的愿望和动力。我们能做的是提供环境、氛围、条件、关心、支持、帮助。

教师满堂灌，不注意学生的反应，不关心学生的接受情况，我们常常批评这样的教师没有责任心。且不论我们的批评是否正确，我们反过来说，一个具有强烈责任感的教师，就一定能激发学生的学习兴趣吗？要回答这个问题，就要弄清楚另外一个问题：学生的学习兴趣究竟是怎么来的？请注意，我这里所提的问题，是排除了学生天赋、天分等先天因素的，我要分析的是，学生的学习兴趣和教师究竟是一种什么样的关系？我的看法是：

第一，离不开教师的关爱。如果一个教师对学生态度冷漠，甚至是讽刺挖苦、嘲弄嘲笑，我敢肯定，这个教师的学识水平再高，也无法激起学生的学习兴趣。反之，如果一个教师的业务水平一般，但教师非常关爱学生，就有可能激发出学生的学习兴趣。

《甄嬛传》作者流潋紫(吴雪岚)上小学时，最喜欢的是数学而不是语文，数学总是考满分。三年级时遇到一个数学老师，由于长辈之间的矛盾，这个数学老师总是故意为难她。上课时，做笔记用的圆珠笔颜色不对，老太太就会走过去，抓起教鞭打她的手心，或者让她站在讲台上，责骂她有多么笨。到后来，流潋紫产生了心理阴影，特别害怕数学课。她也不敢告诉父母，为了减少挨打的次数，"只要看到她走过来，我就会说，是我不好，是我不对。"那时，语文老师经常安慰她，她的兴趣就立刻从数学转移到了语文上，从此对数学完全丧失了兴趣。(2013 年 5 月 20 日《中国青年报》)

第二，离不开教师的学识水平。我这里所说的学识水平，并不仅仅是指教师对所任教的学科知道多少，更重要的是教师对所任教的学科的热爱程度。假如教师本人都不热爱自己所从教的学科(尽管这位教师很有可能学识水平较高)，就很难激发学生的学习兴趣。

第三，离不开教师的个人魅力。教师的个人魅力包括很多，比如，教师的修养、言谈举止、知识面、睿智、幽默、文体特长甚至是时尚程度等等。

教师的爱心、学识水平和个人魅力哪个更重要？我的看法是，在幼儿园和小学低年级，教师的爱心要排在首位；在小学高年级以及普通中学，教师的学识水平最为学生所看重(因为能帮助学生提高考试成绩)；在职业学校，则是教师的个人魅力更重要。

据我观察，一些任教时间不长的青年教师，在我们这些管理人员看来，他们有着这样那样的毛病，我们甚至为他们发愁：什么时候才能成长起来呢？但学生测评结果出来后，常常令我们大吃一惊：这些教师的排位并不靠后，有的甚至名列前茅。经过调查我发现，原来这些教师在学生眼里很"酷"、很"帅"、"风趣幽默"。职业学校的学生没有高考的压力，他们对教师的"评价体系"也就发生了变化。从教学到生活，他们更喜欢与他们相似、有共同语言、能理解他们喜怒哀乐的教师。在这些方面，青年教师显然有着明显的优势。因此，我常说，职业教育是一片广阔的天地，青年教师在这里是可以大有作为的！

2. 成为学生成长的重要他人，才能让自己获得真正的幸福

一个教师如果做到了"充实自己，丰富自己，有魅力"，是不是一定就是一个幸福的职教人了呢？我看未必。充实自己，丰富自己是幸福的前提条件，在此基础上，一个人还必须把自己与社会需要结合起来，与社会发展结合起来，才能成为一个真正幸福的人。就像马克思说得那样，"你的需要"要与"现存世界"建立起"真实联系"。用通俗的话来说，第一条是指你要有干事的能力，第二条是指你要运用你的能力为社会干点啥。二者完美地结合起来，你的幸福就在其中了。

作为普通的职校教师，能够成为学生成长过程中的重要他人，你一定会具有很高的幸福感的。

2013 年 7 月 4 日夜，7 月 7 日修改，7 月 14 日再修改。

"中国制造2025"背景下江苏五年制高职的现状及展望

(2015年7月19日，江苏省会计类专业骨干教师培训班上的讲话)

这个题目很大，我讲不了，也讲不清楚。培训班之所以确定这个题目，是想在一个大的框架范围内，对江苏五年制高职的一些问题展开议论。如果题目比较小，就很难展开。议论五年制高职教育很难脱离职业教育的大环境。一旦涉及职业教育，话题就广泛了。所以这个讲座很难把握。因此，我只能谈谈个人的几点思考。

一、"中国制造2025"及职业教育发展的时代背景

从去年到今年，国家对于职业教育的重视到了无以复加的程度。比如，习近平、李克强等中央领导多次对职业教育做出重要批示；全国职教工作会议的召开；《国务院关于加快发展现代职业教育的决定》(国发〔2014〕19号)；《中等职业学校德育大纲》(2014年修订)；张德江委员长亲自带队检查《职业教育法》的落实情况；全国政协主席俞正声主持召开了全国政协"深化产教融合、校企合作，加快现代职业教育体系建设"的专题协商会；国务院批准每年5月第二周设立为全国职业教育活动周……

党中央为什么如此高度重视职业教育？

我们先来看两个新概念："互联网＋"和"中国制造2025"。这两个新概念是李克强总理今年作《政府工作报告》时提出来的。读懂了李克强总理的《政府工作报告》，就读懂了中国社会经济发展的主要内容，同时也就读懂了党中央为什么要高度重视职业教育。

李克强总理的《政府工作报告》，像是一篇中国社会经济形势的分析报告，也像一篇结构严谨、逻辑严密、有理有据、层层推进、见解独到、观点新颖的研究报告。

关于"互联网+"和"中国制造2025"，李克强总理《政府工作报告》中说了两段话：

推动产业结构迈向中高端。制造业是我们的优势产业。要实施"中

国制造 2025"，坚持创新驱动、智能转型、强化基础、绿色发展，加快从制造大国转向制造强国。

制定"互联网+"行动计划，推动移动互联网、云计算、大数据、物联网等与现代制造业结合，促进电子商务、工业互联网和互联网金融健康发展，引导互联网企业拓展国际市场。

2015 年 5 月 19 日，国务院正式印发了我国实施制造强国战略第一个十年的行动纲领——《中国制造 2025》。其核心任务是：推进信息化与工业化深度融合。

总理为什么要提出这两个新概念？这其中有着深刻的社会和时代背景。

概括地说，是源于我国经济面临着"三期叠加"的矛盾。什么是"三期叠加"？即，增长速度换挡期、结构调整阵痛期和前期刺激政策消化期。关于这"三期"的具体内容，大家可以查阅有关资料，这里我不再赘述。总之，三期叠加是"新常态"下中国经济的基本特征。

在上述时代背景下，我们再来看"互联网＋"、"中国制造 2025"以及"大众创业、万众创新"，就是顺理成章的事情了。

二、"中国制造 2025"与五年制高职教育

职业教育是与社会经济发展联系最紧密、最直接的一种教育类型。职业教育是面向人人的教育，这样的特质与"大众创业、万众创新"是相契合的。不仅如此，我认为，"中国制造"业的大军主要是由职业教育培养的人才构成的。大家都是会计学科的教师，都知道"经济愈发展，会计愈重要"这句话，很显然，这句话到今天依然不过时。问题是：谁来支撑"中国制造 2025"？是职业教育吗？职业教育这个概念是否太笼统了呢？

如果职业教育是主要的支撑者，那么，应用型本科、高职高专、五年制高职、中职以及社会培训，分别发挥何种作用？这是每一所职业院校、每一个职业教育工作者都必须面对、都必须深入思考的重大现实问题。

要回答上述疑问，我们先来看看《中国制造 2025》中要解决的主要问题：

"我国仍处于工业化进程中，与先进国家相比还有较大差距。制造业大而不强，自主创新能力弱，关键核心技术与高端装备对外依存度高，以企业为主体的制造业创新体系不完善；产品档次不高，缺乏世界知名品牌；资源能源利用效率低，环境污染问题较为突出；产业结构不合理，高端装备制造业和生产性服务业发展滞后；信息化水平不高，与工业化融合深度不够；产业国际化程度不高，企业全球化经

营能力不足。推进制造强国建设，必须着力解决以上问题。"

《中国制造 2025》只提出了"必须着力解决以上问题"，并没有提到职业教育。但我们要仔细研究，看看职业教育能做哪些事情？五年制高职能做哪些事情？五年制高职会计专业能做哪些事情？细分各种层次的职业教育在"中国制造 2025"及"大众创业、万众创新"是专家学者的任务，需要数据来说话。但就五年制高职来说，我觉得应该具有几个共性：学习创新创业的本领；具有创新创业的意识；增强创新创业的能力；激发创新创业的情怀；培养创新创业的素质。

三、江苏五年制高职发展现状

这是个最难回答但又必须回答的问题。

五年制高职分为两种情况，一是三加二形式，即前三年在中职学习，后两年到高职学习；第二种情况即为五年一贯制。我们所谈的是指第二种情况，即五年一贯制。

1. 五年制高职的定义

五年制高等职业教育是培养专科层次学历，以产业转型升级和企业技术创新需要的发展型、复合型和创新型的技术技能人才为培养目标，招收初中毕业生，实施五年一贯制培养模式，融中等职业教育和高等职业教育于一体的职业教育，是我国高等职业教育的组成部分。

2. 江苏五年制高职的发展历程及成就

不得不说，五年一贯制是一种长学制。如何看待、对待这样一种特殊的长学制，历来没有定论。但事实上，这种长学制在国内外都有例证，国外比较成熟的是日本，国内比较成熟的是江苏，也就是我们江苏联合职业技术学院。

江苏五年制高职教育于 1984 年在全国率先进行五年制师范教育试点，1994 年在两所中专校试点，1996 年扩大到 16 所普通中专校，此后规模不断扩大，特别是 2003 年江苏省人民政府创造性地成立江苏联合职业技术学院，下设若干分院和办学点专门承担五年制高职教育办学任务。

截止到 2014 年，学院 95 所分院及办学点(分院 46，办学点 40，高师 9)，有 16 个专业大类，144 个专业，555 个专业点。全日制在校生 71 432 人。专职教师 4041 人。

江苏五年制高职的发展可谓基础扎实，步骤稳妥，办学规范，改革创新，发展迅速，成绩突出，应予充分肯定，同时还存在一些不容忽视的问题。比如，发展定位问题，专业建设问题，师资队伍问题，体制保障问题等。这些问题解决不好，会严重阻碍江苏五年制高职的健康可持续发展。

3. 江苏五年制高职存在的主要问题

对这个问题，教育部门领导、专家和校长们是有争论的。一部分人认为，五年制高职的不可替代性必须回答，否则，存在的必要性何在？一部分人认为，提出或研究这些问题完全没有必要，学生愿意上，家长也支持，就已经充分显示它的"必要性"了。我对后一种观点持否定态度。有市场、有生源、能就业，表明五年制高职可以办，但可以办并不等于不需要研究。

事实上，整个职业教育本身都存在这个问题。各种类型的职业教育都有生源，都可以就业。但职业教育存在的问题不容忽视，必须加强研究。

我认为，江苏五年制高职存在的主要问题可以概括为一句话：对这种长学制的研究有欠缺。五年制高职存在的所有问题，最后都会归结到这个问题上来。比如专业建设问题，比如人才培养模式创新问题，比如校企合作问题，等等。

4. 职业教育大好形势下无法掩盖的突出问题

五年制高职教育存在的问题不是孤立的，是深刻反映了时代特点的。

党和国家前所未有地高度重视职业教育，大力扶持职业教育，强力推动职业教育，但职业教育的发展距离党和国家以及人民群众的要求还有很大差距。不仅如此，在职业教育领域一些问题还相当突出。我认为，突出的问题主要表现在以下几个方面：

(1) 职业教育的根基在基础教育，基础教育使职校生的学习兴趣、进取动力丧失殆尽。

(2) 职业教育的发展动力是政府主导、行政驱动，这种模式使学校的自主发展能力丧失殆尽。

(3) 职业学校的价值取向是对上负责，功利先导，这种模式使学校的教育味道丧失殆尽。

上述突出问题的直接后果是：培养不出企业满意的技术技能型人才。

胡适曾经说过："如今中学堂毕业的人才，高又高不得，低又低不得，竟成了一种无能的游民。这都由于学校里所教的功课，和社会上的需要毫无关涉。所以学校只管多，教育只管兴，社会上的工人，伙计，账房，警察，兵士，农夫……还只是用没有受过教育的人。社会所需要的是做事的人才，学堂所造成的是不会做事又不肯做事的人才，这种教育不是亡国的教育吗？"

仔细考察，胡适当年的论断在今天仍有其现实意义。

四、对江苏五年制高职未来的几点思考

我主要有四点思考：前提是体制，核心是特色，关键是质量，根本是师资。

1. 前提是体制

在现代职教体系中，五年制高职占据何种地位？有多少生存发展空间？首先取决于体制。

《省政府关于加快推进现代职业教育体系建设的实施意见》(苏政发〔2014〕109号)文件中有一句话："完善初中毕业生5年贯通培养的高等职业教育制度。"

这句话的重要意义在于：一是从体制上解决了五年制高职的生存地位问题，不是要不要办的问题，是需要进一步完善的问题，这是对过去的回答。二是如何完善，留下了很大的空间，需要我们来填空，这是对未来的要求。

但是我们应该清醒地认识到，有了这句话并非高枕无忧了。允许你生存，鼓励你发展，至于能否生存、能否发展，既需要体制作出安排，又需要我们做出艰苦努力。

2. 核心是特色

我的理解是，特色实际上就是存在的理由和必要性。已经有中职和高职高专、应用型本科了，为什么非要办五年制高职不可？除非你有特色，有不同于其他类型职业教育的独有的地方。

其实不仅是五年制高职教育，所有的职业学校都是如此。

3. 关键是质量

在行政驱动发展模式下，职业教育的办学质量如何体现呢？看一看教育行政部门出台的一些评估指标体系就全明白了。主要的指标有："双师型"比例、研究生比例、高级职称比例、教科研成果、学生取得职业资格证书(高级工)比例、就业率、技能大赛成绩、信息化大赛成绩、文明风采大赛成绩等等。这些指标至多是反映了职业教育质量的一些侧面，但绝不是本质。我的看法是，职业教育要提高质量，最根本的还是要回归教育，回归育人，回归立德树人——一句话，要回归到人的发展。

也许有人说，这样的"质量观"如何考核？如何评价？我的看法非常简单：学生是否满意？家长是否满意？用人单位是否满意？如果在这三个方面我们都拿了高分，那么，五年制高职的教育教学质量则不言自明。

4. 根本是师资

师资的重要性怎样强调都不过分。概括地说，教育的质量永远不会超过教师的质量。具体地说，职业学校教师队伍的情况怎么样，这个学校的学生就怎么样，道理就是这么简单。

时间关系，很多问题没有讲深讲透，不当之处，敬请大家批评指正。

对当前职业教育若干问题的思考与解读

(安徽省马鞍山市教育管理干部研讨班第一阶段职教组研讨会上的讲话)

(2015 年 8 月 10 日)

这次讲座给了我很大的自由度,题目及内容都由我定。按说有自由是好事,但事实并非如此。向往自由是人的天性,逃避自由也是人的天性。今天的大学生和中职生同我们这一代人相比,拥有了很大的自由,但在自由面前,他们往往不知所措,甚至宁愿不要这份自由,希望一切都有人帮他们安排好。正如我拥有了确定讲座内容的自由,反而不知道该讲什么了。

不知道该讲什么,还有一个原因,我对安徽的职业教育情况不了解。因此,今天的讲座只能基于江苏职业教育的情况,就当前职业教育的一些热点、热门、热闹的话题,谈几点个人的思考。

一、我对职业教育若干问题的基本认识

在座的各位要么是教育局长,要么是书记校长,我想,不宜讲课程改革、专业建设等具体问题。因此,我想谈谈对职业教育领域一些基本问题的思考。

1. 职业教育是距离教育本质最近的教育类型

我认为,在中国所有的教育类型中,职业教育是距离教育本质最近的。在应试教育的影响下,我们的基础教育是功利化的,高等教育是松散型的,只有职业教育,既有严密的组织、强化的管理,又没有应试教育的束缚。按说在这种情况下,学校及师生都应该获得了自由。然而现实却不是这样。

在一个功利化的社会里,一切都被数据化、实用化、利益化了。凡是不能给人"看得见摸得着"的好处、用处的,都不会被认可,更不会被赞同。这方面的例子不胜枚举,教育领域也不可避免地被浸染了。包括教师、管理人员培训,培训主办方往往要求专家讲一些实用的东西,说得冠冕堂皇些就是"接地气"。其实说白了,就是提醒专家,不要空谈理论,不要扯那些没用的。

想想也真是如此,基础教育尽管是功利化的,但可以给学生承诺:只要你

好好学习，就能考上好的大学；高等教育尽管是松散型的，但可以承诺给你大学文凭。我们职业教育能给学生承诺什么？于是，我们就想方设法地要找出一个东西来，一方面向社会展示，另一方面向学生承诺。这个东西还真让我们找到了，它就是——技能。接踵而来的是一些充斥媒体的、荒谬的、片面的口号和说法："技能成就人生"、"普通教育有高考，职业教育有大赛"、"一招鲜，吃遍天"、"职业教育就是就业教育"、"放弃北大回炉就读职校"……这些口号和说法可谓铺天盖地，职业教育领域的人也在口口相传。我在质疑，只有"技能"，真的就能成就人生吗？把技能大赛和高考放在一起说事，合适吗？职业教育是就业教育，其他教育就不是就业教育了吗？放弃北大回炉读职校是个例还是普遍现象？多问几个为什么，上述口号和说法就会漏洞百出，然而职业教育领域竟然很少听到不同的声音，这种"没有不同声音"的现象是好事还是坏事？职校生在中考淘汰下来的学生，在中学他们是被教师放弃的群体。到了职校，他们没有了高考的压力，和教师的关系有着天然的亲近关系，这样有利的教育因素我们把握住了吗？我觉得，这些问题都值得我们深思。

2. 国家重视职业教育到了"空前"的程度

在我国，没有哪一个历史时期像今天这样重视职业教育。我在一个讲座中，用了"无以复加"这个词，意思是说，重视得不能再重视了。在这种情况下，教育行政部门以及职业学校非常容易产生一种心态：国家如此重视职业教育，那么，职业教育就应该在短期内拿出与国家重视相匹配的发展成果来。于是，浮躁的心态不自觉地就形成了，浮躁的行为不自觉地就出现了。

什么是浮躁？浮躁的典型表现就是不能等，要立竿见影，要在短期内大见成效。而所有这些恰恰是反教育的，是违背教育发展规律的。

技能大赛就是一个典型的例证。现在的技能大赛搞层层选拔，校赛、市赛、省赛、国赛，然后按成绩给各省排名，与此同时，各省给各市、各市给各县、各市各县给各校、各校给系部(专业办)、系部(专业办)给教师也会下达任务和指标。技能大赛的成绩如何，已然成为衡量学校办学质量的重要指标。在座的各位局长、校长都身在其中，我们都知道，要想拿到省赛、国赛的金牌，必须是举全校之力，培养尖子选手。在这个过程中，一线的教学工作受到了很大影响，有时甚至要大面积地缺课。为之买单的不是学校，而是99%不能参加省赛、国赛的学生。这样的局面合理吗？科学吗？人道吗？不仅如此，技能大赛背后的经济链更是说不清道不明的问题了。我注意到，今年教育部开始重视这个问题了，并且做出了相应的规定。且不说这些规定能不能奏效，即使奏效，这些年来的技能大赛经济链使得多少人中饱私囊？

还有"国示范建设"、示范专业、品牌专业、现代化实训基地等项目的评选，也是值得商榷的。这些做法的正面意义和积极作用我不多说，大量的资金投入到职业教育中来，毕竟是好事。我所质疑的是这些做法的套路和效果。

先说套路。所谓套路是指，各级教育行政部门抓职业教育的方法、路径和措施。"国示范建设"、示范专业、品牌专业、现代化实训基地等项目基本上都是一个套路，即由教育行政部门设定指标，制定标准，然后组织推荐评选，项目完成后，还是由教育行政部门组织检查验收。这样的工作套路焉有不合格、不达标的？

再说效果。用上述套路建设的国示范、示范专业、品牌专业、现代化实训基地的含金量有多少？"示范"、"品牌"是评出来的吗？是有数量指标的吗？这其中不应该有长期积淀的过程吗？过去的老字号以及名特优产品，是靠长期的苦心经营，慢慢树立起品牌形象的。即使是职业教育领域，过去也有一批富有特色、很有口碑的"老字号"，很可惜的是，在功利主义之风盛行的影响下，这些老字号都把兴奋点放在了建新校、跑升格上了。学校现代化了，层次也上去了，但品牌、特色、美誉度没有了。

3. 职业教育肩负的任务是光荣而艰巨的

职业教育是面向人人的教育，是面向大众的教育。习近平总书记对职业教育工作的重要批示中说："弘扬劳动光荣、技能宝贵、创造伟大的时代风尚，营造人人皆可成才、人人尽展其才的良好环境，努力培养数以亿计的高素质劳动者和技术技能人才。"要"努力让每个人都有人生出彩的机会。"习总书记的重要批示，既明确了职业教育的艰巨任务和发展方向，也准确阐述了职业教育的本质。但是，在实际工作中，我感觉，职业教育的发展出了偏差。具体表现在：

(1) 习总书记强调的是"人人"、"每个人"，职业学校及媒体往往更重视"掐尖"。

(2) 习总书记强调的是"人生出彩"，职业教育领域着重抓的是学校出彩、专业出彩。

见物不见人，目中无人，是教育的一大忌，是典型的"齐人攫金"的做法。

当代教育家、中国教育学会会长顾明远先生提出，中职教育应该承担三项任务：为学生的一生打底子，为学生的就业做准备，为学生的继续学习打基础。我反复琢磨顾明远先生的观点，觉得十分精当。对照一下，这三项任务我们做得怎么样？就当前的职业教育情况而言，我觉得，第一条可以说是毫无例外地丢掉了。有的注重了第二条，有的注重了第三条(江苏的对口单招以及现代职教体系的立交桥)。

这个问题没有解决好，从现象上看，职业教育难辞其咎，但从根源上说，还是教育体制使然。现行的基础教育铸就了职业教育的基本模型。奇怪的是，现在研究职业教育的专家学者，很少谈基础教育。现代职教体系也是只谈立交桥，打通职业教育与高等教育的渠道，解决的是职业教育的"断头"问题，至于职业教育的"源头"问题——基础教育，却鲜有人提及。我以为，这是不正常的。

二、我对职业学校校长职务的几点看法

教育局长和职校校长，这两个工作都不好干。我认识的江苏某市前教育局长经常开玩笑说，教育局长这个活"不是人干的，是人都不想干，干长了不是人"。虽是调侃之语，但的确也说明了教育工作的艰难与无奈。

除非坚决要求调动或者是辞职，否则再难干也得干。既然如此，我就觉得我们非常有必要对自己的工作做一番审视和思考。我主张，无论干什么工作，首先自己要快乐、要有存在感和价值感。否则，宁可选择不干。经常听到有人成天抱怨自己的工作，我在予以同情的同时，也替这些人感到非常惋惜和遗憾。道理很简单，与其让自己生活在不开心的环境中，何不选择换一种活法呢？凡是工作上不开心的人，生活中也很难真正开心。我常说，这样的人等于把自己分成了痛苦的两半。反过来说，在工作中享受快乐的人，他的另一半(业余生活)也一定是充实的。在工作中的状态如何，实际上是一个人生命状态最典型、最集中的反映。不仅教育工作如此，所有的职业都是如此。我们可以注意观察那些优秀人士、成功人士，无不是充满激情地投入到每天的工作的。

怎样才能做一个快乐工作、享受工作的校长？我谈几点个人的看法，供大家参考。

1. 做职业校长，不做职务校长

在我国，校长都是有级别的行政官员，这是客观现实，一时半会去不掉。在现行体制下，校长没有行政级别，很多事情不好处理，对学校的发展也很不利。从长远看，去行政化，已成为教育发展的大趋势。

历史的发展就是那么吊诡，过去在旧中国，校长不是官员，但社会地位很高。校长、教师乃至读书人都是当地的绅士阶层，社会贤达，有着很高的威望。当今社会校长有了行政级别，社会地位与过去相比并没有高到哪里去。所以，校长的社会地位不是靠行政级别这个标签，而要靠社会共识和价值观。这些我们管不了，但我建议，校长们自己不要把校长当作官来做——尽管当官的感觉非常不错。

职业校长会把目光、精力投向师生，职务校长会把目光、精力投向上级。职业校长关注的是教育理念，职务校长关注的是红头文件。

2. 做魅力校长，不做权力校长

职业校长当然也是有职务的校长，但职业校长所追求的是要做学校的精神领袖，而不只是行政领导。领袖和领导，一字之差，境界大不同。一个最明显的标志是，领袖式的校长凭借个人的魅力、影响力来领导学校，领导式的校长依靠的是行政权力和威慑力。前者有追随者，后者有跟随者。

3. 做理家校长，不做管家校长

理家型的校长看重的是运行机制和"游戏规则"，拔得高一些就是"依法治校"；管家型的校长则会陷在事务堆里而不能自拔。区分这两种校长的方式非常简单：校长出差十天半月的，学校是照常运转，还是六神无主？校长是频繁接电话、下命令、发指示遥控指挥，还是电话不多，潇洒在外？理家型的校长会有时间看些资料、思考问题、到处走走，管家型的校长好像腰上挂满了钥匙，半步不敢离开。

明末清初的朱伯庐写了流传后世的《治家格言》而不是"管家格言"。

4. 做英明校长，不做精明校长

基础教育学科门类多，职业教育专业大类多，做校长的不可能都很精通。学校是知识分子聚集的地方，做校长的一般情况下不一定是最聪明的。因此，英明的校长知道自己的局限，深知要把学校办好，必须调动大家的积极性。而精明的校长往往认为自己是最聪明的，对谁都不放心，对下属做的工作总是不满意，于是，频繁插手具体事务，亲临现场指挥。我不否认，这类校长的确聪明过人，非一般人所能比。他们在处理具体问题的时候，的确超出众人。但是，精明校长要付出的代价是非常大的。说轻了，会影响其他人的积极性，说重了，会让其他人不会工作、不再工作了。

古人云"水至清则无鱼，人至察则无徒"，作为校长，过于精明，不是好事。我在读古书的时候发现一个规律：凡是英明的皇帝，总是喜欢问问题，让大臣们充分发表意见，即诸葛亮《出师表》中所说的"察纳雅言"。凡是昏庸的皇帝往往是自以为是，或者只信任极个别人。

英明校长关注的是"战略"，精明校长关注的是"战术"。

5. 做书生校长，不做书本校长

要做一名职业校长、魅力校长、理家校长、英明校长，都离不开一个前提条件：校长必须是一个酷爱读书、博览群书的人。读书的重要性，无论怎么强调都不过分。不读书，何来智慧？何来魅力？何来英明？所谓书本校长，我指的是只会看文件、看制度汇编的校长，这类校长没有自己的思想，没有独到的见解，文件怎么说就怎么做。

在以往的讲座中，我常常强调一句话：学生不读书可以原谅，教师不读书无法容忍。今天我要再加上一句话：校长不读书，学校没希望。

有"为"才能有"位"，有"识"才能有"为"，有"读"才能有"识"。"问渠那得清如许，为有源头活水来"，对校长来说，读书是最重要的源头。

三、我对职业学校当前工作的几点建议

1. 抓住每一个机遇，办真正的职业教育

在国家空前重视职业教育的情况下，职业教育的发展的确面临很多良好的机遇，而且很多机遇是稍纵即逝的。我在前面提到的一些套路和做法，尽管有着种种弊端，但我们应该清楚，国家重视职业教育的方向是正确的，措施是给力的，意识是超前的。用一句歇后语来说就是，"经"是好的，让一些歪嘴和尚念歪了。

我们以国示范为例。国家推出"国示范"的政策，是要在全国范围内建设一批起到示范引领作用的中等职业学校。这些学校应该在培养目标、办学理念、专业建设、师资队伍等方面走在其他学校前面，做改革的示范、发展的示范，以此推动整个中职教育的发展。"国示范"中的许多建设标准是有着前瞻性的，同时也是切中要害的。比如，"重点建设的专业"、"典型创新案例"、"师资队伍建设"、"数字化信息化校园建设"等，不都是学校应该做、必须做的事情吗？我所说的"办真正的职业教育"，意思是说，我们要抓住历史机遇，用足用好国家对职业教育的扶持政策，真正把学校做优做强。依靠弄虚作假，即使评上了"国示范"，也是没有任何意义的。

2. 完成"规定动作"，做好"自选动作"

所谓"规定动作"是指上级部门要求我们做的工作。对于这些工作，校长和教师们往往有反感，认为布置工作太多、检查评估太多，导致学校疲于应付。我认为，这种看法是有失偏颇的。

我以江苏的"三项管理规范"为例加以说明。江苏于 2005 年颁发了职业学校的教学管理规范、学生管理规范及后期管理规范。并于 2011 年至 2013 年连续三年对全省部分职业学校"三项管理规范"的贯彻落实情况进行了检查视导。我个人认为，江苏的"三项管理规范"是继二十世纪八十年代的办学水平

合格评估、省重点评估、国家级重点评估之后的一项重要举措。也可以说是国家级重点评估标准的升级版。我既参与了"三项管理规范"的贯彻落实，也参与了省教育厅的检查视导。我的体会是，"三项管理规范"的标准是引领、是指导，没有哪一条是过分的、不切合实际的。真正按照规范的要求去做了，学校的管理水平、办学水平也就会大大提升。事实上，从整体上看，江苏的"三项管理规范"也确实起到了这样的作用。但令人遗憾的是，仍有不少职业学校置规范于不顾，习惯经验式的、低层次、低水平办学。这样的职业学校被抽查到接受检查视导，只能大量造假。

我发现，凡是管理水平、办学水平上不去，依靠造假蒙混过关的职业学校还存在一个共性问题，即这些学校没有创新的做法，更谈不上经验了。而所有的检查视导无不要求学校要有特色，要创新。没有特色、没有创新怎么办？只能胡编乱造。胡编乱造的结果当然是漏洞百出。

一所学校的特色与创新从哪里来？这就是我说的"自选动作"了。在体操、跳水这些竞技体育项目中，规定动作大家都差不多，真正把分数拉开的是运动员的自选动作及高难度动作。"规定动作"不失分，"自选动作"拿高分，是优秀运动员取得佳绩的重要因素。

我在分管教学工作期间，每学期都有一些"自选动作"。刚开始的时候大家不太习惯，认为工作任务已经很重了，再搞一些新的名堂不是自找苦吃吗？后来他们在迎接检查评估中感到，整理材料比过去容易多了。因为过去感到头疼的一些指标和条款，现在有话说了。

3. 抓好师资队伍建设这个根本，牢固确立教师第一的办学理念

"所谓大学者，非谓有大楼之谓也，有大师之谓也。"这句话大家耳熟能详。当时有人认为梅贻琦校长的这句话有些偏激，但随着时代的发展，越来越成为人们的共识。在教育领域，教师的重要性胜过一切要素。即使在当前信息化社会的大背景下，依然不过时。

做校长的都知道教师队伍的重要性，不用我多说，但是在如何对待教师这个问题上，校长们的想法、做法、理念等恐怕就不那么一致了。

职业学校的教师队伍我斗胆地做个判断：先天不足，后天失调。先天不足是指，国家层面对教师这个职业设置的门槛不高，另外相对于高校或重点中学，职业学校缺乏吸引力，最优秀的人才不会主动选择到职校来工作。后天失调是指，对现存的职校教师队伍我们如何培养、培训，使之尽快适应事业发展的需要，似乎还没有找到理想的做法。除此之外，由于生源素质不高，学生厌学情绪严重，直接导致了职校教师的职业倦怠。

面对这种情况，我们应该怎么办？我的看法是：

(1) 面对现实，制定建设规划。规划是一种战略性的思考和布局。我发现，许多职业学校不太重视师资队伍建设规划。比如，有的职校是从普教转型过来的，教师的职称绝大部分还是普教的职称。这种情况可以理解，但我看重的是学校的打算。三五年后，学校的师资队伍建设目标是什么？遗憾的是在许多职业学校看不到这样的规划。

学校要制定规划，教师个人也要制定规划。既然从事了职业教育，当然也就应该取得职校的职称。我发现许多教师处在非常被动的状态。他们总是希望不费吹灰之力地转型为职校教师。人是有惰性的，这个我理解。正因为人有惰性，学校才应该出台相应的政策，鼓励教师尽快转型。

(2) 舍得投入，强化教师培训。关于教师培训，我有专门的文章阐述我的观点。我的基本观点是，教师这一职业，培训、充电、提高等应该贯穿教师职业生涯的始终。所以，我对教师不读书的态度是无法容忍的。

教师培训需要投入，这是不言自明的事。许多学校宁愿把钱投在建大楼、买设备上面，也不愿投在教师培训上。这是非常短视的行为。一个学校的办学水平如何，最终取决于教师队伍。麦肯锡公司曾经做过调查，得出的结论是：教育的质量不会超过教师队伍的质量。白岩松也说过类似的话：你们怎么样，学生就怎么样。一些学校的个别专业办得比较好，究其原因，就是因为有几位优秀拔尖的教师。一个学校办得比较好，就是因为有一批名师、大师。我们徐州师范大学(现在叫江苏师范大学)的中文系很有名气，就是因为有过廖序东、吴奔星这样的大师、名师。

(3) 更新观念，激励教师成长。做校长的都想拥有一批名师、优秀教师，这是不言而喻的。问题是，这些名师、优秀教师从哪里来？要么引进，要么培养，别无他途。引进，职业学校有这个吸引力吗？所以，我的观点，优秀教师重在培养、重在激励。如果每个教师都把自己的潜能发挥出来，那么，这个学校的一切工作就会水到渠成，这个学校就会在激烈的竞争中胜出。

我在自己的学校开展了"魅力教师"评选活动。在我最初提出这个方案的时候，教学口的中层干部都感到不着边际。如果非要搞这个活动，用一个学期的时间选出拔尖的教师就可以了。我说我的意思不是这样的，我的目标是，让大部分教师都能从自己的岗位中找到自信、找到价值感、幸福感。我坚信，每个教师都是有魅力的，只是魅力的多少、大小不同而已。我们要做的就是让教师的魅力由少变多，由小变大。我提出要用两年的时间开展这项活动。遗憾的是，这项活动开展了一个学期，我就退二线了。但就这一个学期的情况而言，这项活动开展得是非常成功的。第一批被选为"魅力教师"的，既有教学经验丰富的中老年教师，也有参加工作时间不长的青年教师。获得"魅力教师"称号的教师都普遍感慨说，没想到作为职校教师，还有魅力可言。教师们的感慨，正是我们的短板。这说明，长期以来，我们对教师，约束多，激励少；要求多，赏识少；考核多，帮助少。

我们学校每学期都会召开一次全体教师会议，在这个会议上，我们会表扬、表彰一大批教师。表扬、表彰的名目繁多，受奖教师的比例达到50%左右。人们常说，好孩子是表扬出来的，同样的道理，好教师是激励出来的。对此，我坚信不疑。

(4) 深化改革，建立退出机制。前面我说过，职业学校的教师队伍现状是"先天不足，后天失调"。经过我们的努力，绝大部分教师会成为称职的教师。但是，我们不能排除有少部分教师不能适应工作需要，不能担当起教书育人的重任。对这少部分教师我们应该怎么办? 我的看法是：别无他法，只有建立教师的退出机制。大家注意，我说的是机制，不是校长的个人意志。作为校领导，毫不掩饰地说，我也有自己的好恶，也有自己判断教师的标准。但我的看法不是决定教师考核成绩和教师去留的依据。依据是制度、是机制。良性的机制比良性的人更可靠。人都有犯错误、犯糊涂的时候，而机制则相对稳定。建立全面、科学、客观、公正、民主的教师考核机制，是职业学校的当务之急。

激励教师成长，是我一直提倡的。但我发现，没有约束机制，也是不科学、不实事求是的。起码在当下的职业教育领域，还不能没有约束机制。

以上讲的三个问题，只是我个人的一些思考。一孔之见，很不成熟，权当是此次研讨班的一个发言吧。

昨天下午，工业学校的吴主任、何师傅到南京高铁站接我，没走高速，专门走了经过"怪坡"的那条路。在"怪坡"处，经过他们解释，我才知道"怪坡"真怪。明明看着是上坡，但汽车放空挡后不是向后溜坡而是缓慢地向前蠕动。何师傅告诉我，有专家研究过，这是视觉的问题，其实它本身就是下坡。就在何师傅说这番话的时候，我忽然联想到了职业教育。拉开一定的时间，广角地看职业教育，我感到职业教育领域其实也有"怪坡"现象：看起来是发展了、前进了，但实际上却并不是这样，是我们的"视觉"出了问题。

这是此次到马鞍山来的一个意外收获，顺便与大家分享一下。

2015 年 8 月 3 日夜完稿，8 月 5 日修改，8 月 10 日夜再修改。